Dietrich Rössler

Akzeptierte Abhängigkeit

Dietrich Rössler

# Akzeptierte Abhängigkeit

## Gesammelte Aufsätze zur Ethik

Herausgegeben von
Friedemann Voigt

Mohr Siebeck

Dietrich Rössler, geboren 1927; Dr. med. und Dr. theol.; Professor emeritus für Praktische Theologie an der Universität Tübingen.

Friedemann Voigt, geboren 1967; Dr. theol.; Professor für Sozialethik mit Schwerpunkt Bioethik an der Universität Marburg.

ISBN 978-3-16-151004-5

Die Deutsche Nationalbibliothek verzeichnet diese Publikation in der Deutschen Nationalbibliographie; detaillierte bibliographische Daten sind im Internet über *http://dnb.d-nb.de* abrufbar.



Das Buch wurde von Gulde-Druck in Tübingen auf alterungsbeständiges Werkdruckpapier gedruckt und von der Buchbinderei Nädele in Nehren gebunden.

# Inhaltsverzeichnis

## *2. Ärztliche Ethik*



## *3. Der ganze Mensch*

# Vorwort

In Dietrich Rösslers Aufsätzen zur Ethik treffen theologische und medizinische, seelsorgerliche und ärztliche Kompetenz zusammen. Sie verbinden in schlagender Aktualität die ethische Grundlegung mit den konkreten Herausforderungen biomedizinischer Ethik. Dies hat die Texte in den Fokus der Forschergruppe »Religion in bioethischen Diskursen« an der Ludwig-Maximilians-Universität München gerückt, und zu dem Vorhaben geführt, die Texte neu zu edieren.

Herr Professor Dr. Dr. Dietrich Rössler hat die Zustimmung zur Edition seiner Aufsätze großzügig erteilt, hilfreiche Hinweise gegeben und den Fortgang der Arbeit an diesem Buch interessiert begleitet. Ich danke ihm dafür sehr herzlich. Die Auswahl, Anordnung und Bearbeitung der Texte hat der Herausgeber zu verantworten.

Dieses Buch hätte ohne die Mitarbeit von Frau Hannelore Loidl nicht realisiert werden können. Sie hat die Edition in vorbildlich selbständiger und verantwortungsvoller Weise vorangetrieben. Ihr möchte ich meinen sehr herzlichen Dank und hohe Anerkennung aussprechen.

Johann Schulenburg, Marie-Louise von Buttlar und Miriam Guggenmos haben bei Recherchen und Korrekturen geholfen, dafür danke ich. Herrn Professor Dr. Dr. h.c. Friedrich Wilhelm Graf danke ich sehr für die Unterstützung des Vorhabens an seinem Lehrstuhl. Herrn Professor

Dr. Christian Albrecht und Herrn Dr. Martin Weeber danke ich für Literaturhinweise sowie Herrn Dr. Stefan Pautler für Hilfe bei der Erstellung der Druckvorlage.

Herr Dr. Henning Ziebritzki sei für die Aufnahme des Bandes in den Verlag Mohr Siebeck bedankt. Den Verlagen, die ihre Zustimmung zum Wiederabdruck bereitwillig erteilt haben, sage ich verbindlichen Dank und verweise auf die entsprechenden Nachweise der Erstabdrucke im Anhang.

München, am Reformationstag 2011 Friedemann Voigt

# 1. *Ethischer Pluralismus*

# Der ethische Kompromiss

Von ethischen Sätzen und Normen erwartet man Klarheit und Eindeutigkeit. Sie sollen sagen, was gut und was richtig ist und wie gehandelt werden und was sein soll, und sie sollen das unmissverständlich und für jedermann begreiflich zum Ausdruck bringen. Gerade deshalb aber beginnt mit der Realisierung derartiger ethischer Normen eine eigene Dimension ethischer Problematik. Eine Antwort auf die Frage, was gut sei, ist nicht zugleich schon eine Antwort auf die Frage, wie dieses Gute denn im Handeln verwirklicht werden könne. Wolfgang Trillhaas hat das folgendermaßen beschrieben: »Das ganze Problem ist darum theoretisch nahezu unlösbar, weil die ethischen Grundsätze eben in ihrer idealen Unbedingtheit in kalter Abstraktheit über den unverrechenbaren Situationen stehen. Das soll nicht im Sinne einer laxen Ethik verstanden werden. Die Würde des menschlichen Lebens ist hier nirgends bestritten. Dennoch zwingen eben die ethischen Grundsätze immer zu einer Entscheidung zwischen Ja und Nein. Aber die konkreten Fälle zwingen – nicht nur den Arzt – sehr oft zu solchen Entscheidungen, die vom Standpunkt der absoluten Normen aus als Kompromiß angesehen werden müssen. Es ist immer leicht, das Prinzip hochzuhalten, es ist schwer, im konkreten Falle dem Menschen in seiner unverwechselbaren Lebenssituation gerecht zu werden.«[1]

Diese Formulierungen stehen im Zusammenhang von Erwägungen über die Schwangerschaftsunterbrechung. Und es ist nicht zufällig, dass gerade dieses Thema eine derartige Erörterung veranlasst. Hier wird in einer eklatanten Weise das Problem der Realisierung ethischer Normen als ethisches Problem offenkundig. Man kann sagen, dass es bei dieser Erörterung der Schwangerschaftsunterbrechung im ethischen Zusammenhang um nichts anderes geht, als um eine derartige Realisierungsproblematik. Denn hinsichtlich der fundamentalen Grundsätze, die hier zu gelten haben, gibt es keine Frage und kann es keine Frage geben. Hier ist in der Tat alles klar und eindeutig. Die ethisch oder moralisch positive Wertung eines Eingriffs in die Schwangerschaft ist grundsätzlich nicht denkbar. Es gibt weder vernünftige noch ernstzunehmende Gründe dafür, derartiges zu wollen oder gar zu wünschen. Einen solchen Standpunkt sollte man übrigens auch in der allgemeinen politischen und strafrechtlichen Diskussion niemandem unterstellen. Ein ethisches Problem entsteht hinsichtlich der Unterbrechung einer Schwangerschaft nicht durch deren unterschiedliche Würdigung oder Bewertung. Ein ethisches Problem entsteht vielmehr durch die Frage, wie die grundsätzlich akzeptierten ethischen Normen tatsächlich realisiert werden können.

Eines der relevantesten Beispiele für eine solche Realisierungsproblematik ist der Konflikt, die Situation also, in der zwei verschiedene Auffassungen, Ziele oder Güter miteinander in Konkurrenz treten.

Der bekannteste Fall eines solchen Konfliktes ist der, bei dem durch das werdende Leben das Leben der Mutter ge-

[1] Wolfgang Trillhaas, Sexualethik, Göttingen 1969, 118 f.

fährdet ist. Es handelt sich also um den Sachverhalt der sogenannten medizinischen Indikation. Der Konflikt besteht darin, dass durch die ärztliche Hilfe möglicherweise nur eines der beiden Leben gerettet werden kann. Welche Entscheidung soll die Ethik befürworten? Vor allem aus der älteren katholischen Ethik ist der Standpunkt bekannt, dass das werdende Leben auf jeden Fall den Vorrang besitze. Dieser Standpunkt hat einiges für sich. Er kann auf seine Konsequenz verweisen und auf die Eindeutigkeit, mit der er das werdende Leben schützt. Es ist nicht zuletzt diese Klarheit und die Entlastung von Zweifeln und weiteren Überlegungen, die diesen Standpunkt auch heute noch und nicht selten empfiehlt. Freilich begegnet ihm in der ethischen Diskussion eine erhebliche Kritik. Diese Kritik besteht aber nicht, wie man zunächst annehmen könnte, darin, dass nach dieser Auffassung der Tod eines Menschen, nämlich der Mutter, zugelassen oder gar befürwortet wird. Auch die Billigung einer Schwangerschaftsunterbrechung rechnet ja mit dem Tod eines menschlichen Lebens. Die ethische Kritik setzt vielmehr bei dem Begriff von »Leben« ein, der hier zugrunde gelegt wird. Denn, warum verdient eigentlich das werdende Leben den Vorzug? Offenbar deshalb, weil sich in ihm die natürlichen Kräfte, die Fortpflanzung der Menschheit, die elementaren Vorgänge von Wachstum und Werden am deutlichsten abbilden. Die Mutter dagegen »schenkt« das Leben, und sei es um den Preis ihres eigenen. Der Vorwurf, hier werde im Grunde die Natur verehrt und heilig gesprochen und deshalb statt von einem religiösen von einem biologistischen Fundament aus Ethik betrieben, ist kaum zu widerlegen.

Vor dieser Fragestellung hat sich nun freilich auch die andere ethische Entscheidung auszuweisen, die also, die die medizinische Indikation zulässt. Hiernach soll also ein Abbruch der Schwangerschaft möglich sein, um das Leben der Mutter zu erhalten. Die ethischen Gründe, das Leben einer Mutter höher zu stellen, liegen gewiss in einem anderen Bereich als in dem der Natur. Denn hier spielt die Bedeutung der Mutter für andere Menschen eine Rolle, für weitere Kinder, für die Familie im Ganzen. Das ausgereifte und fertige menschliche Leben, das seine Bedeutung für die eigene Umwelt und für die Gestaltung der Sozialität bereits gewonnen hat, wird an die erste Stelle gerückt. Dabei wird deutlich, dass die Befürwortung der »medizinischen Indikation« durchaus nicht allein medizinisch begründet ist. Ethisch gesehen handelt es sich hier um den primären Schutz eines schon erreichten Standes in der Ausbildung und Durchgestaltung von menschlichem Leben.

Dieser Standpunkt repräsentiert gewiss eine reflektiertere und qualifiziertere Ethik als der, der ausschließlich einer sogenannten »Natur« ihren Lauf lassen will. Aber es ist deutlich, dass die Billigung der medizinischen Indikation allein höchst inkonsequent erscheinen muss. Von diesem Standpunkt aus legt es sich vielmehr nahe, nicht allein das nackte Leben der Mutter, sondern deren Lebensfähigkeit, deren Arbeitsfähigkeit und Gesundheit in einem weiteren Sinne für schützenswert zu halten. Der Weg von der medizinischen zur sozialen Indikation ist nicht mehr weit.

An der Gegenüberstellung wird bereits beispielhaft deutlich, dass der ethische Standpunkt in dieser Frage, die ethische Beurteilung des Problems und also der Konflikt von den leitenden Grundbegriffen her verstanden werden muss. Und einer der wesentlichen dieser Grundbegriffe ist »das Leben«. Das Leben soll geschützt werden; niemand bestreitet diesen Satz. Offenbar aber gibt es sehr unterschiedliche Auffassungen von dem, was dieses Leben sein soll. Auf der einen Seite fand sich bereits der einfache, allein von der

Natur her definierte Lebensbegriff. Ihm steht auf der anderen Seite eine Anschauung vom Leben gegenüber, die im Wesentlichen an der freien Individualität des Menschen orientiert ist und an seinem Recht auf Selbstbestimmung. Im ersten Fall wird die Schwangerschaft zu einem ebenso natürlichen wie unabänderlichen Schicksal. Im anderen Fall dagegen ist sie ein gewolltes oder zufälliges, erwünschtes oder störendes Ereignis, dem mit jeweils entsprechenden Reaktionen zu begegnen ist. So setzt sich die Differenz der Grundbegriffe fort zur Konkurrenz der Handlungsziele, und die Einstellung zur Schwangerschaftsunterbrechung ergibt sich im einen wie im anderen Falle zwangsläufig und von selbst. Auf die christliche Ethik freilich wird sich keiner dieser Standpunkte zu Recht berufen können. Denn die Forderung nach unbedingter Bewahrung werdenden Lebens stimmt mit der Forderung nach unbedingter Selbstbestimmung der Mutter in einer fundamentalen Hinsicht überein, in der nämlich, dass damit jeweils das Prinzip absoluter Selbstverwirklichung des Menschen vertreten wird. Dieses Prinzip aber ist in keiner Hinsicht ethisch akzeptabel und schon gar nicht im Zusammenhang mit der christlichen Ethik. Einem derartigen, am Ende anarchistischen Postulat stehen nicht allein die Verpflichtungen und Verantwortungen des christlichen Liebesgebotes gegenüber, sondern ebenso die Einsicht in die Angewiesenheit auf andere Menschen, auf die Zusammenarbeit mit ihnen, auf die Gemeinschaft, die die Voraussetzung für die Begründung und Gestaltung des menschlichen Lebens bildet. Sind aber verantwortliche Mitmenschlichkeit und der Verzicht auf die rigorose Selbstdurchsetzung konstituierende Sätze der christlichen Ethik, dann sind Konfliktlösungen, die allein einem der daran Beteiligten Recht gäben, nicht zu legitimieren. Deshalb bleibt die ethische Überlegung in derartigen Fällen nur dann in ihren eigenen Grenzen, wenn es ihr gelingt, einen lösenden Kompromiss zu suchen.

Man kann das an einem weiteren Beispiel aus der Debatte um den Paragraphen 218 verdeutlichen. Zu den umstrittenen Indikationen gehört bekanntlich diejenige, bei der eine Schwangerschaft durch ein Verbrechen entstanden ist. Soll in einem derartigen Fall der Schwangerschaftsabbruch möglich sein? Eine Reihe äußerer Schwierigkeiten, wie etwa das Problem der Prüfung und Erhärtung des Sachverhalts, spielen dabei keine Rolle. Wer die Frage verneint, tut das zumeist mit der Begründung, dass ein begangenes Unrecht durch ein neues und darauf folgendes Unrecht nicht wiedergutgemacht werde. Das ist zunächst zweifellos ein überzeugendes Argument, das wesentlichen ethischen Gesichtspunkten Rechnung trägt. Aber es bleibt die Frage, ob dieses Argument hier das einzige sein kann oder sein darf. Immerhin sind Situationen denkbar, in denen die Schwangerschaft und ihre Folgen für die betroffene Frau den Charakter einer Katastrophe haben können. Kann man die lebenslange Strafe für das Opfer eines Verbrechens in Kauf nehmen? Hier muss abgewogen werden und abgewogen werden können, und wer diese Möglichkeit prinzipiell bestreiten will, der leugnet einen Konflikt. Der ethische Umgang mit dem Konflikt aber besteht nicht darin, ihn zu leugnen. Er besteht vielmehr in der Suche nach einem abgewogenen Kompromiss.

Es war Wolfgang Trillhaas, der die ethische Funktion und die ethische Relevanz des Kompromisses untersucht und dargestellt hat. Nach Trillhaas ist der Kompromiss das Instrument, um angesichts der Unmöglichkeit von absoluten Lösungen dennoch menschliches Zusammenleben zu gestalten und diesem Zusammenleben eine Zukunft zu erhalten. »Die Ethik hat nicht an Gottes Statt zu rechtfertigen. Sie hat davon zu handeln, wie wir den Fragen unseres Menschseins standhalten können, in diesem Falle: wie wir in menschlicher Gemeinsamkeit immer aufs neue eine Zukunft gewinnen können, soviel an uns ist und soweit wir es in dem uns zugemessenen Raum des ›Vorläufigen‹ verantworten können.« Das Kompromissproblem ist »nur eine andere Form, in der wir der Ausweglosigkeit aller menschlichen Schuld ansichtig werden. Wir haben das uns offen einzugestehen und den Kompromiß, der als menschliche Möglichkeit ein unerlaubter Ausweg ist, als die von Gott geschenkte neue Möglichkeit zur Existenz im alten Äon, zu wagen«[2]. Trillhaas hat die Gefährdungen und die Gefahren, die im ethischen Begriff und Gebrauch des Kompromisses liegen, deutlich und unübersehbar dargestellt. Aber er hat keinen Zweifel daran gelassen, dass der Kompromiss ein unverzichtbares Mittel zur Gestaltung menschlicher Ordnung und gemeinsamen menschlichen Lebens bleibt.

Der Kompromiss ist also die ethische Figur auch zum Umgang mit gleichwertigen menschlichen Interessen, Rechten und Bedürfnissen. Das aber hat einen Sachverhalt zur Folge, der seinerseits zu einem dauerhaften Problem der Ethik werden musste und geworden ist. Dieser Sachverhalt ist der, dass der Kompromiss in sich nicht eindeutig ist. Der Kompromiss entsteht immer in einem Spielraum, er ist abhängig von der Situation, in der er geschlossen wird, er bleibt auch dann ein Kompromiss, wenn er ersetzt und verändert wird. Bei Konfliktlösungen durch Kompromisse muss mit der Möglichkeit, ja mit der Wahrscheinlichkeit gerechnet werden, dass diese Lösungen unterschiedlich aus-

---

[2] Wolfgang Trillhaas, Zum Problem des Kompromisses. Martin Doerne zum 60. Geburtstag, in: Zeitschrift für evangelische Ethik 4 (1960), 355–364; 364 und 359. – Vgl. auch ders., Ethik, Berlin [2]1965, bes. 407–410.

sehen. Es ist selten, dass Kompromisse in der gleichen Frage unter sich völlig gleich sind, und es ist häufig, dass sie sich deutlich voneinander unterscheiden. Dieser Sachverhalt ist Ausdruck für einen ethischen Pluralismus, für einen Pluralismus also, der durchaus nicht mit Willkür oder Beliebigkeit gleichgesetzt werden kann, und der deshalb zur blanken sittlichen Anarchie führte, vielmehr für einen Pluralismus, der durch sein Adjektiv eben als »ethischer« definiert ist. Bei den Spielräumen, die im Zusammenhang des ethischen Pluralismus auftreten, geht es gerade darum, dass jeder der daran Beteiligten das sittlich Beste und das ethisch Richtige und Wünschenswerte vertritt, es freilich auf seine besondere und ihm eigentümliche Weise zu vertreten sucht. Die gesamte Diskussion über die Veränderung des Paragraphen 218, die breite Skala der verschiedenen Veränderungsvorschläge können insgesamt als Ausdruck eines derartigen ethischen Pluralismus angesehen werden. Denn alle eingebrachten Vorschläge wollen zweifellos das ethisch Richtige und das für die Gestaltung des menschlichen Lebens Wünschenswerte. Jeder dieser Vorschläge aber ist ein Kompromiss, gleichgültig, ob es sich um die Fristenlösung handelt oder darum, nur die medizinische Indikation zuzulassen. Für das theologische Urteil ist ein solcher Pluralismus Ausdruck derjenigen Freiheit, die durch Selbständigkeit und Verantwortungsfähigkeit des Menschen begründet wird.

Damit wird die Diskussion über eine Veränderung des Paragraphen 218 zum prägnanten Beispiel für eine wesentliche Aufgabenstellung innerhalb der christlichen Ethik. Mit der Einführung des Kompromisses bemüht sich die Ethik darum, im Fall eines Widerspruches, eines Konfliktes, einer Konkurrenz von Interessen oder Rechten, auf einseitige und rücksichtslose Entscheidungen zu verzichten. Mit einem derartigen Verzicht auf eindeutige Anweisungen überträgt sie die ethische Verantwortung auf alle Beteiligten und mutet ihnen Selbständigkeit im Umgang mit dieser Verantwortung zu. Bei kompromisslosen und eindeutigen Entscheidungsformeln dagegen ist jeder, der sich nach ihnen richtet, von der Verantwortung für ihre Gültigkeit und Richtigkeit befreit. Verantwortung ist in diesem Fall delegiert auf diejenigen, die die Entscheidung begründet haben. Hier waltet die Tendenz, die einzelne und individuelle Konstellation in einen allgemeinen Fall zu überführen. Ethik wird zur kasuistischen und systematisierten Doktrin. Nach diesem Modell pflegt die katholische Lehrbildung bis auf den heutigen Tag zu verfahren. Für die evangelische Ethik dagegen ist die Beteiligung jedes einzelnen Christen an der Verantwortung ein wesentlicher Grundsatz. Freilich setzt die evangelische Ethik damit die Verantwortungsfähigkeit und die Verantwortungsbereitschaft der Christen voraus. Die theologischen Grundsätze der reformatorischen Kirchen verpflichten die evangelische Ethik dazu. Und damit verbindet sich die Einsicht, dass eine derartige Ethik sehr viel leichter verletzlich ist und sehr viel eher korrumpiert werden kann, als ein von Amts wegen eingesetztes und mit Sanktionen geschütztes Anweisungssystem, das zwar den Kompromiss, aber auch die Verantwortlichkeit des Einzelnen weithin umgeht.

Zu den Konsequenzen, die sich aus derartigen ethischen Grundsätzen notwendig ergeben, gehört es, dass die Zahl der auftretenden Konflikte und die der erwarteten Kompromisse ständig im Wachsen begriffen ist. Diese Entwicklung pflegt aus einer bestimmten Sicht als fortschreitende Destruktion und Auflösung vorhandener Ordnung beschrieben und beklagt zu werden. Diese Beschreibung ist insofern richtig, als in der Tat mit der Anmeldung von Konflikten immer mehr dort gerechnet werden muss, wo bisher eindeutige und klare Vorschriften zu gelten schienen. Freilich ergibt sich die Beurteilung, die darin in erster Linie den Verfall konstatiert, durchaus nicht von selbst oder unabweisbar. Im Gegenteil müsste aus der Perspektive der evangelischen Ethik diese Entwicklung eher begrüßt werden. Denn im Auftreten von Konflikten melden sich Rechte, Güter oder Interessen zu Wort, die bis dahin offensichtlich unbeachtet geblieben waren. Eine derartige Missachtung wesentlicher menschlicher Bedürfnisse ist aber ethisch durch nichts zu rechtfertigen. Das einfache Modell für diesen Konfliktfall bildet wiederum die Frage der medizinischen Indikation. Hier entsteht der Konflikt tatsächlich erst in dem Augenblick, in dem das Lebensrecht der Mutter als ein wesentliches Recht dem des werdenden Lebens gegenübergestellt wird. Sieht man die Entwicklung in dieser Perspektive, dann handelt es sich in der Tat nicht um einen Verfall oder um eine Auflösung geltender Prinzipien, sondern um eine Zunahme der Sensibilität für das sittlich Gute und das menschlich Notwendige, um ein Wachstum des ethischen Bewusstseins. Beim Problem der Schwangerschaftsunterbrechung sind auch die weiteren Konflikte dadurch entstanden, dass weitere und bis dahin hier nicht beachtete Rechte oder zumindest Rechtsansprüche zur Geltung gebracht worden sind. Das gilt nicht zuletzt für den so überaus kontroversen Anspruch der Mutter auf Selbstbestimmung. Dieser Anspruch auf Selbstbestimmung darf allerdings nicht als Anspruch auf eine radikale Willkür, als das Recht zur absoluten und allein an sich selbst orientierten Selbstverwirklichung verstanden werden. Ethisch legitimiert ist Selbstbestimmung erst dann, wenn sie als Selbstverantwortung begriffen ist, als Selbstverantwortung für andere Menschen, also auch für das werdende Leben, für sich selbst und für das Ganze. In dem Maße, in dem man diesem Recht oder auch der Pflicht zur Selbstverantwortung folgt, müssen Bevormundungen durch den Staat oder auch durch den Arzt abgebaut werden. Das aber bedeutet zugleich einen Verzicht auf die Kontrolle des Einzelnen durch die Gesellschaft. Es versteht sich, dass vor allem an dieser Stelle die Konfrontation gegensätzlicher ethischer Standpunkte unvermeidlich wird.

Der Kompromiss erweist sich damit als das entscheidende Instrument zur ethischen Bewältigung geschichtlicher Veränderungen. Er ermöglicht die Aufnahme neuer Gesichtspunkte, die Rücksicht auf Rechte, die bisher keine Rolle gespielt hatten, die Integration von Einsichten, die sich neu und unüberhörbar zu Wort melden und deren Unterdrückung nur gegen die Prinzipien der Ethik selbst möglich wäre. Im Kompromiss konstituiert sich der Zusammenhang der ethischen Tradition mit den Gegebenheiten, den Aufgaben und den Möglichkeiten der Gegenwart. Verzicht auf diesen Kompromiss wäre nichts anderes als ein Verzicht auf eben diesen Zusammenhang. Ohne den Kompromiss müssten die Probleme der Gegenwart mit der ethischen Tradition von gestern bewältigt werden. Das aber hieße, dass die Veränderungen entweder nicht wahrgenommen oder aber geleugnet werden, dass also die Entfaltung menschlichen Lebens unter den Bedingungen der Gegenwart gerade nicht ethisch strukturiert zu werden vermag, dass vielmehr eben diese Entfaltung gehindert wird und damit die ethische Aufgabe im Prinzip verkehrt wird und unerfüllt bleibt.

So kann die ethische Überlegung in der Gegenwart nicht daran vorübergehen, dass es tatsächlich Abtreibungen gibt, dass in einer ungeheuren Zahl Abtreibungen vorgenommen werden, die nach den geltenden gesetzlichen Bestimmungen illegal und kriminell sind. Der Schutz schwangerer Frauen vor Kurpfuscherei und vor Gefährdung der Gesundheit und des Lebens muss ein dringendes ethisches Gebot sein.

In keinem Fall und unter keinen Umständen ließe es sich rechtfertigen, dass abtreibungswillige Frauen dafür potentiell einer Todesstrafe ausgesetzt würden. Deshalb tritt der Schutz dieser Frauen wiederum als ein Anspruch auf, der sich nicht ohne weiteres mit anderen Grundsätzen verbinden lässt, und aus dem sich deshalb erneut ein Konflikt bildet. So ist nicht nur durch unterschiedliche ethische Auffassungen, sondern vor allem durch die Konkurrenz verschiedener sittlicher Rechte und Güter das Problem der Schwangerschaftsunterbrechung außerordentlich vielschichtig und komplex. Damit ist dieses Thema aber zugleich in prinzipieller Hinsicht exemplarisch für die ethische Problemlage der Gegenwart überhaupt. Es gilt allgemein, dass eindeutige Entscheidungen immer seltener möglich sind, und dass Differenzierungen und Kompromisse immer häufiger nötig werden. Das ist neben anderem auch ein Ausdruck für den Sachverhalt, dass die evangelische Ethik nicht als Regelsystem zur Beseitigung von Sünde missverstanden werden darf. Es ist die Aufgabe der evangelischen Ethik, die menschliche Lebenswelt unter den Bedingungen des christlichen Glaubens zu strukturieren, und das heißt in ständiger Erinnerung an den Sachverhalt, dass der Mensch ein Sünder ist, der stets neu der Gnade Gottes und der Vergebung bedarf. Deshalb hat, wie Wolfgang Trillhaas eindrücklich hervorhebt, die evangelische Ethik ihre Aufgaben nicht allein dort, wo zwischen dem absolut Guten und dem absolut Bösen unterschieden werden kann, sondern vor allem an den Stellen, an denen es um die Unterscheidung von relativ besseren und relativ schlechteren Möglichkeiten geht.

Das Problem der Schwangerschaftsunterbrechung, das ja in erster Linie ein Problem des Strafrechts ist, lässt die Parallele zwischen Ethik und Recht hervortreten. Die Entwicklung dieses Strafrechts in der Neuzeit pflegt zwar im

Allgemeinen als Säkularisierung beschrieben zu werden. Mit diesem Stichwort wird der Sachverhalt interpretiert, dass die Auffassung des Gesetzgebers und die der offiziellen Kirchen an vielen Stellen deutlicher auseinander treten. Nun zeigt aber gerade die Diskussion über die Veränderung des Paragraphen 218, dass diese Unterschiede keineswegs prinzipieller Natur sind. Es ist vielmehr offenkundig, dass in der Strafrechtsreform dieselben Gesichtspunkte erörtert werden wie in der Ethik, und dass sich dort die gleichen Tendenzen zur Geltung bringen wie hier. In dieser Auseinandersetzung haben die offiziellen kirchlichen Verlautbarungen nur eine Stimme. Dass diese Stimme vor allem ein konservatives Votum ist, hat gute Gründe. Denn die offizielle kirchliche Stellungnahme, die schon nicht für sich in Anspruch nehmen kann, für sämtliche Standpunkte der theologischen Ethik zu sprechen, muss dennoch bestrebt sein, einen möglichst breiten christlichen Konsensus zu vertreten. Sie ist deshalb konservativ in dem Sinne, dass sie Veränderungen erst dann zustimmt, wenn die Gründe dafür allgemein geworden sind. Ein solcher Fall ist zumindest prinzipiell in Bezug auf die Veränderung des jetzt gültigen Paragraphen 218 eingetreten. Zur Verteidigung des bestehenden Wortlautes ist kaum eine Stimme zu hören. Es ist sozialethisch gesehen gewiss ein legitimes Verfahren, dass auch in dieser Frage die Entscheidung durch Mehrheiten bestimmt wird, dass also derjenige Kompromiss sich durchsetzen wird, der die größte Zustimmung findet.

Auch in der Debatte über die Rechtsreform ist die Überzeugung selbstverständlich und einhellig, dass auch die Neuformulierung des Paragraphen 218 dem Schutz des Lebens dienen soll. Die Kontroversen, die über die optimalen Maßnahmen zur Erreichung dieses Zieles bestehen, sind ein Spiegel unterschiedlicher ethischer Beurteilungen im Einzelnen. Sie sind aber darüber hinaus Ausdruck der Vielfalt eben des Lebens, das geschützt werden soll. Denn es kann ja nicht allein der biologische Aspekt des Lebens zum Ansatzpunkt für die notwendigen Schutzbestimmungen gemacht werden. Ebenso müssen soziale und psychologische, ärztliche und politische Gesichtspunkte Rücksicht finden. Keiner dieser Aspekte darf für sich und isoliert in den Vordergrund gerückt oder zum Mittelpunkt gemacht werden. Das Leben, das hier geschützt werden soll, darf nicht als ein Abstraktum missverstanden werden. Es geht um das menschliche Leben und darin auch um die Menschlichkeit dieses Lebens. Deshalb muss der Schutz des Lebens, dem die Neuformulierung des Paragraphen 218 dienen soll, in gleicher Weise ein Schutz der Menschlichkeit dieses Lebens sein.

In der Ethik wie in der Rechtsentwicklung also ist der Kompromiss konstitutiv, wenn menschliches und soziales Leben gerade in seiner Entfaltung strukturiert und gefördert werden soll. Es ist der Kompromiss, »der die Interessen der Menschen sowohl zusammenbindet als auch teilt; er beruht darauf, daß Gott unser Schicksal zu einem gemeinsamen Schicksal zusammengebunden hat«[3].

[3] Wolfgang Trillhaas, Zum Problem des Kompromisses (wie Anm. 2), 361.

# Abschied von der Tugend? Erwägungen zur Krise der Moral

Tugend ist kaum noch ein Wort unserer Sprache. In dem, was bei uns alltäglich geredet oder geschrieben wird, taucht dieses Wort nicht mehr auf. Wenn man sich den Wortschatz eines Politikers oder auch den einer Predigt vergegenwärtigt, wenn man die Zeitungen durchblättert, auf das Wort Tugend wird man nirgends stoßen. Wo es dennoch gebraucht wird, ist der Zusammenhang eher ironischer Art. Der Tugendhafte ist ein fast etwas lächerlicher Außenseiter, er passt nicht in unsere Gegenwart, er wirkt nur noch, als sei er aus der Vergangenheit übrig geblieben.

Dieser Sachverhalt ist weder zufällig noch willkürlich. Es kommt nicht selten vor, dass Worte aus der Umgangssprache verschwinden. Aber das ist kein Prozess, den man steuern, den man absichtlich herbeiführen oder verhindern könnte. Die Gründe dafür liegen in einer Veränderung der geschichtlichen Lage, im Wechsel der Zeitalter. Wir stehen offenbar vor der Tatsache, dass nicht allein das Wort Tugend, sondern die mit ihm bezeichnete Sache keinen Gebrauchswert mehr hat und für das alltägliche Leben keine Rolle mehr spielt. Die Tugenden, wie etwa die Demut, die Tapferkeit oder die Bescheidenheit, haben ihren Sinn verloren. Aber bevor man diesen Verlust beklagt, bevor man daraus den Schluss zieht, dass die Gegenwart weniger moralisch gefestigt und weniger ethisch verantwortlich sei als die Vergangenheit es war, sollte man die Gründe erwägen, die diesen Prozess eingeleitet und diesen Verlust verursacht haben.

## 1.

Die Tugenden haben bekanntlich eine lange Geschichte.[1] Schon die griechische Philosophie hat ihre moralischen Ideale als Tugenden formuliert. Mäßigkeit, Tapferkeit, Weisheit und Gerechtigkeit waren die Kardinaltugenden der Antike. Das Christentum hat sie übernommen und andere, wie die Demut, den Fleiß oder die Wahrhaftigkeit, hinzugefügt. Sie alle haben, besonders in der Zeit ihrer höchsten Blüte, eine eminent wichtige Funktion gehabt. So stand im Mittelalter die Demut mit an erster Stelle. Der Demütige war das Ideal des einfachen Menschen, des gemeinen Volkes. Demut war die vorzüglichste Eigenschaft der Vorbilder in den Mönchsorden, Demut war das, was in den Heiligen am meisten verehrt wurde. Wenn der einfache Mann, also im überwiegenden Fall der Bauer oder der Knecht demütig war, dann fand er sich in Übereinstimmung mit dem Geist der Epoche. Er wurde gleichsam erst Mensch, wenn er dieser Identität nachstrebte. Wer das nicht wollte, stellte sich damit außerhalb der Gesellschaft. Er musste sein Menschsein im Gegensatz zu den anderen formulieren und wird deshalb notwendig zum Aufrührer, zumindest aber zum Einzelgänger.

Diese weitreichende Funktion einer einzelnen Tugend im Mittelalter wird erst auf dem Hintergrund der geisti-

[1] Vgl. hierzu: Otto Friedrich Bollnow, Wesen und Wandel der Tugenden, Frankfurt a. M. 1958.

gen und politischen Verfassung der Epoche verständlich. Der mittelalterliche Mensch war einer Fülle übermächtiger Gewalten ausgesetzt, denen gegenüber er nur seine Ohnmacht, seine Verlorenheit und seine Bedeutungslosigkeit erfahren konnte. Zu diesen Mächten gehörten die Naturkatastrophen, die Missernten und Teuerungen, die großen Krankheiten, allem voran die Pest, ebenso aber die Kriege und Raubzüge und die vielfältigen Pressionen durch die kleinen und großen Machthaber. Der Einzelne war machtlos und in völliger Abhängigkeit solchen Widerfahrnissen ausgesetzt. Für ihn gab es keinen Unterschied zwischen den Naturkatastrophen und dem Unglück, das Kriegszüge über ein Dorf oder über eine Stadt brachten. Ihm war alles gleich rätselhaft und in gleicher Weise durch dunkle, überirdische Mächte bedingt. Zu diesen Mächten konnte man sich nur so verhalten, dass man sich ihnen unterordnete. Der hatte den Sinn des Lebens begriffen, der diese Unterordnung vollzog. Demut hat also nichts zu tun mit einer kriecherischen oder ängstlichen, einer niedrigen oder bloß unterwürfigen Gesinnung. Demütig ist vielmehr der, der den Menschen und damit sich selbst als den schlechthin Ohnmächtigen verstanden hat und der bereit ist, die Folgen zu tragen. Demut ist hier also diejenige Tugend, die die Einordnung des einzelnen Menschen in den Lebenszusammenhang und damit sein Leben selbst ermöglicht. Hier kommt ihre Funktion besonders deutlich zum Ausdruck: Die Tugend hat teil an dem, was eine Epoche als den Sinn des menschlichen Lebens formuliert, und zugleich damit bezeichnet sie die Weise, auf die der Einzelne an diesem Lebenssinn teilhaben kann.

An diesem Beispiel zeigt sich aber nun auch, wie sehr die Gültigkeit einer Tugend an die Bedingungen eines bestimmten Zeitalters gebunden ist. In der Tat kann die Demut heute nicht mehr die Rolle des Tugendideals spielen, die sie im Mittelalter hatte. Wollte man heute noch die Demut so predigen wie einst, so würde man den Sinn dieser Tugend geradezu in ihr Gegenteil verkehren. Der neuzeitliche Mensch lebt in einer anderen Welt. Er ist dessen inne geworden, dass er durchaus nicht allen Mächten und Gewalten hoffnungslos ausgeliefert ist. Wie immer man in der Neuzeit den Lebenssinn formuliert hat, als völlige und absolute Unterordnung konnte er nicht mehr verstanden werden. Das hat gerade für die religiöse Dimension der Demut besondere Bedeutung. Denn zweifellos hat man im Mittelalter hinter allen Mächten, die so rätselhaft auf das Leben Einfluss nahmen, die Macht Gottes am Werke gesehen. Demut war in ihrem letzten Sinn die Unterordnung unter Gott, die Einordnung in seinen Willen. Eben dieser Zusammenhang aber wird in der Neuzeit problematisiert. Denn jetzt ist es nicht mehr möglich, im bloßen Auftreten einer Macht, sei es in der Natur, sei es in der Geschichte, die Macht Gottes zu sehen. Als das Christentum begann, die Freiheit des Menschen zu predigen, musste die Unterordnung unter die Macht Gottes und die Einordnung in seinen Willen notwendig eine andere Gestalt annehmen. Die darin ausgedrückte Gottesbeziehung, die Demut Gott gegenüber, konnte und kann zwar zu allen Zeiten dieselbe bleiben. Aber sie lässt sich nicht mehr ohne weiteres der geschichtlichen Wirklichkeit gegenüber zum Ausdruck bringen. Gottesbeziehung und Weltverhalten sind nicht mehr unmittelbar dasselbe. So wird es unmöglich, beides in einer Formel, wie in der Tugend der Demut, zusammenzufassen.

Die Tugenden erweisen sich so als Spiegel des Geistes ihrer Epoche. Man könnte deshalb Tugenden, die wie die Demut an ein einzelnes Zeitalter gebunden scheinen, von anderen unterscheiden, die zwar über längere Geschichtsperioden hinweg in Geltung bleiben, aber von Epoche zu

Epoche ihren Sinn verändern. Die gelassene Weisheit des Stoikers ist beispielsweise etwas anderes als die Weisheit des Weltweisen in späterer Zeit, der keine Rätsel mehr kennt. Und der ritterliche Mut, der sich im Kampf gegen Drachen oder im Zweikampf bewährt, ist deutlich unterschieden, vom Mut des Soldaten, der für ein Ideal sein Leben aufs Spiel setzt. Aber nicht nur die großen und außerordentlichen Tugenden, in denen immer nur Einzelne eine besondere Vollkommenheit erlangt haben, sind der Spiegel des Geistes ihrer Epoche. Noch deutlicher sind es die schlichten und einfachen Tugenden, die mit dem alltäglichen praktischen Leben zu tun haben. Gerade in ihnen zeigt sich, wie die Welt und das Leben verstanden werden, wie deren Aufgaben aufgefasst und bewältigt werden sollen. Zu diesen unscheinbaren Tugenden, an deren Erfüllung nichts Sensationelles ist, gehören vor allem die, die man als die bürgerlichen Tugenden zu bezeichnen pflegt. Sie tragen ihren Namen deshalb, weil das Bürgertum ihnen zum Durchbruch verholfen hat. Denn anders als der Adel, dem Freiheit und Unabhängigkeit von Geburt an zu eigen war, musste der Bürger sich Freiheit und Unabhängigkeit in eigener Leistung erwerben. Es sind in ihrem Ursprung ökonomische Tugenden, die damit auf den Plan treten. Der Adel konnte aus dem Vollen schöpfen, er konnte leben und leben lassen. Der Bürger dagegen musste haushälterisch und wirtschaftlich verfahren, er musste mit dem wenigen, das ihm zur Verfügung stand, auskommen und sein eigenes Leben gestalten. Solange die Feudalherrschaft des Adels das kulturelle Leben bestimmte, stand dessen Großzügigkeit im Vordergrund, der Aufwand, der nicht rechnen musste. Als aber im 18. Jahrhundert immer mehr das Bürgertum die Kultur zu prägen begann, traten auch dessen Tugenden in den Vordergrund.

Eine der wesentlichsten dieser Tugenden ist mit dem

Begriff der Ordnung bezeichnet. Ordnungsliebe, ein geordnetes Leben, die Ordnung aller Dinge, vom Kleinsten bis zum Großen, ist die Voraussetzung und die Grundstruktur dieses Weltverhaltens. Hier handelt es sich insofern um eine elementare Tugend, als ihre Funktion und ihre Wirkung nicht auf einen Lebensbereich beschränkt bleiben. In ihrer einfachsten Gestalt ist die Ordnung eine Forderung der Ökonomie. Nur in einem geordneten Hauswesen lässt sich wirtschaften, rechnen und auskommen. Ordnung in diesem Sinne ist nichts anderes als der ordentliche Umgang mit den Geräten und Werkzeugen des täglichen Gebrauchs. Die Ordnung der einzelnen Dinge des täglichen Lebens aber ist gebunden an eine ebensolche Ordnung des Umgangs mit ihnen. So entsteht ein geregeltes und planvolles Leben. Es wird nach Möglichkeit nichts dem Zufall überlassen und nichts der bloßen Unbesonnenheit. Für die Arbeit wie für das soziale Verhalten gelten Ordnungen und Regeln, die das Leben durchsichtig und überschaubar machen. Der Ordnung im Äußeren entspricht die Ordnung im Inneren und in den gemeinschaftlichen Beziehungen. Diese Ordnung wird zum allgemeinen Gerüst, das dem einzelnen Menschen seine Orientierung gibt, gleichgültig in welcher Situation und vor welcher Aufgabe er steht. In der geordneten Welt ist der einzelne Mensch davon entlastet, über Falsch oder Richtig, über Wert oder Unwert stets neu und selbst zu urteilen.

Aber diese Ordnung ist deutlich von dem Einordnen unterschieden, das der mittelalterliche Mensch zu vollziehen hatte. Denn diese Ordnung ist nicht aus sich selbst schon da, der Mensch findet sie nicht unabhängig von sich selbst vor. Er muss sie vielmehr durch eine bewusste Anstrengung schaffen und durch ebenso bewusste Anstrengung erhalten. Ordnung in diesem Sinne ist das Fundament aller Kultur.

Der Mensch schafft diese Ordnung, indem er sie den Vorgegebenheiten seines Lebens, der Natur wie der Gesellschaft aufzwingt. Was der Mensch in seiner Welt zunächst vorfindet, ist für ihn nichts anderes als Rohmaterial, ein Chaos, das den Menschen verschlingen würde, wenn er ihm nicht neue Gesetze aufzwänge. Das aber bezeichnet nicht nur den Anfang der Kultur. Es genügt nicht, die Ordnung einmal der Welt aufgezwungen zu haben. Die Ordnung muss ständig verteidigt, befestigt und erweitert werden. Die geordnete Welt erschließt ständig neue Möglichkeiten. Der Fortschritt der Technik und der Zivilisation ist nur ein Beispiel dafür. Freilich ist dieser Fortschritt nicht von der Art, dass man auch auf ihn verzichten könnte. Das Prinzip der Ordnung erzwingt ihn, weil kein Bereich, der als Möglichkeit für den Zugriff des Menschen am Horizont auftaucht, ungeordnet bleiben dürfte. Jede Legitimation von Unordnung, und sei es im kleinsten und nebensächlichsten Detail, wäre eine Bedrohung des Ganzen und bedeutete die Rückkehr zum Chaos, zur Ohnmacht des Menschen.

Ein Vergleich mit der Demut zeigt, wie unterschiedlich sich das Schicksal einer Tugend gestalten kann. Beide, die Demut wie die Ordnung, sind Tugenden eines vergangenen Zeitalters. Aber während die Demut ihre allgemeine Funktion völlig verloren zu haben scheint, ist die Ordnung weit über die Funktion einer Tugend hinausgewachsen. Auch sie war zunächst nichts anderes als ein sittliches Ideal, Ausdruck für die Moralität eines bestimmten Standes. Aber sie ist zu einem Grundelement der modernen Kultur geworden, in ihr reflektiert sich der Geist der Neuzeit. Diese Entwicklung wurde möglich kraft der Voraussetzungen, auf die der Ordnungsbegriff sich beruft. Diese Voraussetzungen sind einerseits die Idee der Freiheit des Menschen und andererseits der Gedanke der Machbarkeit der Welt. Beide sind zutiefst christliche Gedanken: Schon nach biblischer Überlieferung ist die Welt dem Menschen zu seiner freien Gestaltung übergeben. Deshalb ist es nicht zufällig, dass es gerade die christliche Predigt war, die unter Berufung auf diese Voraussetzungen zur Ordnung der Welt aufgerufen hat. So sind Recht als Ordnung der Gesellschaft und Wissenschaft als Ordnung der Natur zu den Grundpfeilern der modernen Kultur geworden. Freilich hat die Ordnung dabei aufgehört, eine Tugend zu sein. Sie ist vielmehr die Bedingung und Voraussetzung für das moderne Leben überhaupt. Alle Prozesse der Pädagogik und der Sozialisation laufen darauf hinaus, den Menschen mit dieser Ordnung vertraut zu machen und ihn an sie zu binden.

Nun gibt es freilich eine Reihe von sittlichen Idealen, deren Schicksal keineswegs so eindeutig ist wie das der Demut oder der Ordnung. Es sind die Tugenden und ethischen Grundsätze, die im Vordergrund zu stehen pflegen, wenn von einer Krise der Moral die Rede ist. Man könnte hier die Treue, die Besonnenheit oder die Ehrlichkeit nennen, aber es zeigt sich sehr bald, dass die Rede von der moralischen Krise sich vor allem auf eines konzentriert: auf die Keuschheit. Die Keuschheit erscheint als der Bereich, in dem am eindeutigsten und auffälligsten ein Verfall und eine Auflösung zu konstatieren sind. Die Kritiker dieser Entwicklung beklagen, dass hier alle Grundsätze und alle überlieferten Normen dahingefallen sind, dass Zügellosigkeit, Willkür und Schamlosigkeit das Feld beherrschen. Nach diesem Bilde scheint es so, als sei an die Stelle der Tugend, nämlich der Keuschheit, hier das Gegenteil, das Laster, getreten. Die Suggestion dieser Art des Urteilens, das, was dadurch nahegelegt wird, ist die Meinung, dass ein früher durchaus intakter und integrer Zustand jetzt durch die Krise dem Verfall ausgesetzt sei. Eben diese Meinung aber beruht auf einer

Täuschung und auf einem Irrtum. Die ganze abendländische Geschichte hindurch hat die Keuschheit zwar oft und in vieler Hinsicht die Rolle eines Ideals gespielt, immer aber hat sie zugleich ein Problem bezeichnet. Eine schlechthin stabile, allgemeingültige und allgemeinverwirklichte Lösung hat es für dieses Problem nie gegeben.[2]

Am Anfang der abendländischen Kulturgeschichte gehört das Keuschheitsgelübde gemeinsam mit dem der Armut und des Gehorsams zu den Gelübden, die ein Mönch ablegt. Die Keuschheit steht in einem religiösen Kontext. In ihr repräsentiert sich ein Weltverhältnis, das wesentlich durch die Ablehnung gekennzeichnet ist. Die Welt ist ein Jammertal, hier gibt es keine Erfüllung, keine Hoffnung, kein Glück. Für die Konzentration auf die Jenseitigkeit wird alles, was den Menschen an dieser Welt festhalten könnte, zum Hindernis und damit zur Sünde. Die radikale Absage an jedes Welterleben ist durch nichts deutlicher ausgedrückt als durch die Gelübde der Keuschheit und der Armut. Aber das Prinzip der Askese galt nicht nur für das mönchische Leben. Es galt allgemein und hatte die bekannte kirchliche Diskriminierung der Sexualität zur Folge. Und hier traf die religiöse Auffassung mit einem eminenten gesellschaftlichen Interesse zusammen. In der vorindustriellen Gesellschaft musste alles daran gelegen sein, den Bevölkerungsstand zu limitieren und ihn nicht über die gesetzten Grenzen hinauswachsen zu lassen. Diese Grenzen waren in erster Linie durch den Nahrungsspielraum und die Siedlungsmöglichkeiten gegeben. So wurde die Familiengründung und damit die Beteiligung an der Bevölkerungszunahme scharfen Kontrollen unterworfen. Für den zahlenmäßig weitaus größten

---

[2] Vgl. hierzu: HERMANN RINGELING, Theologie und Sexualität. Das private Verhalten als Thema der Sozialethik, Gütersloh [2]1969.

Teil der Bevölkerung, also für die Bauern, die Bediensteten und die Handwerker, war die Erlaubnis zur Heirat daran gebunden, dass sie eine selbständige Stellung erlangt hatten. Der Stand der Gehilfen und der Gesellen reichte dazu nicht aus. Da aber die Zahl dieser selbständigen Positionen begrenzt war, musste notwendig ein großer Teil der Bevölkerung von der Familiengründung ausgeschlossen bleiben. Nimmt man hinzu, dass es eine Fülle von gesetzlichen Regelungen gab, die für die einzelne Heirat eine obrigkeitliche Erlaubnis vorschrieb, so zeigt sich die Radikalität, mit der in der vorindustriellen Situation die Bevölkerungszunahme begrenzt wurde. Das religiöse Askese-Prinzip und das gesellschaftliche Interesse treffen hier zusammen. Mit Recht hat man deshalb von einem Kartell zwischen Kirche und Gesellschaft gesprochen.

Aber gerade in diesen geschichtlichen Verhältnissen liegen nun die Gründe für das Entstehen einer doppelten Moral. Und zwar entsteht diese doppelte Moral in mehrfacher Hinsicht und in verschiedenem Sinn. Eine doppelte Moral ergibt sich zunächst aus der Differenz zwischen Anspruch und Wirklichkeit. Das prinzipiell so rigoros gefasste Keuschheitsprinzip ließ sich nirgendwo auch nur annähernd rigoros verwirklichen. Beispielhaft dafür sind die Verhältnisse des zur Ehelosigkeit verpflichteten geistlichen Standes. Die zeitgenössischen Visitationsberichte konstatieren hier mit nüchternen Zahlen ein nahezu allgemeines Konkubinatssystem. Bei der weltlichen Bevölkerung entsteht unter dem Druck der Verhältnisse die Einrichtung der ›heimlichen Ehen‹. Man heiratete, wo es offiziell unmöglich war, privat und unter Ausschluss der Öffentlichkeit und gründete seine Familie ohne jede Legitimation. Eine doppelte Moral entstand hier insofern, als einerseits vom rigorosen Anspruch des Keuschheitsprinzips um keinen Deut abgewichen wurde, dass aber andererseits gegenüber den eingetretenen Verhältnissen eine breite Toleranz geübt wurde. Im 16. Jahrhundert sind es dann die gleichlaufenden Bemühungen sowohl der Reformation wie des Tridentinischen Konzils, hier eine Besserung zu suchen. Aber in der folgenden Zeit trat alsbald eine andere Form der doppelten Moral in den Vordergrund. Sie hängt aufs engste zusammen mit der feudalen Struktur dieser Epoche. Sie ist hier ein Bereich, in dem sich die unterschiedliche Lebensgestalt der Privilegierten, des Adels und der Herren auf der einen Seite und die des Volkes auf der anderen Seite darstellt. Die Freiheit der Privilegierten ist weithin die Freiheit auch von der Moral, und die Unfreiheit der Abhängigen wird gerade auch durch die moralischen Gebote repräsentiert. Schranken, Begrenzungen und Gesetze gelten nur für das Volk.

Eine dritte Form der doppelten Moral entsteht dann mit der Herrschaft des Bürgertums. Hier wird Keuschheit zu einer allgemeinen moralischen Norm. Die bürgerliche Gesellschaft vertritt sie mit größtem Nachdruck. Das Interesse daran ergibt sich konsequent aus dem zu Grunde liegenden Prinzip der ökonomischen Ordnung. Die militante Abwehr jeder Art von Ausschweifung, mit der der Kampf gegen die Feudalstruktur gewonnen wurde, fordert geradezu die Entwertung und damit die Diskriminierung der Sexualität. Keuschheit ist deshalb für die bürgerliche Epoche durch ihren negativen Sinn nur unvollständig bezeichnet. Keuschheit bedeutet keineswegs nur den Verzicht auf Sexualität. In ihr drückt sich vor allem die Herrschaft des ordnenden Geistes über die chaotische Macht der Triebe aus. In diesem Sinne einer auf das Biologische reduzierten, aber aller übrigen Funktionen beraubten Notwendigkeit definierte Kant die Ehe als den Vertrag zwischen zwei Menschen zum wechselseitigen Besitz ihrer Geschlechtseigenschaften. Und auch in dieser Epoche konnte sich wieder ein Kartell von Kirche und Gesellschaft etablieren. Die Kirche vermochte jetzt das Askese-Prinzip sehr viel wirkungsvoller zur Geltung zu bringen als vorher. So zeigt sich, dass das Keuschheitsprinzip seine allgemeine Geltung zuerst in der bürgerlichen Kultur erhält, die durch den Namen ›Viktorianische Epoche‹ gekennzeichnet ist. Die Folgen liegen auf der Hand. Es gilt der Grundsatz: Du sollst erst heiraten, wenn du eine Frau und Kinder ernähren kannst. Uneheliche Beziehungen und vor allem uneheliche Kinder sind grundsätzlich diskriminiert. Das aber lässt ganz ähnliche Verhältnisse entstehen wie Jahrhunderte zuvor. Es kommt zu einer doppelten Moral. Der theoretischen Geltung des Keuschheitsprinzips steht eine Praxis gegenüber, die eigene Gesetze entwickelt. Es wird selbstverständlich, es wird akzeptiert und geduldet, dass diejenigen, die die Elite des Bürgertums bilden, also vor allem die Studenten und die Offiziere, sich vom Keuschheitsprinzip jedenfalls zeitweilig dispensieren. Für sie ist ein Verhältnis zu haben keine Schande, solange die offizielle Moral und die allgemeine Sittlichkeit davon nicht beeinträchtigt werden. Doppelt ist die Moral also in dem Sinne, dass das öffentlich gültige Keuschheitsprinzip privat durchaus durchbrochen werden kann. Doppelt ist sie aber vor allem in dem Sinne, als es einen verschiedenen Moralkodex für die Geschlechter gibt. Rigoros gilt das Keuschheitsprinzip für die Frau. Man heiratet nur eine unberührte Braut. Ohne allen Rigorismus aber bleibt die Moral für den Mann. Sein Verhältnis zu ihr ist Privatsache, er darf der Toleranz der Gesellschaft sicher sein.

Es ist diese Vorgeschichte, die man sich vor Augen halten muss, wenn von einem Verfall der sexuellen Moral die Rede ist. Das bürgerliche Keuschheitsideal ist keineswegs erst in der Gegenwart in Frage gestellt worden. Es hat seine

Kritiker bereits im vorigen Jahrhundert gefunden. Nietzsche hat es als das Ressentiment der Schwachen beschrieben, Freud hat es als den Verzicht dargestellt, den die Gesellschaft für den Aufbau der Kultur vom Einzelnen fordern muss. Die neueste Kritik an der überlieferten Moral speist sich überdies aus einer Vielzahl weiterer Gründe. Die Emanzipationsbewegungen der letzten hundert Jahre, vor allem die Emanzipation der Frau, haben die Bedingungen verändert, unter denen die Herrschaft des bürgerlichen Keuschheitsprinzips möglich war. Wenn man diese Entwicklung überschaut, wird es geradezu falsch, von einem Verfall der Moral zu sprechen. Ohne allzu große Übertreibung könnte man eher das Gegenteil behaupten: Die Moral muss allererst gefunden werden. Und das gilt keineswegs allein für die sexuelle Moral, so sehr sie signifikant ist für den gesamten Prozess. Es ist für jedes Gebiet der Sittlichkeit relevant, dass die geschichtlichen Bedingungen sich verändert haben. Die Tugenden von gestern können nicht ohne weiteres auch die von morgen sein.

## 2.

Die Krise der Moral ist nichts anderes, als das Allgemeinwerden des Bewusstseins ihrer Probleme. Was sind diese Probleme der Moral, die in zunehmendem Maße offensichtlich und allgemein bewusst werden? Man könnte sagen, es sei ihr erstes oder auch ihr Grundproblem, dass die Probleme der Moral nicht eindeutig sind. Es herrscht beileibe keine Einstimmigkeit darüber, worin die Probleme der Moral bestehen, wie sie zu begreifen oder zu beschreiben sind. Das am meisten verbreitete und einfachste Schema der Beurteilung ist das von Bestand und Verfall. Es geht von der

Behauptung aus, dass frühere Epochen moralisch gefestigter und intakter waren, und dass die Gegenwartsprobleme das Ergebnis eines Auflösungs- und Entleerungsprozesses dieser Moral sind. Aber dieses Schema ist nicht nur historisch falsch. Solche Epochen, die einer idealisierten Beschreibung ihrer Moral standhielten, hat es nie gegeben. Das Schema, das von Verfall und Entleerung redet, ist aber vor allem in sich selbst unmoralisch. Es versteht die Moral als bloßen Luxus. Moral wird hier zu einer Sache, die eine Epoche oder eine Gesellschaft sich in mehr oder weniger ausgeprägtem Maße leistet, auf die sie aber, aus was für Gründen immer, auch verzichten kann. Und eben das ist eine unmoralische Auffassung der Moral. Ein anderes Verständnis der Moralprobleme ergibt sich erst, wenn man sie als Konsequenz geschichtlicher Veränderung begreift. Die Moral wird hier, wie die gesamte Kultur, in Relation zu den geschichtlichen Bedingungen einer Epoche gesehen. Das lässt verstehen, wie mit diesen Bedingungen auch die Moralität sich wandelt. Es lässt verstehen, wie moralische Grundsätze und Ideale ihre Gültigkeit verlieren, weil sie unter veränderten Bedingungen keine Funktion mehr haben. Es stellt aber zugleich die Aufgabe, für jede Epoche solche Grundsätze neu zu formulieren, nach neuen Themen und Tugenden zu fragen. Freilich kann hier nicht die Eindeutigkeit erhofft werden, deren Mangel das moralische Problem der Moral bezeichnet. Eindeutige Lösungen sind für das Problem der Moral nicht zu erwarten und nicht einmal zu wünschen. Denn eindeutige Lösungen würden nur unter den Bedingungen der Diktatur möglich sein. Dadurch aber wird die Rede von einer Krise der Moral denunziert. Denn wenn diese Vorstellung von einer Krise der Moral nicht auf eindeutige Lösungen hin angelegt ist, dann werden ihre Gründe dauerhaft. Sie gehören zum bleibenden Bestand der Moral selbst.

Wer sie beseitigen will, will offenbar die Herrschaft allein eines moralischen Prinzips und setzt sich damit notwendig dem Verdacht eigener Unmoralität aus. Das Allgemeinwerden des Bewusstseins der Moralproblematik ist also in sich bereits ein moralischer Vorgang. Wenn er moralisch bleiben soll, kann seine Lösung nicht als Diktat, sondern nur als bessere Einsicht verstanden werden.

Betrachtet man die Frage nach einer neuen Moral oder nach neuen Tugenden unter diesen Gesichtspunkten, so zeigt sich zunächst, dass die Frage selbst bereits zum dauerhaften Bestand der Diskussion gehört. Sie findet sich nicht selten im Zusammenhang großer und umfassender politischer Tendenzen. Vor allem revolutionäre politische Bewegungen enthalten in ihrem Programm als festen Punkt die Forderung einer neuen Moral. Oft genug ist diese neue Moral allerdings nur darin neu, dass sie die Verwirklichung der alten will. Aber ihr Problem liegt nicht in ihrem System, das sich ohnehin und verständlicherweise auf wenige Einzelheiten und einige charakteristische Perspektiven beschränkt. Ihr Problem liegt vielmehr in der Frage, wie diese neue Moral etabliert und durchgesetzt werden kann. Es ist die Frage, ob die neue Moral eine Folge der gesellschaftlichen Verhältnisse sein soll, die das Programm fordert, oder aber deren Voraussetzung. Im ersten Fall wird auch die Moral notwendig zur Diktatur. Wie die neue Gesellschaft, so kann auch die neue Moral nur eine Folge derjenigen Veränderungen sein, die gegen den Willen Andersdenkender erzwungen werden. Soll aber die neue Moral Voraussetzung der gesellschaftlichen Veränderungen sein, so kann sie nicht erzwungen werden. Sie ist auf die Überzeugungskraft ihrer guten Gründe angewiesen und kann deshalb nicht mehr Bestandteil eines revolutionären Programms sein.

In ganz anderer Weise wird die neue Moral zum Thema,

wo sie als Forderung eines Einzelnen oder einer Gruppe einzelner Menschen geltend gemacht wird. Das ist immer dann der Fall, wenn der Einzelne selbständig in die Gesellschaft eintritt. Die Forderung wird zum Ausdruck seiner emanzipierten Teilhabe am gesellschaftlichen Leben. Die Forderung verbindet sich mit einer Kritik am Bestehenden, nicht selten unter dem Motto: Die herrschende Moral ist die Moral der Herrschenden. Seitens der Gesellschaft pflegt man diesen Sachverhalt als ein Generationenproblem zu bezeichnen und neigt dazu, es durch diese Bezeichnung für gelöst zu halten. Aber das ist ein Irrtum auf beiden Seiten. Diese Form der kritischen Forderung nach einer neuen Moral ist mehr und anderes als eine bloß pubertäre Form der Auflehnung gegen das Bestehende, obwohl sie das natürlich auch sein kann. Was sich hier meldet, ist eine Kritik an der institutionellen Moral oder der moralischen Institution, die zu dieser Moral selbst hinzugehört. Fehlte sie, so wäre die moralische Institution in sich vollständig. Denn die individuelle Form der Moralkritik ist eine Gestalt, in der sich die Moral selbst ausspricht. Sie nimmt Lebensbereiche und Lebensrechte wahr, die so von der institutionellen Moral nicht wahrgenommen werden können. Die Kritik der Moral ist in Hinsicht auf die Individualität die Bedingung ihrer Institutionalisierung.

Der Protest gehört zur Moralität der moralischen Institution selbst hinzu. Sie fordert die ständige Emanzipation des Einzelnen, und sie hörte auf, selbst moralisch zu sein, wenn sie dieses Recht verweigerte. Allerdings ist dieses Recht seinerseits nicht institutionalisierbar. Beide Prinzipien würden, absolut gesetzt, die Moral bestreiten, die sie wollen. Auch die Leistung der Institution bleibt unverzichtbar. Die Last der Produktion sozialer Struktur kann niemals dem Einzelnen allein zugemutet werden. So zeigt sich, dass Institution und Emanzipation korrelative Prinzipien der Moral sind und sein müssen. Der Problemcharakter kommt der Moralität nicht von außen zu, er begründet sie.

Die Forderung nach einer neuen Moral tritt jedoch auch noch in einem anderen und weiteren Zusammenhang auf. Sie ergibt sich aus einer Veränderung der Weltlage. Die neue Moral wird hier von der Einsicht in neue Aufgaben her gefordert und aus dieser Einsicht heraus formuliert. Hier spielt also weniger die Kritik am Bestand eine Rolle, als vielmehr dessen produktive Interpretation zur Wahrnehmung neuartiger und zwingender Verpflichtungen. Man könnte das geradezu als einen Zwang zur Entwicklung und Entfaltung neuer Tugenden beschreiben. Natürlich handelt es sich dabei nicht um den Akt einer Neuschöpfung, eines neuen Beginns der Moral *ab ovo*. Es geht vielmehr um neue Akzente und neue Qualifikationen. Ein erstes Beispiel für eine dieser neuen Tugenden, die von der veränderten Weltlage gefordert werden, ist die Toleranz. In der hochindustrialisierten Gesellschaft rückt menschliches Leben immer näher zusammen. Und zwar nicht nur das Leben in der Gruppe, in der die Einzelnen ohnehin aufeinander bezogen sind, sondern auch das der Gruppen untereinander, und zwar in globalem Ausmaß. Distanz zu Theorie und Praxis einer andersartigen Lebensgestalt wird immer weniger möglich. Diese neue Dichte unterschiedlicher Lebensformen braucht eigene Prinzipien der sozialen Regulierung. Der Absolutheitsanspruch einzelner Gesellschaften, der unter den Bedingungen fester Grenzen und eines ungestörten eigenen Lebensraumes entwickelt werden konnte, muss in der veränderten Weltlage zu unerträglichen Spannungen führen. Deshalb gewinnt die Toleranz jetzt eine neue Funktion und ein neues Gewicht. Sie muss nicht erst erfunden werden. Aber sie bedarf einer neuen Qualifikation und einer neuen Stellung im pädagogischen Prozess. Sie ist insofern eine neue Tugend, als ihre Funktion ständig an den Einzelnen gebunden bleibt. Toleranz ist nicht institutionalisierbar. Eine Gesellschaft oder eine Gruppe kann nur in dem Maße tolerant sein, indem ihre einzelnen Mitglieder es sind. Die Toleranz verlangt das volle Zugeständnis anderer Rechte. Und zwar nicht nur in theoretischer Hinsicht. Sie kann sich nicht auf ein distanziertes Geltenlassen beschränken. Sie hat ihre eminenten praktischen Folgen in der zur Notwendigkeit gewordenen Zurücknahme des eigenen Anspruchs. Toleranz ist Selbstbeschränkung, sie ist die Kunst, zu sich selbst nein zu sagen. Eine solche Toleranz sollte in dem Maße leichter zu etablieren und zu fördern sein, wie deutlich wird, dass die Folgen ihres Mangels entscheidend auf die eigene Gruppe oder Gesellschaft zurückwirken. Denn die Intoleranz oder der Absolutheitsanspruch haben niemals allein einen Gegner. Sie treffen immer auf stärkere Koalitionen. Deshalb liegt der besondere Charakter dieser Tugend darin, dass sie das eigene Leben ermöglicht, indem sie dem Anderen sein Recht lässt.

Weitere Beispiele für solche Tugenden, die aus der veränderten Weltlage neu gefordert werden, ließen sich leicht zusammenstellen. Zu ihnen gehörte nicht zuletzt eine neue Form der Solidarität. Solidarität ist bisher das Verhalten innerhalb einer bestimmten und umgrenzten Gruppe gewesen. Klassensolidarität oder Standessolidarität haben den Begriff geprägt. Er hatte seine wesentliche Funktion im gemeinsamen Verhalten einer Gruppe nach außen, also gegenüber anderen Gruppen. Die neue Qualifikation der Solidarität entsteht durch die Orientierung an Aufgaben, und zwar an solchen Aufgaben, die für mehrere und unterschiedliche Gruppen gemeinsam auftreten und nur von ihnen gemeinsam bewältigt werden können. Solidarität in diesem Sinne ist also eine Tugend, vermittels derer die Gruppendifferenz überwunden werden kann, weil sie überwunden werden muss.

Die Formel von der ›Krise der Moral‹ ist also weit davon entfernt, einen schädlichen oder krankhaften Zustand der Moral zu beschreiben. Es ist ebenso wenig der Hinweis auf solche Umstände, die von außen her der Moral gefährlich werden könnten. Es ist vielmehr eine zutreffende Beschreibung der Moralität dieser Moral selbst. Die Moral muss, und zwar aus Gründen, die in ihr selbst liegen, als Konstellation von Problemen auftreten und im Wandel sein, wenn sie Moral bleiben will. Nur unter diesen Voraussetzungen wird es möglich, die Veränderung der Weltlage im moralischen Zusammenhang sinnvoll zu begreifen: Nicht als Angriff auf die Moral, als Abschied von der Tugend, sondern als Freisetzung neuer moralischer Möglichkeiten.

# Theologie des gesellschaftlichen Desinteresses

Dass die Kirche ihre Hände aus der Politik heraushalten soll, ist eine verbreitete Meinung. Sie findet sich nicht nur dort, wo man die Politik für ein »schmutziges Geschäft« hält und deshalb die Kirche davor bewahrt sehen möchte, sich ihre Hände zu beschmutzen. Diese Meinung hat auch bei denen ihre Anhänger, die den politischen Verantwortungen und Aufgaben durchaus ihre eigene Würde zuerkennen; aber eben doch die Würde und das Gewicht eines eigenen Bereiches, der von dem der Kirche völlig verschieden ist. Die allgemeinen, menschlichen und profanen Verantwortungen dieser Welt sind hier eines, die Aufgaben der Kirche dagegen etwas anderes. Eine solche Auffassung des Verhältnisses von Kirche und Politik, von Christentum und Gesellschaft, von Religion und Staat bestimmt auch heute weithin die öffentliche Meinung. Ein politisierender Pfarrer und die Politik auf der Kanzel verursachen Unbehagen, und sie tun das auch dann noch, wenn, wie seit geraumer Zeit, politisierende Pfarrer und Politik auf der Kanzel immer häufiger zu finden sind. Gebt dem Kaiser, was des Kaisers ist, und Gott, was Gottes ist, – dieser Satz prägt das allgemeine Bewusstsein; er gilt als Begründung der fundamentalen Trennung zwischen Kirchlichem und Weltlichem, und er lässt jede Grenzüberschreitung dubios erscheinen.

Dieses Bild einer unpolitischen, einer allen Fragen des

Staates und der Gesellschaft distanziert gegenüberstehenden Kirche ist ihr keineswegs von außen aufgezwungen worden. Es wurde vielmehr von der Kirche und von der Theologie selbst entworfen. Seit mehr als einem Jahrhundert wurde von der in der Kirche vorherrschenden Theologie der Grundsatz vertreten, dass die Kirche über allen Parteien stehe, dass sie in allen politischen und gesellschaftlichen Fragen keinen eigenen Standpunkt zu verfechten habe und dass sie sich deshalb von jeder Einflussnahme in diesen Dingen zurückhalten müsse. Dieser Grundsatz ist deshalb so wirksam geworden, weil er nicht nur als theologische Lehrmeinung und als theoretische Formulierung aufgetreten ist. Von ihm ist die institutionelle Selbstdarstellung der Kirche weithin geprägt worden. In diesem Sinne wurde sonntags gepredigt und in den Schulen unterrichtet und über Jahrzehnte hin eingeschärft, dass keine Partei ganz Recht oder ganz Unrecht habe, dass der Christ alle diese Fragen von einem höheren Standpunkt aus zu betrachten habe, oder dass der christliche Teil unseres Volkes keineswegs selbst Politik machen will. Kein Wunder also, dass das Bild einer unpolitischen oder überpolitischen Kirche so nachdrücklich in der öffentlichen Meinung verwurzelt ist.

Es ist nun ein bemerkenswerter Sachverhalt, dass die Vertretung dieser Grundsätze sich keineswegs auf eine einzelne und bestimmte theologische Richtung oder Position beschränkt. Vielmehr ist es eine Reihe sehr verschiedener theologischer Richtungen, die hier im Ergebnis zusammentreffen. Man findet diese Grundsätze der Tendenz nach ebenso bei Lutheranern wie bei Reformierten, bei Vertretern der Union, bei positiven, modernen oder liberalen Theologen, bei Richtungen also, die im Übrigen und in Bezug auf andere Themen durchaus miteinander im Streit gelegen haben. Hier zeigt sich, dass die theologischen Kontroversen über die Bibelauslegung, die historische Kritik, über philosophische oder dogmatische Einzelfragen wenig Einfluss darauf haben, wie das Verhältnis von Kirche zu Staat und Gesellschaft angesehen und beurteilt wird. Ebenso aber zeigt sich, dass hier über alle Grenzen und Unterschiede der theologischen Richtungen hinweg eine Übereinstimmung in den Zielen und Voraussetzungen der Theologie herrscht, der sich dann die gemeinsame Stellungnahme in den politischen Fragen verdankt. Zur Charakteristik dieser Übereinstimmung gehört vor allem das leitende Verständnis der theologischen Aufgabe selbst. Theologie ist in erster Linie Selbstreflexion oder denkende Verantwortung des Glaubens. Sie hat diesen Glauben auszulegen, und zwar in dem Sinne, dass seine Begründung, seine Legitimation und auch seine Eigenart gegenüber anderen Glaubensweisen sichtbar wird. Theologie ist hier wesentlich eine Rekonstruktion der Gründe, warum man Christ ist und warum man es auf eben die besondere Weise ist. Die Leistung dieser Theologie besteht deshalb vor allem in der Vergewisserung, die sie für den ermöglicht, der an diesem Glauben teilhat. Daraus folgt zugleich, dass ihr Interesse vordringlich dem Individuum gilt. Der einzelne Mensch, der Christ werden oder es bleiben soll, steht hier im Mittelpunkt. Ihm dient die Theologie und die von ihr inspirierte Predigt zur Vergewisserung und zur Orientierung für seinen Glauben. Selbstverständlich kann sich die Theologie nicht auf die Inhalte dieses Glaubens und auf die Gesinnung des Glaubenden beschränken. Auch die Praxis, die diesem Glauben folgt, ist ihr Thema. Doch hat gerade auch diese Moral oder Ethik ihr Zentrum in der Individualität.

Der Einzelne und seine Glaubenspraxis bestimmen den Horizont der Fragestellung. So liegt es in der Konsequenz dieser Theologie, dass das Interesse an der Welt, der Profanität oder der Gesellschaft nur sekundär sein kann. In extremen Anschauungen gilt sie ohnehin als das Reich der Sünde, des Bösen und des Antichristen, aus dem allein der Rückzug auf die Innerlichkeit des Glaubens helfen kann. Im Großen und Ganzen aber wird die Weit als die neutrale Bühne angesehen, auf der das in Wahrheit Entscheidende sich allein dort abspielt, wo es um die christliche Botschaft geht. Luthers Zwei-Reiche-Lehre ist weithin in diesem Sinne verstanden und ausgelegt worden. Zwar hat gerade dieses Lehrstück Luthers immer unumgänglich gemacht, eben die Welt, die Profanität oder die Bühne als das Werk und den Herrschaftsbereich Gottes zu begreifen. Und das hat nicht wenig zur Verfestigung jener Haltung beigetragen, für die zwischen den Taten der Obrigkeit und den Taten Gottes nicht mehr richtig zu unterscheiden war. Im Allgemeinen aber hat man die Zwei-Reiche-Lehre dahin ausgelegt, dass es im Reiche dieser Welt allein auf Ruhe, Sicherheit und Frieden ankomme, damit im Reiche Christi, im Reich von Wort und Sakrament das Entscheidende ungestört vonstatten gehen kann.

Das Desinteresse an der Gesellschaft, an der Welt und an der Politik ist also keineswegs zufällig. Es hat Gründe, die in der Theologie selbst liegen. Fraglich aber bleibt, welche Wirkungen von einem solchen Desinteresse hervorgebracht werden. Zweifellos liegt es in der erklärten Absicht dieser Theologie, möglichst wenig Einfluss auf die politischen und gesellschaftlichen Verhältnisse der eigenen Epoche zu nehmen. Der Verzicht auf die Einflussnahme hat seine Grenzen allein dort, wo die Neutralität, wo also Ruhe, Sicherheit und Frieden nicht mehr gegeben sind. Dieser Konfliktfall wird in der theologischen Ethik eingehend erwogen und durchaus verschieden behandelt. Aber er bleibt die Ausnahme, und in aller Regel ist diese Theologie besorgt, die normalen allgemeinen Verhältnisse sich selbst zu überlassen. Gerade aber darin kommt nun die tatsächliche Wirkung zum Ausdruck, die von dieser Theologie ausgeht. Sie leitet dazu an, den Bestand dieser Zustände und Verhältnisse nicht anzutasten. Sie mag in ihrer Absicht weit von jenen Standpunkten entfernt sein, die die Monarchie für die wahre christliche Staatsform halten und jeden Zweifel daran als Lästerung verstehen. In ihrer Wirkung aber trägt sie auf das Intensivste zur Wahrung der bestehenden Verhältnisse bei.

Die konservative Tendenz dieser theologischen Tradition hat zur Folge, dass es eine allgemeine gesellschaftliche Fragestellung für sie im Grunde nicht gibt. Desinteresse an der Gesellschaft heißt nicht nur Rückzug aus den politischen Tagesfragen, es heißt vor allem Verzicht auf einen weiten Bereich möglicher oder auch notwendiger theologischer Themen. Infolgedessen kommt der mit den Begriffen Welt, Profanität oder Gesellschaft angedeutete Bereich überhaupt nur in der Form zweier ausschnitthafter Fragestellungen vor: in der Frage nach dem Staat und in der sozialen Frage. Gerade hinsichtlich der sozialen Problematik werden die Folgen dieser theologischen Tradition besonders deutlich. Charakteristisch dafür ist eine Predigt aus der Zeit vor dem ersten Weltkriege, die für viele stehen kann. Hier heißt es: »Ich kann die sinnigen Weihnachtslieder begreifen, die so herrlich zu singen wissen gerade darüber, daß zu Trost uns armen Leuten der Heiland geboren und sein Samt und Seide rauhe Windeln und sein Unterbett Heu und Stroh sei. Nur das kann ich nicht begreifen, daß heutzutage der Arme nicht flüchtet zu solchem Kinde, das mit ihnen die äußerste Armut geteilt und dessen sie sich bei ihren obskuren und fatalsten Geburtsumständen getrösten können; daß sie stattdessen die Faust gegen ihn ballen!« Es ist bezeichnend, dass es für diese Predigt, obwohl sie die soziale

Frage aufnimmt, eine soziale Frage im Grunde und am Ende gar nicht gibt. Denn nicht die äußerste Armut ist hier das Problem, sondern allein die religiöse Haltung, die solche Armut unwesentlich macht. Nicht die fatalen Geburtsumstände sind von Gewicht, sondern allein, wie man sich in ihnen religiös verhalte. Freilich bekommen in dieser Predigt auch die Reichen ihr Teil. Aber diese Passage unterstreicht den Sachverhalt nur noch einmal. »Daß so wenige unter den Reichen und Vermögenden in ihrer Habe den grundgütigen Geber erblicken, sondern ihr Hab und Gut nur ihrem Fleiß und glücklichen Spekulationen zuschreiben und Gott aus der Rechnung ihres Lebens streichen: das ist ein erster und Hauptgrund, warum so viele Reiche so hart sind und der Haß gegen die Besitzenden so entflammt ist. Ja, würde Beugung und Anerkennung Gottes bei den Besitzenden sein, dann wäre die Verständigung mit jedem Armen leicht.« Man sieht: Nicht Armut and Reichtum sind hier das Problem, sondern der jeweils persönliche und private Umgang mit beidem. Die soziale Frage verwandelt sich in eine Frage individueller Moralität.

In der Zeit nach dem ersten Weltkrieg freilich konnten so einlinige Lösungen nicht mehr akzeptiert werden. Die Problemlage im Ganzen hat sich entscheidend verändert. Gesellschaftliche und politische Fragen rückten jetzt so sehr in den Vordergrund des allgemeinen Interesses, dass die Theologie hier zu Stellungnahmen gezwungen wurde. Es kam hinzu, dass immer mehr auch solche theologischen Richtungen hervorgetreten waren, die soziale und politische Probleme geradezu zum Programm erhoben hatten. So musste die theologische Tradition, die von ihrer eigenen Logik konsequent zum Desinteresse an diesen Problemen verurteilt schien, sich ihnen dennoch und ausdrücklich zuzuwenden versuchen. Diese Situation ist für die Theologie zu einem dauerhaften Problem geworden. Eine der konsequentesten Formen des Umgangs mit dieser Problemkonstellation ist die Aufdeckung des Rückzuges auf die Innerlichkeit. Für diese Position haben Theologie und Kirche kein Interesse an Gesellschaft und Kultur, und sie sagen es auch. Der Verzicht auf dieses Interesse lässt dann das zu, was man gerne als die »Freigabe« des weltlichen Raumes bezeichnet. Man überlässt diese Aufgaben ganz und uneingeschränkt der praktischen und politischen Vernunft. Kirche und Theologie haben ihr eigenes Thema und können mit anderem nicht befasst sein. Freilich entsteht hier sofort die Frage, ob denn für diese Theologie jede Gestalt der gesellschaftlichen Verhältnisse, also auch jede Form von Ungerechtigkeit und Unmenschlichkeit belanglos und also gleichgültig sein könnte. Unter dem Druck solcher Anfragen muss denn die Konsequenz alsbald wieder aufgegeben werden. Der Kirche wird für solche Fälle ein Wächteramt zugemutet, das vor Verirrungen warnen und die notwendigen Grenzen beaufsichtigen soll, und sie wird damit gleichsam zur Hüterin der politischen Vernunft. Damit aber ist die theologische Aporie offenkundig. Denn eben das ist im Sinne einer solchen Theologie nicht ihr eigenes Thema und kann es nicht sein. Es entsteht das Bild einer Theologie, die sich unter äußerem Zwang einer Fragestellung zuwendet, für die sie nach Auskunft ihrer eigenen Grundsätze nicht zuständig ist.

In anderer Form zeigt sich dieser Umgang mit dem Problem dort, wo man die Last seiner Beantwortung dem einzelnen Christen zumutet. In einer Predigt aus den letzten Jahrzehnten wird geradezu die Bildung einer christlichen Partei gefordert: »Jesus steht über den Parteien und seine Kirche auch. Jesus steht über dem Streit der Menschen und seine Kirche auch. Die Zeit ist vorüber, in der die Kirche mit den Deutschnationalen, mit dem rechten Flügel ging.

Es sollte aber auch nicht eine Zeit kommen, wo die Kirche mit dem linken Flügel geht. Die Kirche will ganz schlicht den neuen, den dritten, den aufrichtigen Weg gehen mit Jesus Christus.« Hier scheint es noch, als sollte die Kirche geradezu die politische Vernunft ersetzen, als werde dazu aufgerufen, die Ordnung dieser Welt der Kirche und ihrer höheren Einsicht zu überlassen. Aber kurz darauf heißt es: »Treibt Politik, auch Steuerpolitik, aber ohne Pathos, ganz nüchtern und sachlich. Nur wer ganz ernst macht mit dem lebendigen Gott und seiner Wahrheit und seiner Ehre, kann in dieser Weltzeit nüchtern und aufrichtig und sachlich seinen Weg gehen. Das Heil und die Gnade für ein Volk und für unsere Politik könnte von den Menschen abhängen, die Gott geben, was Gottes ist.« Die einzelnen Christen also sind es, die hier für Nüchternheit und Sachlichkeit sorgen sollen. Sie sind insofern eine höhere Partei, eine bessere Partei in den Parteien, als für sie in Anspruch genommen wird, was der politischen Vernunft nicht ohne weiteres und von selbst eignen soll: eben Sachlichkeit und Nüchternheit.

Dieser Ausschnitt aus einer einfachen aber typischen Predigt lässt das Grundproblem noch einmal deutlich hervortreten. Es ist das Problem jeder theologischen Position, die wesentlich darauf angelegt ist, den christlichen Glauben zu begründen und unterscheidbar zu definieren. In dem Maße, in dem sie konsequent dieser Anlage folgt, verzichtet sie darauf, für die Gestaltung der Welt und der Kultur eigene Argumente aufzubringen. Sie will und kann gerade nicht mit einem eigenen Programm in den gesellschaftlichen und politischen Prozess eingreifen. Ihr Programm wäre vielmehr und im Grunde das gesellschaftliche Desinteresse. Dennoch aber, und hier entsteht ihr Problem, wird diese Theologie zu Stellungnahmen gezwungen. Das Thema lässt sich deshalb nicht unterdrücken oder verdrängen, weil seine

Fragen auf jeder Ebene, der privaten wie der institutionellen, an die Kirche und an die Theologie gestellt werden. Der bloße Rückzug auf den Glauben selbst, auf ein praxisloses Christentum, beantwortet diese Fragen nicht. Was dagegen in dieser Predigt vorgetragen wurde, ist der Versuch, den Anspruch auf eine bessere Praxis zu proklamieren. Es ist der Anspruch, dass allein unter den von der Theologie formulierten Bedingungen des christlichen Glaubens die Aufgaben der gesellschaftlichen und politischen Praxis in ihrem eigenen Sinne sachgemäß wahrgenommen werden können. Freilich kann sich dieser Anspruch nicht durch seine Folgen legitimieren. Er besteht allein für den, der ihn erhebt. Es ist ein Anspruch ohne Konsequenzen und deshalb ohne Einfluss auf die Praxis selbst. In gleicher Richtung, aber wesentlich entschiedener geht die Bemühung, eine dem christlichen Glauben wahrhaft entsprechende Lebens- und Weltgestaltung im Gegensatz zu jeder konkreten Form dieser Praxis zu definieren. Für diese Position liegt, was allein dem christlichen Glauben zu entsprechen vermag, in der Zukunft. Nichts von dem, was als Veränderung oder Verbesserung konkreter geschichtlicher Verhältnisse angesehen werden könnte, kann als ein Schritt auf dem Wege gelten, an dessen Ziel sich alle Probleme lösen. Hier ist der Anspruch auf eine dem christlichen Glauben entsprechende Weltgestaltung ins Unüberbietbare gesteigert. Für die konkreten Aufgaben kann von einer solchen Position aus wenig mehr als pures Desinteresse bleiben.

Das Dilemma dieser Theologie also liegt in der Selbstbegrenzung ihrer Zuständigkeit. Sie entwirft ihre Theorie im Interesse eines Glaubens, dem aus Gründen der Selbstvergewisserung an seiner Unterscheidbarkeit von der Welt liegt. Damit aber macht sich diese Theologie die neuzeitliche Welt zum Gegensatz, statt zum Thema. Und was am entschiedensten zu ihrer eigenen Beunruhigung veranlasst, ist der Sachverhalt, dass sie über die Bedeutung des Christentums für die neuzeitliche Welt nichts zu sagen vermag. Deshalb erscheint ihr Beitrag in der Form eines Anspruchs, der auch dort Bedürfnisse unterstellt, wo sie nicht empfunden werden. In der Beschränkung auf das Interesse einer bestimmten Frömmigkeit wird diese Theologie unfähig zur Wahrnehmung der Aufgaben, die dem Christentum und der neuzeitlichen Welt gestellt sind. Das gesellschaftliche Desinteresse und das Versagen bei seiner Überwindung sind nur ein Symptom dafür. Aber ein wichtiges.

# Die Allokation medizinischer Dienstleistungen. Eine protestantische Perspektive

Die folgenden Bemerkungen versuchen weder, die protestantische Ethik noch die Probleme der Verteilung knapper medizinischer Ressourcen innerhalb des Gesundheitssystems in ihrer Gesamtheit zu behandeln. Meine Absicht ist es vielmehr, die Aufmerksamkeit auf bestimmte Aspekte dieser weiteren Fragestellung zu lenken, die von fundamentaler Wichtigkeit für die protestantische Ethik sind. Eine der zentralen Erkenntnisse der protestantischen Theologie ist die Einsicht in die fundamentale Notwendigkeit, eine Gesundheitspolitik zu entwickeln, die explizit den unvollkommenen Charakter dieser Welt anerkennt. Eine solche Anerkennung widersteht der Versuchung, das Unmögliche zu wollen. Sie lenkt unsere Aufmerksamkeit darauf, verantwortungsvoll das zu vollbringen, was wir realisieren können und lässt uns nach einem ethischen Programm für jene Patienten suchen, die direkt von den Problemen der Allokation betroffen sind.

## Die Gaben Gottes sind mannigfaltig und ungleich

Luthers Zwei-Reiche-Lehre entfaltet die Idee eines »idealen Lebens« als eschatologisches Konzept und folgert daraus, dass die einzige Art, wie wir daran schon in dieser Welt teilhaben können, »durch den Glauben« ist. So ist in dieser Welt stets nur eine relative Ordnung möglich, deren Ziele im Wesentlichen durch die Vermeidung von Unfrieden bestimmt sind. Innerhalb des Rahmens dieser weltlichen und zeitlichen Ordnung muss jeder Christ sein Los akzeptieren. Wie Luther sagt, »Darumb hat unter den Christen niemand zuklagen, das er arm odder zu geringes Standes sey«.[1] Die Gaben Gottes, so fügt er hinzu, sind »manchfeltig und ungleych«.[2]

Dennoch haben es die lutherische Theologie und Rechtsprechung immer als eine ihrer hervorragenden Aufgaben angesehen, den Aufbau dieser relativen Weltordnung zu gestalten. Ein bezeichnendes Beispiel dafür ist das Problem der Verteilung begrenzter Ressourcen, besonders der Vergabe von Land. Ebenso muss es eine öffentliche Ordnung geben, die in der Lage ist, privates Eigentum vor willkürlichen Übergriffen zu schützen. Hier sind zwei Modelle von besonderer Bedeutung. Das erste ist das Vertrags-Modell, wie es vor allem auf Hobbes zurückgeht. In ihm wird der öffentliche Friede durch ein Machtmonopol in den Händen des Staats gesichert. In den privaten Besitz wird nicht eingegriffen, einzig der Schutz des Besitzes wird garantiert. Im Gegensatz dazu unterschieden die Theoretiker des Absolutismus, Grotius folgend, zwischen *dominium eminens* und

---

[1] Martin Luther, Werke. Kritische Gesamtausgabe, 49. Band, Weimar 1913, 609, 15f.

[2] Ebd., 12. Band, Weimar 1891, 334, 2f.

*dominium vulgare*, das heißt, dem Eigentum von Individuen. Dieses wurde im *Preußischen Allgemeinen Landrecht*, einem Gesetzeswerk, das 1794 in Preußen eingeführt wurde und Privateigentum rechtlich garantierte, einen Schritt weiter geführt. Georg Wilhelm Friedrich Hegel hat später in seiner Rechtsphilosophie eine theoretische Basis für diese Garantie bereit gestellt.[3] Sein Thema war nicht die willkürliche Verteilung, sondern die theoretische Legitimation der bestehenden Besitzverhältnisse. Bekanntlich hat Marx schließlich die Abschaffung jeglichen Privateigentums gefordert, um dadurch die komplette Gleichheit der Verhältnisse zu erreichen und damit weitere Gedanken über die gerechte Verteilung solchen Besitzes überflüssig zu machen.

Seit dem 19. Jahrhundert wurde der größte Fortschritt in den Eigentumstheorien in denjenigen Überlegungen gemacht, welche einerseits das Privateigentum in seiner unterschiedlichen Verteilung verteidigen und andererseits das soziale Gemeinwohl sichern wollen. Diese Theorien sind entweder mehr dem Vertragsmodell verpflichtet oder dem des positiven Rechts. Sie bilden die beiden Hauptrichtungen in einer jeden öffentlichen Debatte über Fragen der Verteilung. Es ist deshalb wenig überraschend, dass auch die protestantische Ethik hier ihre Position dargestellt findet. Schließlich ist sie selbst eine der Quellen, aus denen diese Theorien entsprungen sind. Gleichwohl haben egalitäre Ideen nie eine Rolle in der protestantischen Theologie gespielt, außer soweit sie eine religiöse Interpretation erfahren haben: Gleichheit ist die Gleichheit aller Menschen vor

---

[3] Georg Wilhelm Friedrich Hegel, Grundlinien der Philosophie des Rechts oder Naturrecht und Staatswissenschaft im Grundrisse. Mit Hegels eigenhändigen Notizen und den mündlichen Zusätzen. Auf der Grundlage der Werke von 1832–1845 neu edierte Ausgabe, 1.–10. Tsd., Frankfurt a. M. 1970.

Gott. Wenn man allerdings das Konzept der Menschenwürde als Ausgangspunkt nimmt, dann ist es auch möglich, die säkulare Gleichheit aller Menschen innerhalb des Rahmens der relativen Ordnung dieser Welt zu fordern: und zwar die Gleichheit vor dem Gesetz, aus der dann auch die politische Gleichheit folgt.[4]

Die Behandlung des Privateigentums kann als Beispiel dafür gelten, wie die Verteilung knapper Ressourcen in einer modernen Gesellschaft im Ganzen geordnet wird. Deshalb sind auch keine grundlegend anderen Ansätze zur Regulierung der Allokation knapper Ressourcen im Bereich des Gesundheitswesens zu finden. Die protestantische Ethik hat keinen Grund, eine andere als eine bloß relative Ordnung in diesem Feld zu erwarten oder zu unterstützen. Im besten Fall gelingt es so, Konflikte zu begrenzen, denn im Prinzip kann die Verteilung medizinischer Dienstleistungen nur so gerecht oder ungerecht sein wie die Welt, der diese Aufgabe gestellt ist.

## Die Suche nach einem gerechten Minimum

Es wird oft behauptet, dass die Gesundheit keine Ware ist, die man ohne weiteres mit anderen Gütern wie Land oder Besitz vergleichen kann. Das ist richtig. Die Gesundheit ist nicht unbedingt ein Gut, das über anderen stehen würde. Sie ist vielmehr ein »transzendentales« oder konditionales Gut wie Friede, Freiheit, finanzielle Stabilität oder das Leben, insofern für solche Güter im Allgemeinen gilt, dass sie

---

[4] Zum Problem der Gleichheit vgl. Helmut Thielicke, Theologische Ethik, III. Band: Entfaltung, 3. Teil: Ethik der Gesellschaft, des Rechtes, der Sexualität und der Kunst, Tübingen $^{2}$1968, 333–336.

nicht alles sind, aber ohne sie alles andere nichts ist.[5] Dass die Gesundheit ein Gut ist, das die notwendige Bedingung anderer Güter darstellt, lässt sich schwerlich bestreiten. In dieser Diskussion allerdings ist die knappe Ware nicht die Gesundheit selbst. Sie kann es nicht sein, denn sie ist nichts, was zur Verteilung zur Verfügung stünde. Es ist vielmehr das Gesundheitswesen – oder genauer, die Behandlung von Krankheit und die Wiederherstellung von Gesundheit sowie die ärztliche Betreuung chronisch Kranker. Die Ware, die nicht ausreichend zur Verfügung steht, ist demnach eine Dienstleistung; es ist der vielfältige Einsatz, den die Angehörigen der Gesundheitsberufe im Dienste der Mitglieder einer Gesellschaft leisten.

In industrialisierten und komplexen Gesellschaften sind Dienstleistungen ebenfalls Waren, die verteilt werden müssen. Industriegesellschaften haben traditionell zwischen solchen Produkten unterschieden, die ausgebildete Handwerker anfertigen und solchen, welche von der Industrie hergestellt werden. Vor allem aber benötigen kulturelle Güter eine Regulierung ihres Zugangs und ihrer Teilhabe. Dies wurde insbesondere im Hinblick auf den Zugang zu einer ausreichenden Bildung formuliert. In modernen Gesellschaften wird nicht toleriert, wenn ein solcher Zugang völlig fehlt. Umgekehrt ist höhere Bildung, obwohl nicht unbedingt knapp, so doch von einer sehr begrenzten Verfügbarkeit. In ihrer verbreitetsten Form stellt die etablierte Regulierung ihres Zugangs eine allgemeine Bildung oder Grundbildung für alle bereit, während eine höhere Bildung nur für einen kleinen, besonders qualifizierten Kreis angeboten wird.

---

5 Wolfgang Kersting, Recht, Gerechtigkeit und demokratische Tugend. Abhandlungen zur praktischen Philosophie der Gegenwart, Frankfurt a. M. 1997, 170–212.

Analoges ergibt sich bei den Problemen des Zugangs zu medizinischen Dienstleistungen. Die Einführung einer Sozialversicherung in Deutschland vor mehr als einem Jahrhundert sollte die medizinische Grundversorgung für die gesamte Bevölkerung sichern. Seither entwickelte sich ein System verstaatlichter Medizin, das von einer großen Zahl unterschiedlicher Arten privater Versicherungen ergänzt wird. Dieses System führte zur Ausbildung unterschiedlicher Stufen der medizinischen Versorgung. Innerhalb des Rahmens der staatlichen Medizin ist das Niveau der medizinischen Fürsorge, auf das der Patient ein Recht hat, wesentlich niedriger als jenes, welches eine private Versicherung abdeckt. Wir müssen daher von einer Zwei-Klassen-Krankenversicherung sprechen, selbst wenn die Unterschiede in der medizinischen Behandlung in einem engen Sinn selten ausschlaggebend sind. Bis auf weiteres besteht das Basismodell nach wie vor weiter: Als Dienstleistung mit begrenzter Verfügbarkeit wird die medizinische Versorgung nach Regeln verteilt, welche die Unterschiede der Verfügbarkeit eingrenzen ohne sie restlos zu beseitigen. Aber dieses System verstaatlichter Medizin hat die Grenzen seiner Kapazität erreicht. In Zukunft wird es kaum möglich sein, weiterhin jedem einzelnen Patienten alle denkbaren medizinischen Dienstleistungen zu bieten, die von irgendeinem Nutzen sein könnten.

Bekanntlich enthält das zweistufige Gesundheitssystem eine große Anzahl weiterer Differenzierungen, die jeweils den Grad der Zuteilung und der Qualität der Dienstleistungen betreffen. Daher ist es passender, von einer vielstufigen Gesundheitsversorgung zu sprechen. Am oberen Ende befindet sich jener Kreis von Patienten, die jede benötigte Aufmerksamkeit unter den bestmöglichen Konditionen erhalten, während sich ganz unten die Patienten befinden, welche nur das erhalten, was absolut notwendig ist, d. h. das »Minimum«. Die Prinzipien einer relativen Ordnung stehen aus Sicht der theologischen Tradition nicht notwendigerweise im Gegensatz zu einer solchen unterschiedlichen Verteilung der Pflege. In Anbetracht der Beschaffenheit dieser Welt – eine Welt, in der die uneingeschränkte Gerechtigkeit Gottes noch nicht unangefochten herrscht – ist es innerhalb des Rahmens der theologischen Ethik von wenig Belang, wie solche Unterschiede begründet werden: individuelle Leistung, Bedürftigkeit oder Zufall. Solche Differenzen sind im Großen und Ganzen ein Anzeichen und eine Konsequenz des Sündenfalls der Menschheit.

In Deutschland garantiert die relative Ordnung dieser unvollkommenen Welt, dass niemandem die medizinische Grundversorgung verwehrt wird. Die Schwierigkeit liegt darin, das Wesen und den Umfang eines solchen Minimalstandards zu definieren. Es liegt in der Verantwortung derjenigen, welche die Last des öffentlichen Vertrauens tragen oder, um einen Begriff aus der Zeit der Reformation zu gebrauchen, des *Magistrats*, die akzeptablen Minimalstandards festzulegen. Insbesondere erfüllt eine Definition des Minimums dann ihre Funktion, wenn sie als Basis für den sozialen Frieden akzeptiert werden kann.[6]

---

[6] Luther äußert sich in seiner Interpretation des »Magnificats« über Minimalstandards öffentlicher Wohlfahrt und notwendige Unterstützung für den Einzelnen; MARTIN LUTHER, Werke. Kritische Gesamtausgabe, 7. Band, Weimar 1897, 544–604. In seinem »Großen Katechismus« empfiehlt er Fürsten, lieber einen Leib Brot als einen Löwen in ihrem Wappen zu tragen, um sie an ihre Verpflichtungen zu erinnern; DERS., Werke. Kritische Gesamtausgabe, 30. Band/I, Weimar 1910, 204, 30 ff. Die Lutherische Tradition hat die Idee der »gemeinen Wohlfahrt« in ihre Lehre über die Herrschaft aufgenommen. Vgl. dazu das Kapitel »31. Wohlfahrtsstaat und Sozialismus«, in: WERNER

## Die ungleiche Verteilung im Gesundheitswesen ist moralisch akzeptabel

Es gilt allgemein als ausgemacht, dass der soziale Friede von einem System reguliert werden muss, das als gerecht zu bezeichnen ist. Auch die Verteilung von Gütern, einschließlich medizinischer Dienstleistungen, wird dann als gerecht angesehen, wenn sie Maßstäben folgt, die für alle Beteiligten von einem objektiven Standpunkt aus betrachtet akzeptabel sind.[7] Wenn wir einen solchen »objektiven Standpunkt« weiter als transzendenten Standpunkt Gottes charakterisieren, dann kann diese Aussage in der Tat dem Bereich der theologischen Ethik zugerechnet werden. Sie würde allerdings immer noch ein richtiges Verständnis der *justitia evangelica* erfordern, von welchem die protestantische Tradition lehrt, dass es auf dieser Welt und in diesem Leben nicht direkt zu erreichen ist.

Die theologische Ethik entsteht dagegen aus der Erkenntnis, dass widerstreitende Interessen die Schlüsselfragen einer jeden Diskussion über die *justitia civilis*, die relative Ordnung dieser Welt, darstellen. Selbst eine Ethik, welche kaum eine relative oder zeitliche und verbesserungsfähige Ordnung anstrebt, wird am Ende nach einem Konsens suchen, sie entsteht aber aus dem Konflikt widersprüchlicher Interessen. Daher macht es im Rahmen einer theologischen Ethik Sinn, zunächst zwischen den verschiedenen Perspektiven und den einzelnen Interessen zu unterscheiden, aus denen Konflikte entstehen. Deshalb müssen wir im Blick auf die Allokation im Gesundheitswesen die Interessen und Bedürfnisse der Pa-

---

Elert, Morphologie des Luthertums, 2. Band: Soziallehren und Sozialwirkungen des Luthertums, München 1932, 409–429; 410 ff.

[7] Wolfgang Kersting, Recht, Gerechtigkeit und demokratische Tugend (wie Anm. 5), 187.

tienten sowie der Angehörigen der Gesundheitsberufe und anderer in der Gesellschaft berücksichtigen.

Wer krank ist, erfährt seine Krankheit bereits – mit wenigen Ausnahmen – als eine Form von Ungerechtigkeit; er nimmt das Schicksal vor allem als ungerecht wahr, weil es ihn willkürlich und grundlos für solches Leiden ausgewählt hat. »Warum?« und »Warum ich?« sind die am häufigsten gestellten Fragen der Patienten, die mit einer schweren Krankheit konfrontiert werden. Es sind Fragen, die einen religiösen Aspekt beinhalten – einschließlich dem der Theodizee –, die im Wesentlichen aber die eigene Lebenswelt des Patienten betreffen und deren Wertmaßstäbe. Die Patienten erwarten üblicherweise, jegliche Pflege zu erhalten, die auf den neuesten Fortschritten der medizinischen Wissenschaft beruht. Sie werden ihren Anteil an der Gesundheitsfürsorge in der Regel nur dann als gerecht betrachten, wenn die gesamte Bandbreite des medizinisch Möglichen zu ihrer Verfügung steht. Aus dieser Perspektive werden Patienten jede Kürzung der Behandlung, jede Einschränkung oder Kontingentierung als ungerecht betrachten. Das ist besonders dann der Fall, wenn der Patient weiß, dass andere eine solche Therapie erhalten haben. Aus dieser Perspektive wäre ein System der Allokation nur dann gerecht, wenn es jedem die gleiche Pflege garantieren würde, die bestmögliche, und den unbeschränkten Zugang zu allen medizinischen Dienstleistungen.[8]

---

[8] Die Enttäuschung des Kranken basiert nicht auf dem Fehler, *justitia expletrix* (*arithmetica*) zu fordern, auch wenn es nur möglich ist, gemäß der *justitia attributrix* (*geometrica*) zu verfahren. Sie rührt daher, dass Erwartungen nicht eintreffen, die andernorts erfüllt werden. Sie stammt also kurz gesagt aus Neid. Der Patient erlebt das als Inkongruenz mit dem, was von einem objektiven Standpunkt aus »für alle Beteiligten« als annehmbar gilt.

Offensichtlich werden die Patienten erfahren, dass in ihrem Fall – wie in vielen anderen – der volle und unbegrenzte Zugang zu den medizinischen Behandlungen nicht möglich gemacht wurde. Vielleicht werden manche Patienten in der Lage sein, solche Beschränkungen zu akzeptieren. Was würde einen indessen veranlassen, solche Umstände als gerecht zu bezeichnen? Vom Standpunkt eines objektiven Beobachters aus gesehen mag es Gründe geben, einzelnen Patienten bestimmte Dienstleistungen zu verweigern, um die Durchführung einer gerechten Verfahrensweise im Ganzen zu gewährleisten. Aber der Patient wird aus seiner Perspektive kaum dazu zu bringen sein, dies als gerecht anzusehen.[9] Er erlebt die Welt der Medizin als ungerecht; zudem spiegelt sie die Welt wider, die er immer schon gekannt hat. Was ihm helfen könnte, worauf er wartet, sind die Bemühungen eines jeden Beteiligten, wenigstens einige Fälle der Ungerechtigkeiten im Blick auf das Gesundheitswesen zu verringern, und dadurch die Ungerechtigkeit zu lindern, die durch das Ganze seines Lebens verkörpert wird.

Die Perspektive und besonderen Interessen der Angehörigen der Gesundheitsberufe sind keineswegs einfach mit denen ihrer Patienten identisch. *Prima facie* scheinen sie jedoch überein zu stimmen. Ein Arzt mag die Aufteilung seines Einsatzes für gerecht halten, wenn er jedem Patienten, den er aufnimmt, jede Behandlung zukommen lässt, die er für notwendig erachtet. In der Tat scheinen die antiken hippokratischen Prinzipien der medizinischen Ethik genau eine solche Einstellung zu erfordern. Aber selbst wenn wir die Frage nach materiellen medizinischen Ressourcen beisei-

---

[9] Beispielsweise können kleine Kinder kaum davon überzeugt werden, dass es »gerecht« ist, auf etwas zu verzichten, das ihnen ihrer Meinung nach zusteht, einfach nur, weil es ihre Eltern behaupten, auch wenn ihre Eltern im Recht sind.

te lassen, ist es einem Arzt nicht möglich, diese Prinzipien ohne jede Einschränkung zu befolgen. Begrenzungen sind durch die persönliche Natur seines Einsatzes bereits vorgegeben. Ein Arzt muss nicht nur mit seiner Zeit haushalten, sondern auch mit seinen Kräften; das heißt, er muss beide in unterschiedlichem Verhältnis zuteilen. Die grundlegende Schwierigkeit persönlicher Allokation ist gerade dann ausgesprochen, wenn dem Arzt lediglich begrenzte externe Ressourcen zur Verfügung stehen. In welchem Ausmaß er auch immer mit diesen Ressourcen haushalten muss, sie rationieren und einschränken muss, er gerät unvermeidbar in einen Konflikt mit den Interessen einzelner Patienten und mit vielen Zielen der medizinischen Ethik.

Jede Form der Rationierung von Seiten des Arztes, selbst wenn es nur sein Mitleid ist, beinhaltet einen solchen Konflikt. Dies ist auch dann der Fall, wenn eine solche Kontingentierung bei der Festlegung von Prioritäten gerechtfertigt erscheint.[10] So zeigt sich die Ungerechtigkeit sowohl in der Lebenswelt des Arztes als auch in der des Patienten. Beide haben sich bereits mit dieser Situation abgefunden, aber sicherlich nicht, weil sie es gerecht finden würden, wenn der eine besser als der andere behandelt wird; sie haben eigentlich bloß die Tatsache der Ungerechtigkeit selbst akzeptiert. In einem solchen Fall kann der Arzt allerdings die Illusion einfacher aufrechterhalten, dass er der Bereitstellung gerechter Bedingungen wenigstens nahe kommt, wenn er objektiven Standards folgt. Selbst die theoretische Legitimierung ungleicher und ungerechter Behandlung ändert die Situation nicht wirklich. Folglich bleibt die Frage, ob es einen Weg gibt, solche Bedingungen akzeptabel zu machen.

---

[10] Sabine Kleinert, Rationing of health care – how should it be done?, in: The Lancet 352 (1998), 1244.

Ein dritter Bereich wird von den Perspektiven und Interessen der Gesellschaft gebildet, die ihr Gesundheitssystem innerhalb des Rahmens ihrer gesamten Ordnung steuern muss. Jede Gesellschaft akzeptiert Ungleichheiten größeren oder kleineren Ausmaßes in allen Lebensbereichen. »Solange für unsere Gesellschaft Ungleichheiten in Bezug auf Reichtum und Einkommen als moralisch akzeptabel gelten – akzeptabel in dem Sinn, dass das System selbst nicht moralisch suspekt ist, das diese Ungleichheiten hervorbringt – wäre es ungewöhnlich, ein Gebiet wie das Gesundheitssystem herauszunehmen und zu sagen, dass *dort* Gleichheit herrschen müsse.«[11] Das Gesundheitssystem wird mittels politischer Entscheidungen organisiert. Die Verschärfung des damit verbundenen Konflikts geschieht proportional zu dem Ausmaß, in dem die Rationierung zu einer generellen Bedingung gemacht werden muss. Die protestantische Ethik hat keinen eigenen Grund, in diesen Fragen eindeutige Vorgaben zu machen. Seit der Zeit Luthers hat sie vom »Magistrat«, oder seinem Äquivalent in demokratischen Gesellschaften, nichts mehr verlangt, als dass niemandem der Zugang zum fundamentalen Minimum verwehrt werde. Aber selbst im Falle regulativer Maßnahmen, die dieses Ziel verfolgen, sind Konflikte unvermeidbar: Konflikte mit Minderheiten, Konflikte, die aus unbefriedigenden Kompromissen entstehen, Konflikte aufgrund unvermeidbarer Zurücksetzung, oder vielleicht infolge bevorzugender Behandlung von Gruppen oder Individuen.

Für die protestantische Ethik ist eine solche Situation voller Konflikte und aufeinanderprallender Interessen nur ein

---

[11] Charles Fried, Equality and Rights in Medical Care, in: Tom L. Beauchamp/LeRoy Walters (Hg.), Contemporary Issues in Bioethics, Belmont, California ²1982, 395–401; 399.

weiteres Beispiel für die Form von Problemkonstellationen, denen man üblicherweise im Feld der Sozialethik begegnet. Ihre Einzigartigkeit liegt allein am Gegenstand: der Allokation medizinischer Dienstleistungen. Innerhalb des Rahmens der protestantischen Theologie werden wir mit einer Frage der praktischen Ethik konfrontiert: »Konkretionen der Ethik sind Beschreibungen ethischer Lebenswirklichkeit in normativer Absicht.«[12] Daher beginnt die protestantische Ethik in jedem einzelnen Fall mit der Beschreibung einer spezifischen Situation und folglich mit der Beobachtung empirischer Wirklichkeit und individueller Erfahrung. Aus diesem Grund war es notwendig, näher auf die Verfassung des Patienten und auf seine Umwelt einzugehen. Die normative Intention einer solchen Beschreibung kann – innerhalb des Rahmens einer lediglich relativen moralischen Ordnung – nur bestimmt werden, indem festgelegt wird, was dem Guten im Weg steht und was, im Falle konkreter Ungerechtigkeit, verbessert oder reduziert werden kann. Nicht das Gute selbst wird zum Greifen nahe oder normativ verwertbar sein, sondern nur das relativ Bessere, und deshalb versuchen wir in einem konkreten Fall oft, uns über das weniger Schlechte einig zu werden.

Aus diesem Grund sind Einheitskonzepte als Beschreibungen spezifischer Situationen in der protestantischen Tradition immer kritisch betrachtet worden. Theoretische Definitionen von Problemlösungen wecken den Eindruck, sie könnten ideale Umstände gestalten, in denen die problematische Situation gar nicht mehr existiert. Solchen Ideen hat die positivistische Kritik immer geantwortet, dass »absolute

---

[12] TRUTZ RENDTORFF, Ethik. Grundelemente, Methodologie und Konkretionen einer ethischen Theologie, Band II, Stuttgart, Berlin, Köln $^{2}$1991, 9.

Gerechtigkeit ein irrationales Ideal ist«[13] und dass angeblich rationale Definitionen von Gerechtigkeit vollständig leere Formeln sind, die weder für die Rechtfertigung noch für die Kritik aktuell existierender Systeme zu gebrauchen sind.

In ihrer skeptischen Haltung gegenüber einem ethischen Programm zur Weltverbesserung legt die theologische Ethik auf die Kritik illusorischer Missverständnisse der Realität großen Wert. Die protestantische Ethik muss uns daran erinnern, dass – so notwendig und erstrebenswert es ist, das Leben und die Umstände Einzelner zu verbessern – das Gute selbst durch gute Werke gleich welcher Natur nicht erreicht oder geschaffen werden kann. Jede ethische Reflexion muss mit der Anerkennung der menschlichen Verfassung unter zwei Gesichtspunkten beginnen: Die Menschen sind sterblich und vom Zufall abhängig, und diese Erfahrung muss vom Sündenverständnis her interpretiert werden.

Im theologischen Verständnis stehen Fragen der Moral immer unter diesem Vorbehalt, nur relativer Art zu sein. Die Frage, in welcher Beziehung die *justitia civilis* zur *justitia evangelica* steht, wird nur im Kontext der *justitia evangelica* selbst beantwortet werden können. Für Luther bestand die moralische Aufgabe darin, zwischen Glaube und Ethos zu vermitteln, sowohl im Falle des Einzelnen als auch in sozialethischen Problemen der Ordnung.[14] Daher ist die theologische Ethik ebenso an die empirische Welt gebunden wie an die rationale Pflicht, wenigstens das Schlechtere zu vermeiden. Wenn guter Wille die Welt im Ganzen beherrscht, dann ist dies unter der Voraussetzung, dass diese Welt eine sündige ist, eine solche Verringerung von Unge-

---

[13] Hans Kelsen, Was ist Gerechtigkeit?, Wien 1953, 40.

[14] Vgl. Kapitel »4. Schöpfungsordnung«, in: Werner Elert, Morphologie des Luthertums, 2. Band (wie Anm. 6), 37–49; 48.

rechtigkeit, die dem guten Willen erlaubt, sich zu zeigen und die ihm den Weg ebnet.

Dann also findet sich hier der Grund, der es dem Einzelnen ermöglicht, die eigene Situation zu akzeptieren. Nicht die Überwindung und die Auflösung von Konflikten macht die Situation konsensfähig, sondern die Erfahrung und die Erkenntnis, dass die herrschende Ordnung nicht den Zugang zum fundamentalen Minimum verhindert sowie die Bereitschaft, das normative Prinzip der Verringerung von Ungerechtigkeit durchzusetzen. Folglich entsteht der Antrieb, die eigene Situation und ihre Nachteile zu akzeptieren nicht aus der Einsicht in theoretische Regeln, sondern aus dem empirischen Prozess selbst.

## Der angemessene Verzicht

Die protestantische Ethik kann keine praktische Unterscheidung zwischen Unglück und Ungerechtigkeit im Hinblick auf die individuelle Erfahrung machen. Es ist richtig, dass nicht jedes Unglück eine Ungerechtigkeit ist, aber jede Ungerechtigkeit wird mit Recht als Unglück bezeichnet. Krankheit ist ein Unglück; unzureichende Pflege ist zuweilen eine Ungerechtigkeit. Für den Kranken liegt das wahre Unglück in der Kombination beider. Daher will die protestantische Ethik uns dazu anleiten, das ganze Schicksal zu betrachten, das der individuellen Erfahrung unerträgliche Lasten aufbürdet. Damit verhilft sie dem Einzelnen zu einer angemessenen ethischen Einschätzung seiner Lage. Hierfür haben zwei Arten der Frömmigkeit, die unterschieden, aber nicht getrennt werden können, im modernen Protestantismus ihren Wert erwiesen.

Erstens ist, wie Kant dargelegt hat, eine Konsequenz

der sittlichen Vernunft, dass alles Leiden und alles Böse, das der Menschheit widerfährt, als Gründe dafür gesehen werden sollten, die eigenen Urteile zu hinterfragen und den sittlichen Willen zu festigen. Das Böse wird zum Anlass sittlicher Betätigung. Eine Person sollte immer, und vor allem im Fall eines Unglücks, so handeln, dass sie des Glücks würdig wird. Das wahre Glück, das als Aufhebung alles Bösen betrachtet wird, liegt in weiter Ferne. Aber jeder Schritt auf dem Weg dazu ist eine Bewährungsprobe für die sittliche Überzeugung, dass das Gute das Böse schließlich überwinden wird.[15]

Zweitens lenkt Schleiermacher die Aufmerksamkeit auf die Tatsache, dass die Reflexion über Erfahrung, und besonders über die Erfahrung des Bösen, die Menschen an die Grenzen ihrer Freiheit erinnert. Diese Überlegungen stellen grundlegende Aspekte menschlicher Selbstaufklärung dar. Elend und Ungerechtigkeit veranlassen uns zu der Erkenntnis, dass das Menschsein weder mit ihnen noch mit reinem Vergnügen gleich zu setzen ist. Die wahre Selbstaufklärung der Menschheit beginnt daher an dem Punkt, an dem sich die Menschen ihrer begrenzten Freiheit und ihrer vollständigen Abhängigkeit bewusst werden. In diesem Bewusstsein der reinen und schlichten Abhängigkeit des Selbst liegt die endgültige Wahrheit über das Menschsein. Jede Erfahrung, deren Reflexion dazu dienlich ist, diese Einsicht zu bewirken, muss folglich als vorteilhaft für die Menschheit und für das Leben gelten.[16]

---

[15] IMMANUEL KANT, Die Religion innerhalb der Grenzen der bloßen Vernunft. Mit einer Einleitung Die Religionsphilosophie im Gesamtwerk Kants von HERMANN NOACK, hg. von KARL VORLÄNDER, Hamburg [6]1956.

[16] FRIEDRICH DANIEL ERNST SCHLEIERMACHER, Die Gerechtig-

Diese zwei Formen der Frömmigkeit wahren den Unterschied zwischen der *vita activa* und der *vita contemplativa*. Frömmigkeit in Kants Manier erkennt im Bösen den Auftrag, sittlich zu handeln und verweist auf die Aufgabe, es immer und überall anzustreben, seine Pflicht zu erfüllen. Bis zum heutigen Tag hat diese Tradition weiterhin charakteristische religiöse Programme hervorgebracht, die in anderen Zusammenhängen bedeutsam wurden, zum Beispiel als Befreiungstheologie, Theologie im Sozialismus oder als Politische Theologie. Protestantische Modelle einer Gesinnungsethik oder solche Bewegungen wie die Moralische Aufrüstung gehören ebenfalls zu dieser Gruppe. Allen diesen Gruppierungen ist gemeinsam, dass sie eher als Vertreter der moralischen Form der Frömmigkeit gelten können, als der reflexiven.

Die reflexive Form der Frömmigkeit, die wir anhand Schleiermachers skizziert haben, ist zu einem zentralen Bestandteil des protestantischen Lebens geworden, wie es weithin praktiziert wird. Hier liegt der Schwerpunkt im Rückgriff auf jene Fragen, die sich Personen stellen müssen, um sich selbst zu verstehen, so dass sie ihr Leben nicht blindlings gestalten müssen, sondern in Übereinstimmung mit dieser gewonnenen Einsicht. Die Theologie des Kulturprotestantismus gehört in diese Tradition, obgleich sie nicht ohne Beziehung zum sittlichen Aspekt der Frömmigkeit ist. Von allen modernen ethischen Programmen, die dieser Schule verpflichtet sind, ist die bedeutendste die von Trutz Rendtorff. Sie definiert die Ethik als »die Theorie der menschlichen Lebensführung«.[17]

---

keit Gottes, in: DERS., Kleine Schriften und Predigten 1800–1820, hg. von HAYO GERDES, Berlin 1970, 192–207; 202 ff.

[17] TRUTZ RENDTORFF, Ethik. Grundelemente, Methodologie und

Für das kranke Individuum kann der Beitrag der protestantischen Ethik darin bestehen, den moralischen und reflexiven Aspekt seiner Situation besser verstehen zu können. In dem Maß, in dem ihm dies gelingt, wird es – innerhalb der Ordnung dieser unvollkommenen Welt – bestrebt sein, das Leben als sein eigenes zu akzeptieren. Dies geschähe durch und durch im Einklang mit dem Wesen der Welt und des menschlichen Lebens, wenn das Ergebnis in der einfachen und schlichten Formel zusammengefasst werden kann: angemessener Verzicht.

## Den Zugang zur Intensivpflege begrenzen

Die Intensivpflege ist eine Form der Therapie, die nicht überall und immer jedem Patienten gleichermaßen geboten werden kann. Solche extrem teuren Behandlungen müssen verteilt und rationiert werden. Die allgemeine Regel, die meist angewandt wird, ist diejenige, dass die Patienten in der Reihenfolge auf die Intensivstation eingewiesen werden, in der sie ins Krankenhaus kamen. Diese Regel wird generell von allen Patienten akzeptiert. Sie erheben normalerweise gegen sie keine Einwände und die Ärzte machen von ihr Gebrauch, weil sie offensichtlich garantiert, dass keinem Patienten absichtlich bessere therapeutische Optionen verweigert werden.

Tatsächlich zeigen sich in dieser Regel Grundsätze einer sozialen Lotterie. Denn sie richtet sich nach den Zufällen, durch welche jede individuelle Biographie bestimmt ist, beispielsweise, dass für den einen Patienten die Entfer-

---

Konkretionen einer ethischen Theologie, Band I, Stuttgart, Berlin, Köln [2]1990, 9.

nung zum Krankenhaus gering ist und die Intensivstation schnell erreicht werden kann, während für einen anderen die schlichte Tatsache der längeren Anfahrt eine spätere Ankunft bedeutet und dadurch die therapeutischen Aussichten unvermeidbar verschlechtert werden. Diese Ungleichheit der Verteilung wird allgemein anerkannt und akzeptiert, eben weil sie direkt mit der Ungleichheit und den Umständen des Lebens zusammenhängt. Umgekehrt macht sie ein Behandlungsminimum offenkundig, auf das sich jeder verlassen kann; denn zunächst ist Intensivpflege für jeden in gleicher Weise erhältlich. Diese Aussage ist allerdings nur in der Theorie gültig, nicht aber in der Praxis. Gleichwohl wird diese Einschränkung der Theorie durch Defizite der Praxis allgemein akzeptiert. Solange die Intensivpflege wenigstens theoretisch jedem Patienten zugänglich ist, gilt das Minimum, auf das jeder Einzelne ein Recht hat, nach wie vor als bewahrt, selbst wenn diese Behandlung aus praktischen Gründen nicht in jedem Fall zugänglich ist. Solange die Ordnung dieser Welt als relative verstanden wird, wird nicht erwartet, dass persönliches Unglück oder individuelle Nachteile ausgeglichen werden müssten. Sie sind in gewisser Weise durch das »Schicksal« oder durch das »Handeln Gottes« bedingt.

In engerem Sinne beginnt die Verteilung der Intensivpflege allerdings im Krankenhaus. Es ist von ethischer Bedeutung, dass sich hier alle Verteilungsstrategien auf die Prognose des Patienten konzentrieren. Es ist stets die Prognose, welche die Frage der Auswahl der Kranken entscheidet, selbst wenn man das APACHE-System oder die meisten der anderen Kosten-Nutzen-Rechner verwendet. Sie ist es auch, welche die Last schultern muss, solche Strategien zur Begrenzung des Zugangs zur Intensivpflege zu rechtfertigen.

Die Prognose erlangt mindestens in dreierlei Hinsicht

tiefe ethische Bedeutung. Erstens müssen wir uns vergegenwärtigen, dass die Intensivpflege aus ethischer Perspektive kein gültiges Behandlungsziel sein kann. Sie ist nur ein Hilfsmittel, das Ziel muss etwas anderes sein. Sie stellt ein Heilverfahren dar, das angewandt werden sollte, um sich selbst überflüssig zu machen. Es mag Umstände geben, die diese Absicht in Einzelfällen daran hindern, erreicht zu werden, aber es gibt keinen moralischen Grund, die Intensivpflege selbst als erstrebenswertes Ziel zu erachten. In diesem Kontext ist die Prognose von Anbeginn an mit ethischer Bedeutung aufgeladen; denn auf ihrer Basis entsteht die Entscheidung, ob ein Patient zur Intensivstation zugelassen wird.

Zweitens folgt die Verteilung begrenzt verfügbarer intensivmedizinischer Ressourcen der Maxime, dass denen der Vorzug gegeben wird, die eine bessere Prognose erhalten haben. Dieser Grundsatz ist Basis aller Verteilungsstrategien. Wenn das Prinzip gilt, dass Intensivpflege hauptsächlich oder ausschließlich für jene Patienten bereitgestellt werden sollte, bei denen ein erfolgreiches Ergebnis erwartet werden kann,[18] dann stellt sich die Frage, ob Kranke mit schlechteren Aussichten nicht diskriminiert werden. Dies trifft besonders auf jene Patienten zu, deren Prognose unklar ist. Kranke mit sehr schlechten Aussichten können einen Behandlungsverzicht im Rahmen eines Schicksals, das unauslöschlich mit ihrer Krankheit verwoben ist, verstehen, und darin werden sie im Einvernehmen mit ihren Ärzten und ihren Angehörigen sein. Dagegen werden Patienten mit einer vielversprechenden Diagnose beanspruchen, zur In-

---

[18] Society of Critical Care Medical Ethics Committee, Consensus Statement on the Triage of Critically Ill Patients, in: Journal of the American Medical Association 271/15 (1994), 1200–1203; 1201.

tensivstation zugelassen zu werden, und werden dies in der Tat als ein Recht einfordern, das ihnen nicht verwehrt werden sollte. Im Falle eines solchen Patienten hingegen, der auf der Basis seiner Prognose keiner der beiden Gruppen ohne weiteres zugewiesen werden kann, stellt sich die Frage, wie Ungerechtigkeit vermieden oder zumindest reduziert werden kann. Am Ende muss dieser Kranke zwangsläufig einer der beiden Gruppen zugeteilt werden. Abhängig davon, wie die Prognosekriterien zur Ermittlung der Zugehörigkeit zu einer der beiden Gruppen definiert sind, müssen so lange beide Möglichkeiten offen gehalten werden, wie keiner der beiden Kriteriensätze überzeugt, denn in jedem Fall könnten beide Alternativen das schlechtere Resultat bedeuten. Aus diesem Grund sollte im Falle von Patienten, deren Prognose beide Möglichkeiten offen lässt, zusätzlichen Kriterien großes Gewicht verliehen werden, die dann am Ende diese Frage auch entscheiden. Wir haben es hier mit Kriterien zu tun, in denen sich die Persönlichkeit des Kranken ausdrückt (z. B., in denen sich seine oder ihre Wünsche ausdrücken), sofern diese festgelegt werden können. Weiterhin sollte der Wertehintergrund des Patienten und die zu erwartende Lebensqualität berücksichtigt werden. Solche Faktoren müssen innerhalb des Rahmens der Lebensgeschichte des Kranken genau ausgewertet werden. Diese Ergänzung der Prognose unter Berücksichtigung der Biographie des Patienten kann insofern als Beitrag zur Reduzierung von Ungerechtigkeit verstanden werden, als das persönliche Muster seines Lebens im Umgang mit seiner oder ihrer Krankheit Bedeutung erlangt und die objektiven Parameter der wissenschaftlichen Prognose nicht mehr die einzigen Determinanten seines Schicksals sind. In diesem Zusammenhang müssen wir selbstverständlich auch die Möglichkeit berücksichtigen, dass die Alternative, eine Behandlung abzulehnen, ein ethisch zu rechtfertigendes Urteil seitens des Patienten darstellen könnte.

Drittens ist die Option, eine einmal begonnene intensivmedizinische Behandlung einzustellen, in der Regel ebenfalls von der Prognose und von Änderungen der Prognose bestimmt. Aber hier ist offensichtlich, dass eine solche Unterbrechung nicht allein auf Basis objektiver Kriterien ausgeführt werden kann, besonders wenn diese in die rigorose Forderung münden, die Fortsetzung der Intensivpflege aufgrund von Ressourcenknappheit zu beenden. Der Abbruch einer Behandlung darf nicht nur durch objektive Kriterien erklärbar sein, er muss sich auch durch einen genauen Blick auf den einzelnen Fall ergeben. Es ist wichtig, dass die Familie des Patienten davon überzeugt ist, dass sich die Einstellung der intensivmedizinischen Behandlung nicht als kaum zu rechtfertigende und unzumutbare Anforderung aus willkürlichen und äußerlichen Kriterien ergibt, sondern weil sie als die bessere Option unter der besonderen Berücksichtigung der Krankheitsgeschichte des Patienten und seiner persönlichen Umstände wahrgenommen wird. Eine solche Abwägung während der medizinischen Beratung liegt in der Verantwortung des Arztes. Wenn jedoch alle beteiligten Parteien zu einer solchen Haltung des angemessenen Verzichts gelangen, muss der Arzt dieser Aufgabe gewachsen sein.

# Wissenschaft und Verantwortung

Männer, deren auserwählte Freundin die Wahrheit ist, die an der Wahrheit hängen, im Leben und im Tode, die die Wahrheit aufnehmen, wenn sie von aller Welt ausgestoßen ist, die sie öffentlich in Schutz nehmen, wenn sie verleumdet wird und verlästert wird, die für die Wahrheit den versteckten Hass der Großen, das schale Lächeln der Dummheit und das mitleidige Achselzucken des Kleinsinns willig ertragen: Das sind die Gelehrten nach der Definition des Wortführers der Philosophie des Deutschen Idealismus am Beginn des 19. Jahrhunderts und erstem Rektor der Berliner Universität Johann Gottlieb Fichte.

Das Dasein des Gelehrten ist der Wahrheit gewidmet, wie seine Wissenschaft ihn lehrt, sie zu suchen und sie zu finden. Der Wahrheit allein ist er verpflichtet im Leben und bis zum Tod. Verantwortung für die Wissenschaft, das ist die Bestimmung des Gelehrten. Wer wollte Fichte widersprechen? Das Ideal des Wissenschaftlers, das er formuliert hat, wurde zum Grundgedanken für die Tradition des deutschen Gelehrtentums im ganzen 19. Jahrhundert, und bis heute hat es seine Gültigkeit nicht verloren. Der Wissenschaft und nur ihr verpflichtet zu sein, das ist das Maß, an dem der Wissenschaftler auch dann noch gemessen wird, wenn es ihm nicht entspricht. Nach der Tradition dieses Gelehrtentums ist die ursprüngliche Verantwortung für die Wissenschaft die Verantwortung für die eigentliche wissenschaftliche Existenz, für die Daseinsform und die Lebensführung des Wissenschaftlers in seiner Wissenschaft. Ausdrücklich wird diese Verantwortung im Ethos seines wissenschaftlichen Handelns und in der Ethik seiner Wissenschaft als Beruf. Verantwortung ist die Verpflichtung, das eigene Tun stets und unter allen Umständen an die Regeln und Normen wissenschaftlicher Wahrheit und Objektivität zu binden. Man muss also der Versuchung widerstehen, ein Mittel für wirksamer, eine Studie für aussagekräftiger oder eine Diagnose für eindeutiger zu halten, nur weil man selbst die Untersuchung geleitet hat. Hans Erhard Bock hat mit Recht von der Ethik als einer Grenze für das wissenschaftliche und zumal für das ärztliche Handeln gesprochen. Verantwortliches Handeln ist begrenztes Handeln. Die Bedeutung der Ethik für die Wissenschaft liegt nicht nur darin, die moralische Reputation des einzelnen Wissenschaftlers zu wahren, so nötig das wohl auch sein mag. Die wissenschaftsethische Qualität des Gelehrten ist deshalb so wichtig, weil sie das Fundament für die Vertrauenswürdigkeit der ganzen Wissenschaft ist. Wissenschaft wird dann und solange für verlässlich gehalten, wie jeder einzelne Wissenschaftler ihre Integrität bewahrt. Daran hat sich im Zeitalter der Großforschung, der Forschungsgruppen, der Wissenschaftsindustrie nicht das Geringste verändert. Der einzelne Wissenschaftler bleibt verantwortlich für die Integrität der wissenschaftlichen Arbeit, und er in Person gilt der Öffentlichkeit und dem einzelnen Zeitgenossen als Bürge für die Vertrauenswürdigkeit und die Verlässlichkeit seiner Wissenschaft im Ganzen. Deshalb ist der Fall verletzter Integrität vielleicht ein öffentlicher und Aufsehen erregender Fall. Wer die von der Ethik gezogenen Grenzlinien fahrlässig oder absichtsvoll übertritt, fügt der Wissenschaft und ihrer Geltung im öffentlichen Bewusstsein einen Schaden zu, der nicht leicht zu restituieren ist. In der Verantwortung für die eigentliche wissenschaftliche Existenz wird die Verantwortung für die Wissenschaft überhaupt wahrgenommen. Fichte hat der neuzeitlichen Idee der Wissenschaft das Programm geschrieben. Er hatte dabei die Wissenschaft vor allem nach zwei Seiten hin in Schutz genommen und begründet. Im ausgehenden 18. Jahrhundert war eine Bewegung aufgekommen, die der Wissenschaft feindlich und der Kultur kritisch gegenübertrat und die den Menschen in einem erneuerten Stand seiner Unschuld glücklich zu machen versprach.

Rousseau war mit der Spitzenformel »Zurück zur Natur« ihr Stimmführer geworden. Fichte hat in dieser Bewegung eine sträfliche Illusion gesehen und, was fast schlimmer ist, eine Verleumdung der Wahrheit, weil aus der Natur ebenfalls, bestenfalls wieder Natur hervorgeht und weil der Verzicht auf die Wissenschaft den Irrationalismus fördert, dem überall die Humanität zum Opfer fällt. Auf der anderen Seite hat Fichte die politische Zensur der Wissenschaft am eigenen Leibe erfahren, als er im Atheismus-Streit Jena verlassen musste. Fichte hatte in einem philosophischen Aufsatz Bemerkungen über die göttliche Weltregierung gemacht, die, wie der zuständige Minister Goethe dazu notierte, den hergebrachten Ausdrücken über solche Geheimnisse zu widersprechen schienen. Fichte wurde gerügt und später entlassen, nicht so sehr seiner Thesen wegen als vielmehr, weil deren Veröffentlichung allgemeine Unsicherheit hätte verbreiten und Verwirrung hätte stiften können. Das aber war nach den Auffassungen der Regierung unter allen Umständen zu verhindern. Öffentlicher Schaden musste verhütet werden. Deshalb hat die Regierung hier Verantwortung für die Wissenschaft reklamiert und emanzipiert, indem sie das Recht zur Zensur über den Philosophen ausübte. Es ging dabei nicht so sehr um Wahrheit oder Unwahrheit der philosophischen Thesen, sondern wesentlich um den Schutz der Öffentlichkeit. In diesem Verständnis ist Verantwortung für die Wissenschaft eine politische Verantwortung und eine Verantwortung des Politikers. Im Grunde unterscheidet sich diese Auffassung von Verantwortung für die Wissenschaft nicht von der jener Kardinäle, die 150 Jahre zuvor Galilei dazu verurteilt hatten, zwei seiner Hauptsätze über das Kopernikanische Sonnensystem zu widerrufen. Auch die Kardinäle waren nur um den Schutz der Bürger besorgt, die, hätten Galileis Thesen ohne kirchlichen Widerspruch verbreitet werden dürfen, in katastrophale religiöse Unsicherheiten gestürzt worden wären. Fichte hat demgegenüber die Freiheit der Wissenschaft in dem Sinne gefordert, dass er Verantwortung für die Wissenschaft allein dem Wissenschaftler selbst zugeschrieben hat. Niemand kann in wissenschaftlichen Fragen ein Urteil beanspruchen, wenn er nicht in der Wissenschaft zu Hause ist. Der Gelehrte selbst ist hier zuständig, und niemand kann ihn und seine Verantwortung vertreten. Fichtes Auffassung hat sich alsbald durchgesetzt. Freilich nicht so, dass die Standpunkte seiner Gegner von einst damit völlig verschwunden wären. Sie sind eigentlich von ungebrochener Aktualität.

Das gilt für die späten Nachfahren Rousseaus, die das Zurück zur Natur so erneuern, dass es als Alternative zur Welt der wissenschaftlichen Kultur erscheinen muss. Das gilt aber nicht weniger für jenen Bundesrichter, der vor kurzem gefordert hat, dass alle wissenschaftlichen Forschungsprojekte amtlich angemeldet werden müssen, damit der Staat die letzte Entscheidung darüber behält. Mehr als ein Jahrhundert lang hat Fichtes Programm für die Wissenschaft der Sache nach öffentliche Geltung gehabt und allgemeine Anerkennung gefunden. Mehr als ein Jahrhundert lang wurde die Wissenschaft zu den größten und erfolgreichsten Errungenschaften der Zivilisation gezählt. Bedeutung und Gewicht der Wissenschaft spiegelten sich wider im öffentlichen Ansehen des Gelehrten. Er war der exemplarische Fall des Bürgers, der in der Gesellschaft des 19. Jahrhunderts zur Autorität aufsteigen konnte. Fichte selbst hatte die theoretischen Grundlagen für die öffentliche Karriere der Wissenschaft und für ihren Aufstieg formuliert: »Jeder Fortschritt auf dem Gebiet wissenschaftlicher Erkenntnis und Einsicht muß schon in sich selbst als Beitrag und wesentlicher Impuls für den Fortschritt der Menschheit überhaupt verstanden werden. Anders ist gesellschaftlicher Fortschritt, ist die Vermehrung von Wohlstand und Glück überhaupt nicht zu denken, als daß der Fortschritt unsere Erkenntnis über unsere Welt und über uns selbst dafür die Voraussetzungen schafft und die Grundlagen bietet.« Verantwortung für die Wissenschaft war danach zugleich immer schon Verantwortung für das *bonum commune*, Verantwortung für die Gesellschaft, für die Kultur, für die Humanität. Der Gelehrte selbst nimmt diese Verantwortung wahr, indem er allein mit seiner Wissenschaft sich befasst. Von derselben Überzeugung war Humboldt geleitet, als er die Gründung der Berliner Universität plante. Hier sollte eine wissenschaftliche Institution geschaffen werden, die gerade damit der Verantwortung für das Leben diente, da sie allein der Verantwortung für die Wissenschaft gewidmet war. Die Wissenschaft, sagte Humboldt, gießt dann ihren wohltätigsten Segen auf das Leben aus, wenn sie dasselbe gewissermaßen zu vergessen scheint. Noch zu Beginn unseres Jahrhunderts war das allgemeine Bewusstsein wie selbstverständlich von diesen Auffassungen bestimmt und beherrscht. Zur 100-Jahr-Feier der Berliner Universität wurde die Gründung der Kaiser-Wilhelm-Gesellschaft beschlossen, die als Max-Planck-Gesellschaft in Tübingen bekannt ist. Adolf von Harnack, einer der bedeutendsten

Theologen seiner Epoche, hat die Denkschrift entworfen, die dem Kaiser am 21. November 1909 vorgelegt wurde.

Harnack zweifelte keinen Augenblick daran, dass der Fortschritt der Wissenschaft immer zugleich Fortschritt der Gesellschaft ist, das also die Verantwortung für das eine wie für das andere einschließt. Deshalb muss der für die Förderung der Wissenschaft eintreten, wer der allgemeinen Wohlfahrt dienen will. Harnacks Denkschrift empfiehlt die Einrichtung unabhängiger Forschungsinstitute, weil die deutschen Universitäten durch Lehre und Unterricht überlastet seien, die Forschung auf dem Wege wäre, in die Industrie abzuwandern, und weil gegenüber den großen Instituten in anderen Ländern längst ein erheblicher Rückstand eingetreten sei. Wissenschaft ist nach Harnack eine nationale Kulturverpflichtung, deren Resultate am Ende gerade den Nationen zugute kommen sollen, die sich nicht in gleicher Weise an Wissenschaft und Forschung zu beteiligen vermögen. Verantwortung für die Wissenschaft ist Verantwortung für die Wohlfahrt aller Menschen.

Die Überzeugung, die den Geist dieser Epoche und die öffentliche Einschätzung der Wissenschaft geleitet haben, sind wenige Jahre später und offenbar in kürzester Frist zutiefst erschüttert oder ganz zerstört worden. Am Ende des Ersten Weltkrieges erschien Spenglers »Untergang des Abendlandes«. Der Titel wurde zum Symbol für das Selbstgefühl der Zeit. Wie die verlorene Generation in der Literatur und die Theologie der Krise in der Religion, so gewann überall die Negativität die Herrschaft über das Bewusstsein, vor allem die Wissenschaft war betroffen. Ihr selbstverständliches Verhältnis zur Kultur galt nicht mehr. Die Bilanz ihrer Fortschritte war unsicher, es schien, dass die Gefahren, die von ihr ausgingen, immer größer wurden und der Nutzen, den sie versprach, immer geringer wurde. Karl Jaspers hat 1932 in jenem berühmt gewordenen Band Nr. 1000 der Göschen-Reihe unter dem Titel »Die geistige Situation der Zeit« das Selbstverständnis der Epoche gültig zusammengefasst. Die Krise der Wissenschaft besteht nach Jaspers nicht in den Grenzen und in der Beschränkung ihres Könnens, sondern in der tiefen Unsicherheit über ihren Sinn. Das Ganze und Umfassende, das die Wissenschaft vorher war, ist zerfallen in eine unüberschaubare Fülle von Daten und von zusammenhanglosen Einzelkenntnissen. Die Unermesslichkeit des Wissbaren steht jetzt unter der Frage, ob es überhaupt des Wissens wert sei. Nicht ihre technischen Folgen haben die Wissenschaft in die Krise geführt, sondern der Verlust ihrer Einheit und ihrer Totalität.

Die Wissenschaft hat keine deutliche Funktion mehr für die Zeit. Die Krise der Wissenschaft aber ist nach Jaspers in Wahrheit die Krise des Menschen, der mit ihr umgeht. Es ist die Krise des allgemeinen Bewusstseins der Epoche. Jaspers sieht die geistige Situation dieser Zeit in der Massengesellschaft begründet, die die menschliche Gemeinschaft vor völlig neue Probleme stellt. Die überlieferte Welt im Ganzen ist dadurch fraglich geworden. Alle Daseinsordnungen, die über Jahrtausende entstanden waren, sind plötzlich zur Disposition gestellt. Der Mensch ist dabei, in dem aufzugehen, was lose in der Mitte einer äußerlichen Daseinsfürsorge ist, aber es ist leer von Sinn und deshalb ohne Würde und ohne wesentliche Humanität. Überall herrscht das Gefühl, dass es mit dem, worauf es eigentlich ankommt, nicht in Ordnung sei. Das Vertrauen in die öffentlichen Angelegenheiten ist im Schwinden, vor allem das Vertrauen in die Wissenschaft. Das war 1932. In welcher Hinsicht aber hätten die Diagnosen der Jaspers'schen Analyse aber nur im Geringsten an Gültigkeit verloren? Die Legitimationskrise der Wissenschaft heute ist offensichtlich, ihr guter Sinn steht nicht mehr fest. Es gibt kein Wissen mehr, dessen Freund man sein könnte, schrieb jüngst ein Philosoph, und bei dem, was wir wissen, kommen wir nicht auf den Gedanken, es zu lieben, sondern fragen uns, wie wir es fertigbringen, mit ihm zu leben. Die Wissenschaft und ihr Fortschritt scheinen immer deutlicher solche Züge hervorzubringen, die von der Allgemeinheit als Bedrohung empfunden werden.

Diese Legitimationskrise der Wissenschaft heute fordert und begründet deshalb eine neue Dimension der Verantwortung. Wer sich selbst an der Wissenschaft beteiligt, der muss offenbar noch ein anderes Verhältnis zu ihr haben als das der kritischen Distanz. Die eigentliche wissenschaftliche Existenz und die Daseinsform des Wissenschaftlers in seiner Wissenschaft können nicht allein auf der Einstellung begründet werden, die sich an der Negativität und an den bedrohlichen Erscheinungen der Wissenschaft orientiert. Muss nicht die Wissenschaft einen guten Sinn für denjenigen, der ihr seine Kräfte, seine Fähigkeiten, sein Engagement und seine Arbeit widmet, darstellen? Die Legitimationskrise aber fordert darüber hinaus eine Verantwortung, die diesen guten Sinn nicht mehr gleichsam Privatem unterstellt oder behauptet, die ihn vielmehr in der öffentlichen Diskussion überzeugend zur Geltung zu bringen versucht. Wer heute Wissenschaft betreibt, trägt die Verantwortung auch dafür, dass diese Wissenschaft sinnvoll ist. Der Gelehrte wird wieder an jene Verpflichtung erinnert, die Fichte einst mit emphatischen Worten in das ursprüngliche Programm der neuzeitlichen Wissenschaftsgeschichte eingeschrieben hat, öffentlich für seine Wissenschaft einzutreten. Verantwortung von solchem Rang freilich ist nicht einfach wahrzunehmen. Die neue Dimension der Verantwortung bedarf neuer Einsichten und bisher unbekannter Anstrengung.

Hans Jonas, der in seinem Werk »Das Prinzip Verantwortung« zum ersten Mal eine Theorie verantwortlichen Handelns unter den Bedingungen der technologischen Zivilisation entworfen hat, ist selbst in Hinsicht auf die Praxis dieser Verantwortung skeptisch oder doch zögernd. Das Problem, so sagt Jonas, wie der gewaltigen Verantwortung entsprochen werden kann, das der schier unwiderstehliche wissenschaftliche Fortschritt auf seine Träger legt, ist noch gänzlich ungelöst, und die Wege zu seiner Lösung liegen im Dunkeln. Die Anfänge eines neuen Bewusstseins, das eben erst aus der Euphorie der großen Siege noch blinzelnd ins harte Tageslicht ihrer Gefahren erwacht und wieder Furcht und Zittern erlernt, geben Hoffnung, dass wir uns freiwillig Schranken der Verantwortung auferlegen und unserer so groß gewordenen Macht nicht erlauben, zuletzt uns selbst oder die nach uns kommen zu überwältigen. Es könnte nun freilich sein, dass die Hoffnung, von der Jonas am Ende noch spricht, begründeter ist, als er selbst es schon wahrgenommen hat. In der so schwer noch überschaubaren und aufs äußerste differenzierten Welt der Wissenschaft gibt es immerhin ein Gebiet, auf dem Strukturen und Profil der heute gebotenen Verantwortung deutlicher und greifbarer zutage treten. Das ist die Medizin.

Verantwortung ist hier so unmittelbar und offensichtlich gefordert, dass sie nach Maß und innerer Verfassung auch dort sichtbar bleibt, wo ihr im einzelnen Fall etwa gerade nicht entsprochen wird. Wissenschaftliches Handeln auf dem Gebiet der Medizin war nicht denkbar ohne ein besonderes Bewusstsein der Verantwortlichkeit. Was heute Verantwortung für die Wissenschaft sein muss, könnte sich deshalb hier exemplarisch zeigen und zeigen lassen. Verantwortung ist erstens und vor allem Verantwortung für den Sinn der Wissenschaft. Dieser Sinn kann hier nicht einen Augenblick zweifelhaft sein.

Die Mitte der Inneren Medizin, so hat Hans Erhard Bock es mehrfach zitiert, ist und bleibt der ganze kranke Mensch. Nicht anders aber könnte ausgedrückt werden, worin das wissenschaftliche Handeln in der Medizin überhaupt seinen Sinn hat. Der kranke Mensch ist ihr Mittelpunkt und er allein das Ziel, das ihre Tätigkeiten legitimiert. Dieser Grundsatz, der sich ebenso plausibel wie selbstverständlich ausnimmt, hat gleichwohl enorme Konsequenzen. Denn diesem Sinn der Zielbestimmung wissenschaftlicher Praxis in der Medizin ist keineswegs mit einer vagen Erklärung oder einer bloßen Attitüde Genüge getan, nach der irgendwie jede medizinische und technische Maßnahme dem letzten Ziel schon dienen werde, der Sinn und diese Maßnahme müssen vielmehr in jedem einzelnen Fall deutlich und überzeugend aufeinander bezogen sein. Die Verantwortung für den kranken Menschen als der Mitte der Medizin ergibt sich eben nicht schon von selbst aus der Verantwortung für ihre Wissenschaftlichkeit. Gewiss ist die medizinische Wissenschaft in keinem ihrer einzelnen Fächer von sich aus inhuman, ebenso wenig aber wird ihr humaner Sinn von ihrer bloßen Wissenschaftlichkeit her vorgegeben oder gar schon garantiert. Alle diese Verhältnisse und Umstände schließen deshalb den Fall ein, dass die Verantwortung für den einzelnen Kranken und die Verantwortlichkeit für die Wissenschaftlichkeit im ärztlichen Handeln sich widersprechen können. Es ist dieser Konflikt, an dem das eigene Maß der Verantwortung im ärztlichen Handeln ausdrücklich wird. Derselbe Konflikt zeigt sich am Gegensatz der zwei generellen Tendenzen, die die Praxis der Medizin heute prägt. Das ist auf der einen Seite die Spezialisierung der Fächer und Fragestellung, die das unausweichliche Schicksal aller modernen Wissenschaft darstellt, weil Spezialisierung das Programm ist, mittels dessen immer komplizierter werdende

Pläne und Sachverhalte wissenschaftlich bearbeitet werden können. Auf der anderen Seite steht die Aufgabe, die volle und ungeteilte Verantwortung zu tragen, für einen ganzen kranken Menschen, für die ganze Dauer seiner Krankheit und für den Umfang seiner Leiden. Diese Aufgabe erfordert in einem immer stärkeren Maß die Tendenz zur Integration. Müsste nicht jeder Arzt, gerade wenn er auf einem Spezialgebiet als Autorität gilt, gleichwohl die Kompetenz besitzen und die volle und ganze Verantwortung für einen Patienten übernehmen? Würde nicht der Verzicht auf diese integrative Kompetenz die tragenden Vorstellungen vom Verhältnis zwischen Arzt und Patient zutiefst erschüttern und würde nicht der Sinn der medizinischen Wissenschaft in Frage gestellt werden, wenn dieser Sinn nicht mehr im konkreten ärztlichen Handeln ausdrücklich gemacht wird und gegenwärtig sein kann? Der Mensch, der heute zum Patienten wird und also ärztlicher medizinischer Versorgung bedarf, wird eingeführt in eine Welt, die von technischer Apparatur in Größtem wie im Kleinsten beherrscht und ausgefüllt ist, in eine Welt, die ihm Orientierungslosigkeit und Ohnmacht rücksichtslos zu erfahren gibt. Es gehört zur Legitimationskrise der Wissenschaft, von der die Medizin nicht ausgenommen ist, dass der humane Sinn dieser technischen Welt sich nicht mehr gegen ihre Anschauung und von selbst versteht. Dieser Sinn muss ausdrücklich gemacht, er muss erklärt und erläutert werden und zu diesem Zweck wird es unumgänglich, die Anwendung von Wissenschaft und Technik für jeden einzelnen und konkreten Fall überzeugend zu begründen. Diese Aufgabe ist zum wesentlichen und unverzichtbaren Teil der ärztlichen Verantwortung heute geworden. Für die Praxis, in der diese Verantwortung wahrgenommen werden soll und für den ärztlichen Alltag, in dem sie sich bewähren muss, ist es nun allerdings keine Erleichterung, dass zwei verschiedene Auffassungen von dieser Praxis und ihrer Bedeutung bei uns nebeneinander stehen.

Aus Amerika kommt ein Verständnis dieser Praxis, das das Verhältnis zwischen Arzt und Patient als ein privates, ja exklusives Vertragsverhältnis ansieht, so als ob dieser Arzt und dieser Patient allein auf der Welt wären. Der Arzt wird darin zum Beauftragten des Patienten und übernimmt die Dienstleistung, die der Vertrag vorsieht. Die Konstellation ist einfach und klar. Alle Entscheidungen über Diagnostik und Therapie werden letztlich vom Dienstgeber, also vom Patienten selbst getroffen. Der Arzt hat die Aufgabe, diese Entscheidung vorzubereiten und sie *lege artis* durchzuführen. Die Autonomie des Patienten beherrscht die Szene, seine freie Entscheidung über sich selbst ist die letzte Instanz, und deshalb muss er keinen Augenblick im Zweifel sein, welchen Sinn und welches Ziel die Wissenschaft und die wissenschaftlichen Maßnahmen in seinem Fall haben. Er kann die korrekte Durchführung seiner Maßnahmen und alle Einzelheiten des Vertrages durch die Gerichte nachprüfen lassen. Aber er hat dafür in einem Maß, das sich nicht leicht abschätzen lässt, die Bürde der Verantwortung selbst übernommen.

Diese Auffassungen aber entsprechen nicht der europäischen Tradition und am wenigsten dem Verständnis der ärztlichen Aufgabe, das bei uns noch in Geltung steht. Hier soll das Verhältnis des Patienten zum Arzt durch das Vertrauen bestimmt und begründet sein, indem sich die akzeptierte Abhängigkeit des einen vom anderen ausdrückt. Der Arzt trägt danach die Verantwortung und sie wird ihm in solchem Vertrauen überlassen. Das Verhältnis wird hier also von Grund auf als eine persönliche Beziehung gesehen, die sich nicht auf bestimmte Anweisungen oder einzelne Abmachungen reduzieren lässt. Man kann dieser Auffassung vor allem aus der anderen Sicht vorwerfen, dass sie paternalistisch sei, dass sie die Selbstbestimmung des Patienten nicht ernst genug nehme, und dass dabei zu große Vollmachten unkontrolliert und unkontrollierbar in die Hände des Arztes gelegt würden. Auf der anderen Seite aber kann gerade diese Auffassung für sich in Anspruch nehmen, die elementaren Erfahrungen des Kranken, seine Abhängigkeit und sein Angewiesensein, seine Bedürfnisse und seine Bedürftigkeit in ihrem Recht und in ihrer Bedeutung ernst zu nehmen und zudem der wirklichen Rolle des Arztes gerechter zu werden, als das ein Dienstleistungsvertrag je vermöchte. Zweifellos aber ist bei uns die Aufgabe des Arztes in dieser Situation schwerer und komplexer. Sie stellt andere Anforderungen an seine Leistungsfähigkeit und an ihn in Person. Das Vertrauen, von dem diese Situation getragen sein muss, entsteht durch die Überzeugungskraft, die einerseits aus fachlicher Kompetenz und andererseits aus dem Interesse an der Humanität des kranken Menschen erwächst. Keines dieser beiden Momente darf hier fehlen, wenn die Vertrauenswürdigkeit nicht Schaden leiden soll. Der Sinn, den die abstrakte wissenschaftlich-technische Welt der Medizin für den Patienten selbst gewinnen soll, muss hier durch die Persönlichkeit des Arztes vermittelt werden, oder er fehlt. Hier trägt der Arzt das volle Maß der Verantwortung, nicht nur für die Wissenschaft, sondern auch für ihren Sinn im jeweils konkreten Fall. Es wäre verständlich, wenn dieses Maß an Verantwortung gelegentlich so erschreckend und beängstigend wirkte, dass man versucht, sich der Verantwortung zu entziehen. Es wäre bedrückend, wenn eine derartige Flucht vor der Verantwortung auf einen Mangel an verantwortungsfähiger Humanität auf Seiten der Ärzte hinweisen sollte.

Die Bock'sche Klinik und ihre Schule stehen in dem Ruf, in der Verantwortungsfähigkeit ein wesentliches Ziel der ärztlichen Ausbildung zu sehen. Man wird den Anstrengungen auf diesem Gebiet gar nicht genug Erfolg wünschen können. Dass die Verantwortung, von der hier die Rede ist, nicht erst auf der Ebene der Oberärzte beginnt, müsste freilich überall eine selbstverständliche Einsicht werden können. Vermutlich hat in den letzten Jahren der Einfluss der amerikanischen Auffassung von Recht und Ethik zu mancherlei Unsicherheiten und Verunsicherungen geführt, es wäre an der Zeit, in diesen Fragen neue Klarheiten zu suchen.

Die Legitimationskrise der Wissenschaft fordert nicht nur eine Verantwortung für ihren Sinn, für ihre Funktion in der Kultur und für ihre Rolle in der Gesellschaft. Sie fordert auch ein neues Bewusstsein für das Gesicht der Ethik. Dass das Moralische sich von selbst versteht, war ein moralischer Satz, dessen Selbstverständlichkeit schon fraglich war, als er zuerst formuliert wurde. Nichts, so müsste man heute sagen, versteht sich so wenig von selbst wie die Ethik. Die Forschung auf dem Gebiet der medizinischen Wissenschaft ist, aus welchen Gründen auch immer, von diesem Verlust selbstverständlicher Legitimation vor der Allgemeinheit zutiefst betroffen. Hier muss sich offenbar die gesamte Institution und jedes einzelne Projekt bis in Einzelheiten rechtfertigen und nach Recht und Ethik eingehend selbst begründen. Es wäre weder vernünftig noch sachgemäß, dieser Forderung als einer bloßen Zumutung mit Resignation oder anderen affektiven Reaktionen zu begegnen. Denn es handelt sich hier nicht um den von Fichte zitierten Fall der Verleumdung oder des Kleinsinns der Wahrheit gegenüber. Hat nicht angesichts dessen, was die Wissenschaft heute vermag, die Allgemeinheit ein Recht auf die Deklaration der ethischen Grundlagen, und entspricht es nicht im Grunde der Würde dieser Forschung, die eigentliche ethische Qualifikation deutlich und mit ihren guten Gründen darzulegen, würde nicht gerade die Freiheit der Forschung durch das Bewusstsein solcher Legitimität wesentlich gewinnen? Freilich bildet und präzisiert die Ethik eben auch die Grenzen des Handelns, und nur zum tiefen Schaden der Forschung selbst wurden die Grenzen einfach überschritten. Diese Grenzen im Einzelnen zu bestimmen ist eine Aufgabe des ethischen Diskurses, der in Forschung und Wissenschaft ständig geführt werden muss. Denn Verantwortung für die Wissenschaft heißt heute auch und nicht zuletzt Beteiligung an der ethischen Reflexion. An den einzelnen Grenzen aber liegt seine prinzipielle Begrenztheit und eine fundamentale Einschränkung aller Wissenschaft und Forschung zugrunde, von der die ethische Reflexion niemals absehen dürfte. Wie sollte die Wissenschaft das Bewusstsein wachhalten dafür, dass der Mensch mehr ist als er von sich weiß und dass er in allem, was er von sich wissen kann, dennoch nicht aufgehen wird?

# Die Moral des Pluralismus. Anmerkungen zur evangelischen Ethik im Kontext der neuzeitlichen Gesellschaft

Niemand wird aus der evangelischen Kirche ausgeschlossen, weil er konsequenter Pazifist ist. Ebenso wenig gefährdet es die Kirchenzugehörigkeit, wenn jemand einen Verteidigungskrieg für ethisch gerechtfertigt oder gar geboten hält. Der Pazifist muss sich im Ernstfall mit dem Schicksal derer belastet wissen, für die er Verantwortung trägt. Der Befürworter der Abwehr mit dem derer, die ihn verteidigen. Der eine will seine Grundsätze bewahrt wissen, der andere stellt die Sorge für das praktische Leben voran. Aber beide können gute ethische Gründe für sich geltend machen.

In ähnlicher Weise stehen sich in der evangelischen Kirche und der theologischen Ethik andere moralische Widersprüche gegenüber: Auf der einen Seite werden Einzigartigkeit und Unverbrüchlichkeit der Ehe hervorgehoben, auf der anderen Seite stehen Plädoyers für gleichgeschlechtliche Gemeinschaften und gegen die Diskriminierung der Ehescheidung. Nicht weniger deutlich sind die Gegensätze in anderen Bereichen: in der Wirtschaftsethik, der medizinischen Ethik und in der politischen Ethik. Es ist nicht schwer zu illustrieren, dass widersprüchliche moralische Intuitionen auf allen Gebieten des Lebens in der evangelischen Kirche versammelt sind und in der evangelischen Ethik vertreten werden. Dieser Pluralismus wird allerdings kaum allgemein akzeptiert. Er gilt vielmehr weithin als obsolet und als problematischer Zustand. Moral, die diesen Namen verdient, so wird gesagt, zeigt sich in einem festen Standpunkt und in einem entschiedenen Urteil. Wird dagegen der moralische Pluralismus toleriert, nimmt man offenbar die eigene moralische Stellungnahme nicht so ernst: Sie kann dem eigenen moralischen Anspruch kaum genügen, wenn auch anderes oder gar Widersprüchliches gelten darf. Ein solches moralisches Gefühl, das den eigenen moralischen Standpunkt begleitet, wird von den Debatten und Programmen der neuzeitlichen Ethik ständig verletzt und relativiert, und zwar schon dadurch, dass dasselbe Gefühl auch andere und widersprechende moralische Urteile zu begleiten pflegt. Deshalb liegt es in der Logik eines solchen Standpunktes, dass die Verhältnisse, die der Begriff des Pluralismus beschreibt, kritisch betrachtet werden.

Andererseits kann die moralische Stellungnahme den Pluralismus, den sie kritisiert, mit moralischen Mitteln nicht ändern. Deshalb ist eine unfreiwillige Toleranz den Verhältnissen gegenüber ein wesentliches Kennzeichen der moralischen Diskurse. Darin gleicht die evangelische Kirche der modernen Gesellschaft überhaupt. Freilich hat der Pluralismus hier noch eine andere Dimension. Er bezieht sich nicht nur auf die Widersprüche der moralischen Intuitionen, sondern auch auf deren weltanschauliche Zusammenhänge. In der evangelischen Ethik verstehen sich alle Positionen als Auslegung der evangelischen Tradition. In der neuzeitlichen Gesellschaft wird eine einheitliche Tradition gerade nicht mehr gefunden oder akzeptiert. Die moralische Stellungnahme wird von weltanschaulichen Kontexten unterschieden und sekundäre Zuordnungen sind oft nicht leicht. Dadurch ist der Pluralismus der öffentlichen Debatten noch weiter differenziert und es finden sich moralische Differenzen oder Übereinstimmungen zwischen weltanschaulichen Positionen ganz verschiedener Art, so etwa die Übereinstimmung in bioethischen Fragen, die (ihrem Selbstverständnis nach) konservative und fortschrittliche Weltanschauungen miteinander verbindet. Dazu gehört auch, dass auffallend viel von Moral und Weltanschauung die Rede ist bei denen, die in der Öffentlichkeit Verantwortung tragen. Gerade politische Verantwortung wird aus weltanschaulichen Zusammenhängen entwickelt und dadurch legitimiert. Der einfachste Fall ist dabei die Berufung auf das Christentum, wenn auch keineswegs immer in Übereinstimmung mit den Verlautbarungen der Konfessionskirchen. Weniger klar sind der allgemeine Humanismus oder die Humanität, in deren Namen verantwortliche Entscheidungen gerechtfertigt werden, und ebenso generell und vage wirkt oft der Rückgriff auf ein weltanschauliches Parteiprogramm, das der politischen Verantwortung eine eindeutige Richtung vorgeben soll. Aber es ist unübersehbar, dass in der Praxis der öffentlichen Verantwortung Weltanschauungen vielfach präsent sind.

Dabei tritt ein eigentümliches Verhältnis von Verantwortungsethik und Gesinnungsethik zutage. Gesinnungsethiker sind in der Politik selten – sie sind eher an Redaktionsschreibtischen zu finden. Aber eine reine Verantwortungsethik ist offenbar auch nicht populär: Wer nur mit den Folgen möglichen Handelns argumentiert, muss sich vorwerfen lassen, keine Grundsätze zu haben, und das gilt – möge der Staat noch so säkular sein – offenkundig als Defizit.

Im moralischen und weltanschaulichen Pluralismus sind daher selten überall gleichermaßen akzeptierte und einheitliche Positionen zu erkennen. Das gilt für die evangelische Ethik wie für die Ethik der neuzeitlichen Gesellschaft überhaupt. Eine etwas deutlichere Ansicht, zumindest dieser

Probleme, dürfte sich ergeben, wenn die Wurzeln des Pluralismus sichtbar gemacht werden. Dazu sollen einige vorläufige Anmerkungen dienen, in deren Zusammenhang dann der Pluralismus zu betrachten sein wird. Abschließende Erwägungen sollen der evangelischen Ethik in diesem Kontext gelten.

## 1. Verantwortung als normative Selbstverpflichtung

Verantwortung lässt sich verstehen als normative Selbstverpflichtung des handelnden Subjekts. Es gilt allgemein als ausgemacht, dass derartige Selbstverpflichtungen vor allem in religiösen Kontexten begründet werden und dass also bei ungetrübter Herrschaft der Religion verantwortliche Lebensführungen die Regel waren. Mit dem Rückgang der Vorherrschaft der Religion am Beginn der Moderne hat sich indessen nicht ein Zustand offener Begründungslosigkeit für moralische Selbstverpflichtungen eingestellt. Es ist vielmehr eine große Zahl neuer und neuartiger Moralkonzepte an diese Stelle getreten. Man kann sogar umgekehrt vermuten, dass das Aufkommen solcher Programme nicht Ersatz für den Religionsverlust war, sondern dessen Ursache. Jedenfalls bildet sich am Anfang der Neuzeit das Prinzip pluralistischer Moraltheorien aus, deren weitere Differenzierung die Entwicklung der Kultur im Ganzen kennzeichnet. Dabei treten innerhalb Europas Unterschiede hervor, die markant geblieben sind.

In den sozialphilosophischen und moraltheoretischen Entwicklungen der Neuzeit lassen sich nämlich bestimmte Typen unterscheiden, die vor allem ihrer Folgen wegen von Bedeutung sind. Manche Autoren stellen schon Pico della Mirandola an den Anfang dieser Theoriebildung, weil mit dem Titel »De dignitate hominis« ein leitendes Stichwort in die Debatte gebracht wurde. Im Blick auf die großen Züge der Entwicklung aber scheint es noch wichtiger, die Unterschiede zwischen den Typen der Aufklärung in den europäischen Regionen zu beachten: In der französischen Aufklärung, wenn man Diderot als Beispiel dafür nimmt, trägt die Sammlung allen vernünftigen Wissens durchaus einen gesellschaftspolitischen Akzent: Sie dient dem allgemeinen Fortschritt des gemeinsamen Lebens im Staat. Die Aufklärung in englischer Sprache hat grundlegende Veränderungen der Ethik bewirkt, nicht nur der politischen Ethik, etwa durch Hobbes, sondern gerade der individuellen Ethik im Blick auf ihre Gründe und auf ihre Ziele. Besonders seit Hume hat diese Ethik einen rational-pragmatischen Charakter angenommen, der einerseits dem späteren Utilitarismus Vorschub leisten konnte, der aber andererseits gegen Erneuerungen einer ethischen Metaphysik zu immunisieren schien. Die deutsche Aufklärung war primär theologische Aufklärung, sie wollte eine vernünftige Theologie etwa so, wie sie später in Kants Religionsschrift zur Vollendung gebracht wurde. Ihr ethischer Leitbegriff bis dahin war die »Glückseligkeit«. Sie galt als Verheißung der humanen Moralität, und danach hat die Ethik der deutschen Aufklärung diese Erinnerung an die Metaphysik selten ganz verloren. In ihr lebt, was sie durch Aufklärung aufheben wollte, gelegentlich ohne viel Aufhebens fort.

Die Verschiedenartigkeit der moraltheoretischen Entwicklungen gehört unentrinnbar zu den Kontexten, innerhalb derer die Frage steht, warum jemand denn heute private oder öffentliche Verantwortung übernehmen sollte. Offensichtlich stellt sich diese Frage nicht in allen Regionen der Neuzeit auf gleiche Weise. Es macht einen Unterschied, ob sozialphilosophische, pragmatische oder subjektivitätstheoretische Aspekte zum Hintergrund gehören. Deshalb ist es kaum zufällig, dass diese Differenzen auch nach Jahrhunderten noch ihre Folgen haben, dass beispielsweise die Menschenrechtskonvention zur Bioethik in diesen Regionen ganz unterschiedlich beurteilt wird. Säkularisierung war und ist nicht überall dasselbe.

In allen neuzeitlichen Konzepten der Moral folgt die Selbstverpflichtung des Subjekts zur Übernahme von Verantwortung sowohl im allgemeinen und alltäglichen Sinn als auch bei Aufgaben spezieller Art einer moralischen Regel. Auch ganz einfache moralische Regeln, wie etwa die der Vertragstreue, bedürfen der verantwortlichen Selbstverpflichtung der Akteure, wenn sie eingehalten werden sollen. Aber warum soll überhaupt einer moralisch und also verantwortungsbewusst handeln? Warum genügt es nicht, einfach nur Egoist zu sein?

Diese Fragen werden auf verschiedenen Ebenen diskutiert. In öffentlichen Debatten ist es üblich geworden, sich von Kulturkritik und Argwohn leiten zu lassen. Wie selbstverständlich wird beispielsweise Wissenschaftlern und Forschern unterstellt, sie seien reine Egoisten in dem Sinne, dass sie ihre Arbeit allein an wissenschaftlichem oder ökonomischem Profit orientieren und dass ihnen deshalb ihre moralischen Grenzen von außen gesetzt werden müssen. Der Ruf nach gesetzlichen Regelungen von Forschungsfragen ist zumeist Ausdruck des Misstrauens gegenüber der Vertrauensfähigkeit oder der Vertrauenswilligkeit anderer oder der Gesellschaft im Ganzen.

Der philosophische Diskurs bewegt sich naturgemäß auf anderen Ebenen. Platon konnte sich noch mit der Vermutung begnügen, dass das ungerechte Handeln eine chaotische Seelenlage widerspiegle und dass also eine ausgeglichene Innerlichkeit gleichsam von selbst Gerechtigkeit und Moralität des Handelns hervorbringe. Seit Kant gilt die Vernunft als Grundlage der menschlichen Moral und nur wer kein vernünftiger Mensch sein will, kann sich dem Gesetz der Vernunft entziehen. Jeder Vernünftige muss nach der Maxime handeln, die zur Maxime für das Handeln aller werden soll.

Die kantische Grundform der Ethik als Beantwortung der Frage, warum wir moralisch und verantwortlich handeln sollen, hat bis zur Gegenwart viele Auslegungen und Variationen gefunden. Dazu gehören, um nur einige Stichworte zu nennen, Programme des Kontraktualismus, die das gemeinsame Leben auf einen ungeschriebenen Vertrag gründen, den jeder Einzelne einzuhalten hat, oder der Utilitarismus, der das menschliche Handeln so anleiten will, dass dessen Nützlichkeit für das eigene wie für das Glück aller am besten gewährleistet ist, und im gleichen Zusammenhang der Konsequenzialismus, demzufolge Handlungen nicht aus sich, sondern aus ihren Folgen zu beurteilen sind, am bekanntesten wohl Hans Jonas, der die Zukunft unserer Enkel als Konsequenz der Moralität unserer Handlungen heute gesehen hat. Allen diesen und vielen ähnlichen Programmen ist gemeinsam, dass es unvernünftig wäre, ihre Grundsätze nicht zu akzeptieren. Aber ebenso wären sie alle mit der Auffassung konfrontiert, die schon bei Platon behandelt wird, dass nämlich dann derjenige am vernünftigsten handelte, der die moralischen Regeln dem Schein nach einhält, sie aber überall verletzt, wo es ihm nützt und wo er das unerkannt tun kann. Hier gilt offenbar die Vernunft als trügerisches Fundament.

Zu den neuzeitlichen Programmen der Moral gehören jedoch in gleicher Weise moderne Fassungen der traditionellen Ethik. Das ist an erster Stelle die Ethik der großen christlichen Konfessionen, die das Handeln an den großen Texten der Tradition – vor allem an den zehn Geboten –

orientiert und das Gewissen der Individuen zum kritischen Maßstab macht. Es gehört aber auch die Schopenhauer'sche Mitleidsethik in diesen Kreis und nicht weniger die Erneuerungen der Tugendethik oder die Versuche, eine Wertethik dem ethischen Formalismus gegenüberzustellen. Allen diesen Programmen ist gemeinsam, dass sie ausdrücklich und für jedes einzelne Mitglied zustimmungsbedürftig sind und deshalb zur Bildung kommunitaristisch organisierter Gruppierungen führen. Freilich können auch sie, wie alle anderen Programme, sich darauf berufen, dass eine Reihe von Regeln unabdingbar ist für jedes menschliche Zusammenleben und dass am Ende selbst eine Räuberbande nur existieren kann, wenn sie in diesem Sinne moralisch ist und die Mitglieder sich verantwortungsvoll verhalten.

Diese neuzeitlichen Programme der Ethik zeigen, wie eine Lebensführung begründet werden kann, die moralisch und verantwortungsvoll genannt sein will. Sie zeigen das vielfältig, höchst unterschiedlich und in großer Zahl. Jeder einzelne Zeitgenosse kann sich jedem einzelnen dieser zeitgenössischen Programme anschließen. Aber ist er dazu gezwungen? Könnte er nicht gegen alle Warnungen und trotz aller möglicherweise damit verbundenen Probleme einfach der Egoist bleiben, der er ist?

Ein besonders hohes Maß an Verantwortung wird dem Arzt zugeschrieben. Der Arzt trägt die Verantwortung für die Gesundheit, für die Krankheit und für die Heilung seiner Patienten. Die normative Selbstverpflichtung zur Wahrnehmung dieser Verantwortung für das Leben anderer Menschen übernimmt der Arzt mit dem Eintritt in seinen Beruf. Diese Verantwortung ist professioneller Natur. Jeder Arzt trägt sie auf gleiche Weise. Verantwortlich ist der Arzt dafür, dass die Standards seiner Wissenschaft eingehalten werden, nicht weniger aber dafür, dass die ethischen Regeln seines beruflichen Handelns nicht verletzt werden. Im Grundbestand dieser Regeln repräsentiert sich die ehrwürdige Tradition der hippokratischen Ethik. Aber heute werden diese Regeln bestenfalls als Regeln mittlerer Reichweite angesehen. Sie bedürfen immer der Auslegung und der Anwendung oder der Fortschreibung und scheinen nicht selten an die Grenzen ihrer Geltung überhaupt zu stoßen. Das ärztliche Handeln ist so komplex und so kompliziert geworden, dass die entscheidende Summe der ärztlichen Ethik sich allein als Verfahrensregel formulieren lässt: Immer soll der Arzt so handeln, dass die Vertrauenswürdigkeit dieses Handelns gewahrt und nicht beschädigt wird. Das Vertrauen, das der Patient dem Arzt entgegenbringt, ist Grundlage für die ärztliche Tätigkeit überhaupt. Man gibt sich nicht in Hände, denen man nicht vertraut oder nicht vertrauen könnte, zumal eben dann, wenn es um Krankheit und Gesundheit geht. Vertrauen ist die Grundlage für das Handeln des Patienten, in gleicher Weise aber auch für das Handeln des Arztes. Ohne diese Grundlage könnte er seinen Beruf nicht ausüben. Deshalb ist die Vertrauenswürdigkeit der Grundwert, in dem alle moralischen Erwägungen der medizinischen Ethik zusammenkommen müssen. Und eben diesen Grundwert muss der Arzt zum Inhalt seiner normativen Selbstverpflichtung machen, wenn er in seinen Beruf eintreten will.

In der neueren Diskussion wird oft die Meinung vertreten, dass im Mittelpunkt der ärztlichen Ethik immer solche Normen stehen müssen, die Verbindlichkeit nicht nur für die Angehörigen des Berufsstandes, sondern ohne Ausnahme für jeden Menschen beanspruchen können. Der Arzt muss sich zur Wahrung der Vertrauenswürdigkeit seines Handelns verpflichten. Das ist plausibel. Aber warum sollte jedermann eine solche Verpflichtung auf sich nehmen? Vielleicht könnte eher umgekehrt gerade aus der Verfassung der medizinischen Ethik eine Antwort auf diese Frage gefunden werden. Sie müsste etwa so lauten: »Ich werde die normative Selbstverpflichtung auf mich nehmen, weil ich mein Leben in dieser Gesellschaft führen will.« Die primäre Entscheidung wäre danach die, in einer bestimmten Gesellschaft leben zu wollen, und die sekundäre Folge wäre die Entscheidung für die geltende Moralität. Die Frage nach Gründen für eine normative Selbstverpflichtung muss also innerhalb ihrer Kontexte gesehen und beantwortet werden. Eine selbstbestimmte Lebensführung ist nicht außerhalb der menschlichen Gemeinschaft möglich, sondern gerade an die Zugehörigkeit zu ihr gebunden. Die Frage, wer ich sein will, woran mir liegt und was ich will im Leben, kann immer nur im Blick auf das menschliche Miteinander beantwortet werden. Reiner Egoismus führt zum Abschied aus der moralischen Gemeinschaft und damit in die Isolation, die die Grundlage dessen zerstört, was eigentlich beabsichtigt war. Die Bereitschaft zu normativer Selbstverpflichtung, zum verantwortlichen Leben und zur Moralität erwächst aus der Zugehörigkeit zur moralischen Gemeinschaft und bleibt an diesen Kontext gebunden.

## 2. Ethik und Pluralismus der Moral

In diesem Sinn sind auch die moderne Gesellschaft und der säkulare Staat eine moralische Gemeinschaft. Und das nicht nur in dem Sinne, in dem der Staat Moral zu denjenigen seiner Voraussetzungen zu zählen pflegt, die er selbst nicht hervorbringen kann. Er mag zwar weltanschaulich neutral sein, aber nicht zuletzt in seinem Rechtsgefüge repräsentieren sich breite moralische Traditionen. Ihnen stimmt zu, wer in diesem Staat als Bürger lebt.

Aber nun haben eben diese Traditionen im Einzelnen unter den Bedingungen der Moderne einen bestimmten Charakter angenommen: Die Bestände der Moral sind im Wesentlichen in den Programmen, in den Richtungen und Gruppierungen zugänglich, die die neuzeitliche Ethik hervorgebracht hat. Die moderne Gesellschaft ist pluralistisch primär durch den Pluralismus der Moral, der gleich ursprünglich ist wie die Moderne selbst. In den Richtungen der Ethik und den Gruppierungen der Moral kommt diese pluralistische Tradition ausdrücklich zur Geltung. Der Pluralismus bringt auch den ethischen Diskurs hervor. Es sind die moralischen Gruppierungen, die ihre Stellungnahmen und Argumente in der Öffentlichkeit vortragen, zumeist mit der Absicht, die eigene Überzeugung gegen die Auffassung anderer zur Geltung zu verhelfen. Wer sich als Einzelner in dieser moralischen Landschaft seiner Verantwortung vergewissern will, findet sich daher für die nähere Orientierung an die Gruppen und Richtungen gewiesen, die im öffentlichen Diskurs von sich reden machen.

Für eigene moralische Intuitionen, die zunächst als ganz persönliche und vielleicht unverwechselbare Stellungnahmen gedacht waren, findet sich stets und alsbald eine moralische Heimat in einer längst etablierten ethischen Richtung oder Institution. Das gilt schon für die Fragen der Alltagsethik und der Alltagsverantwortung. Wenn beispielsweise Eltern Erziehungsfragen oder das überaus komplexe und schwierige Problem des Verhältnisses von Beruf und Familie für den eigenen Lebensstil verantwortlich zu klären und zu institutionalisieren suchen, dann können sie sich an ähnlichen Fällen oder an einer Fülle von einschlägiger Literatur, aber auch an immer wieder aktuellen politischen Debatten oder an einer der unzähligen Beratungsstellen, die für sämtliche Lebensfragen überall zur Verfügung stehen, orientieren. Wie immer sie ihre Probleme zu lösen gedenken – sie akzeptieren dann den argumentativen Kontext derer, die sich auch schon so entschieden haben. Das sind Übereinstimmungen, denen keineswegs immer irgendwelche großen Konsequenzen zugeschrieben werden müssen. Aber sie machen deutlich, dass es einen Solipsismus auf den Gebieten der verantwortlichen Lebensführung nicht geben kann. Die unübergehbare moralische Alltagsverantwortung führt notwendig zu einer vielleicht stillen und nicht immer folgenreichen, oder aber auch zu einer bewussten Art Mitgliedschaft in der Gruppierung, deren Überzeugungen man teilt – nicht selten wohl auch ohne nähere Kenntnis oder Information über solche Zusammenhänge und Inhalte. So gesehen gibt es sogar unter evangelischen Theologen Mitglieder der katholischen Kirche und umgekehrt.

In der säkularen Gesellschaft liegt die Herrschaft über den moralischen Diskurs bei den Richtungen oder Institutionen, in denen die derzeit anerkannten und diskursfähigen Positionen vertreten werden. Diese Verhältnisse sind Ausdruck des Sachverhalts, dass moralische Urteile nicht eindeutig sind und dass in den meisten Fragen der Ethik unterschiedliche Auffassungen zur Geltung gebracht werden. Den Argumentationen, mit denen diese verschiedenen moralischen Positionen öffentlich dargestellt werden, sind zwei Tendenzen gemeinsam: Zunächst sind sie verbunden mit dem Willen, sich für das eigene Urteil allgemeine Geltung zu verschaffen. Das liegt im Wesen des moralischen Urteils selbst: Was ich moralisch für richtig halte, sollte jedermann für richtig halten. Entsprechend ist denn auch der Nachweis der Universalisierbarkeit ein regelmäßiges Thema der philosophischen Erörterungen in der Ausarbeitung der moralischen Position. Sodann gehört es zu den Tendenzen der Argumentation, die einzelne moralische Frage in einem möglichst weiten Rahmen zu behandeln und sie im Zusammenhang mit anderen Problemen oder Themenkreisen zu diskutieren. Auf diese Weise bildet sich ein mehr oder weniger umfassender Kontext, der am Ende mit einigem Recht als Weltanschauung bezeichnet werden kann. Es darf auch bezweifelt werden, dass es eine begründete Antwort auf eine einzelne moralische Frage gibt, die nicht im Zusammenhang mit einer solchen Weltanschauung stünde.

Dem Pluralismus der Moral entspricht der Pluralismus der Weltanschauungen. Die vollkommen berechtigte, individuelle moralische Intuition im Einzelfall, die sich als Überzeugung in einer ganz bestimmten Frage äußert, etwa in der moralischen Ablehnung der transgenen Tomate, verstärkt damit eine bestimmte Richtung und also ganz bestimmte Einstellungen zur biologischen Wissenschaft und Technik überhaupt, zu deren Rolle in der Kultur und ihrer Bewertung für das menschliche Leben und seine Zukunft. Wie jede moralische Intuition stellt sich auch die einfachste Wahrnehmung von Aufgaben alltäglicher Verantwortung durch ihren Inhalt in den größeren Zusammenhang von weltanschaulichen Programmen.

Das gilt umso mehr für den Fall normativer Selbstverpflichtungen, also für die Übernahme von besonderer Verantwortung. Schon die Verantwortung selbst, vor allem aber die Frage, wie und mit welchen Zielen sie wahrgenommen werden soll, stellt den Verantwortlichen in den Zusammenhang weltanschaulicher Richtungen. Man kann nicht Lehrer sein ohne eine Weltanschauung, denn der Lehrer oder die Lehrerin braucht ein Konzept von Bildungszielen, und Bildungsziele waren immer schon der exemplarische Fall und das bevorzugte Feld für die Expression alter und neuer Weltanschauungen. Es sind gerade die Bedingungen des Pluralismus in der modernen Gesellschaft, die diesen Zusammenhang hervortreten lassen. Der Streit der Weltanschauungen und die moralischen Kontroversen führen dort, wo Verantwortung explizit übernommen werden soll, zu weltanschaulichen Stellungnahmen und moralischen Bekenntnissen – auch wenn das nicht als öffentlicher Akt hervorgehoben werden muss. Derjenige jedenfalls, der von Berufs wegen oder aus anderen Gründen eine normative Selbstverpflichtung eingeht, kann nicht umhin, sich in den moralischen und weltanschaulichen Kontexten und Umkreisen zu orientieren und die eigene Stellung darin möglichst genau zu bestimmen. Er wird es dann auch nicht vermeiden können und nicht vermeiden wollen, seine eigenen Überzeugungen und damit seine weltanschauliche und moralische Position zu erklären.

Ein besonders anschauliches Beispiel für die weltanschauliche und die ethische Begründung von Verantwortung und von Handlungslegitimationen bietet der Disput über die ganz spezielle, aber gleichwohl höchst aktuelle Frage nach dem Schutz menschlicher Embryonen im Zusammenhang mit der Forschung an embryonalen Zellen. In der bisherigen Debatte sind vor allem drei unterschiedliche Positionen hervorgetreten:

1. Der absolute Embryonenschutz soll jeden Eingriff nach der Kernverschmelzung der befruchteten menschlichen Eizelle verhindern. Dafür sind drei Grundsätze von Bedeutung:

- das für jeden Menschen gültige Recht auf die Unantastbarkeit seines Lebens,
- die Gleichbewertung von »menschlichem Leben« von der befruchteten Eizelle an mit dem Leben der menschlichen Person,

– die Annahme einer jede Differenzierung ausschließenden Kontinuität der Entwicklung von der Befruchtung der Eizelle bis zur Geburt.

Aus der Abwägung dieser Grundsätze folgt zunächst die Forderung nach absolutem Schutz, sodann aber auch die nach einem Verbot weiterer Abwägungen gegenüber anderen Werten, Grundsätzen und Interessen.

Hier verbinden sich biologische Annahmen mit moralischen Bewertungen zu einer besonderen Einheit. Der weltanschauliche Rahmen dieser Position ist bekannt genug: Es ist zunächst eine bestimmte Richtung der katholischen Lehre, auf die Bezug genommen wird, es ist aber dann auch eine kulturkritische und wissenschaftsskeptische Einstellung aus ganz verschiedenen politischen und weltanschaulichen Kontexten, die ihr Grundinteresse nicht zuletzt in Rubikon- oder Dammbruch-Argumenten zum Ausdruck bringt. Es ist die Absicht, wissenschaftlich-technische Entwicklungen zu begrenzen und zu kontrollieren, die sich hier aus vielen weltanschaulichen Teilaspekten zu einer gemeinsamen Basis zusammenfügt.

2. Im ausdrücklichen Gegensatz dazu wird die Auffassung vertreten, dass die embryonale Entwicklung Stadien durchläuft, die unterschiedlich zu bewerten sind, und dass der Unantastbarkeitsgrundsatz, der für die menschliche Person gilt, in den Entwicklungsstadien differenziert anzuwenden ist. Für die Einteilung dieser Stadien werden verschiedene Kriterien diskutiert. Eine entscheidende Rolle spielt im Ganzen die Absicht, medizinische Forschung und ärztliche Interventionen in frühen Entwicklungsstadien zu legitimieren. Dabei sind zwei Grundsätze von Bedeutung:

- die Pflicht, Leiden zu lindern,
- die Bewertung der medizinischen Wissenschaft als Instrument der ärztlichen Hilfeleistung.

In den Abwägungen hier wird diesen Grundsätzen mehr Gewicht beigelegt als den Schutzbedürfnissen früher embryonaler Entwicklungsstadien. Dabei wird darauf hingewiesen, dass der Schutz des menschlichen Lebens nirgendwo völlig unterschiedslos vertreten werden kann. So werde niemand tatsächlich als Mörder bezeichnet oder behandelt, der eine befruchtete Eizelle vernichtet. Bei Verletzungen des Lebensschutzes in frühen Embryonalstadien könne entsprechend von einer »Schädigung« anderer allenfalls in einem symbolischen Sinn gesprochen werden.

Der weltanschauliche Kontext dieser Position und ihrer Argumente ist die Kultur der wissenschaftlich-technischen Zivilisation. Vielfach wird hier der Fortschritt auch auf dem Gebiet der Humanität von sachgemäßer Verantwortung für die Wissenschaft erwartet, und dadurch bestimmt sich auch die Rolle der Moral und die Bewertung der eigenen moralischen Argumente gegenüber anderen Grundsätzen.

3. Als Vermittlung oder als mittlere Lösung zwischen den gegensätzlichen Positionen kann die Auffassung angesehen werden, nach der der volle Schutz des Embryos mit der Nidation beginnen soll. Hier kann man sich auf die Übereinstimmung mit den Regelungen zum Schwangerschaftsabbruch berufen. Die Nidation kann als deutlicher Einschnitt in der embryonalen Entwicklungsgeschichte verstanden werden und zwar auf Grund der biologischen Sachverhalte, die damit erfasst sind: Nicht jede befruchtete Eizelle, sondern erst die zur Nidation gelangte, würde dann als Embryo zu gelten haben. Man kann diese Auffassung als den Versuch

ansehen, die Grundsätze des absoluten Lebensschutzes mit denen der ärztlichen Ethik zu verbinden. Es ist von beiden Seiten aus gesehen ein Kompromiss. Damit ist auch der weltanschauliche Hintergrund angedeutet. Der Kompromiss macht den Versuch, den Respekt für Gesinnungen mit dem für praktische Verantwortungen zu verbinden. Hier entzieht sich das weltanschauliche Milieu einfachen Kennzeichnungen. Aber es lässt sich wohl sagen, dass hier weniger die Durchsetzung eines eigenen Programms im Vordergrund steht als vielmehr die Hoffnung auf gemeinsame Lösungen.

Diese drei Positionen prägen die öffentlichen Debatten in medizinischen Einzelfragen so gut wie in den Auseinandersetzungen über die Bioethik überhaupt. In ihnen zeigt sich exemplarisch nicht nur der Pluralismus, sondern auch der Streit, der unausweichlich mit ihm verbunden ist. Moralische Disputationen kommen dann zum Abschluss, wenn ein Konsens gefunden ist. Aber ein Konsens ist in den aktuellen bioethischen Fragen nicht in Sicht und nicht zu erwarten. Der Mangel an Kompromissbereitschaft könnte kaum größer sein. Muss aber in einer Sache um der öffentlichen Handlungsfähigkeit willen eine Lösung auch ohne Konsens gefunden werden, so wird die Frage politisch entschieden, und das heißt: mit einfacher Mehrheit. Es heißt aber auch, dass diese Sache insoweit dem Bürger und der Bürgerin aus der Hand genommen wird. Das ist immer ein Verlust an Freiheit – auch an Freiheit der Wissenschaft – und es wird nötig sein, diesen Verlust plausibel zu begründen.

Aber die Debatten der pluralistischen Moral sind durch Gesetze nicht zu beenden. Niemand hätte dafür ein autoritatives Deutungsmonopol. Der Fortgang der Debatten – alle gesetzlichen Regelungen eingeschlossen – wird vielmehr als das genommen werden müssen, was er zum Ausdruck bringt: die Ethik in der modernen Gesellschaft. Denn gerade in den Debatten über Verantwortung wird Verantwortung wahrgenommen und zwar offenkundig überall aus weltanschaulicher Überzeugung. Die überaus differenzierte und komplexe Lage, in der die Debatten geführt werden, lässt sich gewiss nicht durch einfache Formeln auflösen. Aber es ist vielleicht nicht ganz ausgeschlossen, dass das Grundmotiv gerade der bioethischen Debatten von einer einzigen, aber unversöhnlichen Alternative gebildet wird: von dem überall wirksamen Widerspruch zwischen der Ehrfurcht vor Grundsätzen und der Sorge fürs praktische Leben, zwischen Gesinnung und Verantwortung.

## 3. Kompromiss als Figur evangelischer Ethik

Der evangelischen Ethik ist der Pluralismus in zwei Kontexten vorgegeben, die unterschieden werden müssen. Das ist einmal der Zusammenhang der evangelischen Ethik selbst, in dem sich der evangelische Pluralismus zum Ausdruck bringt. Das ist sodann der Kontext der modernen Gesellschaft überhaupt, in dem wiederum die evangelische Ethik ein (wenn auch in sich differenziertes) Programm unter anderen bildet. Die Ethik muss daher in zwei Richtungen expliziert werden: einmal nach innen, auf den eigenen Kontext bezogen, und dann nach außen, im Blick auf den moralischen Pluralismus der Gegenwart im Ganzen. Der Vergleich beider Kontexte wird in beträchtlichem Umfang Wiederholungen und Übereinstimmungen erkennen lassen: Viele Positionen der evangelischen Ethik werden auch auf anderen weltanschaulichen Feldern vertreten. Gleichwohl müssen die Zusammenhänge unterschieden werden: Die interne Diskussion dient der Förderung ethischer Theorie und Praxis auf dem Boden der gemeinsamen evangelischen Tradition; die externen Debatten müssen im weltanschaulich komplexen Kreis den evangelischen Standpunkt zur Geltung bringen.

Der interne Pluralismus der evangelischen Ethik verdankt sich den Grundsätzen der reformatorischen Theologie: Die Freiheit zu eigenen, von üblichen abweichenden oder besonderen Standpunkten ist immer schon als Kennzeichen des Protestantismus angesehen worden. Denn nur in wenigen Fragen hat die protestantische Tradition Eindeutigkeit oder gar Einstimmigkeit verlangt: in den Grundfragen des Glaubens, mit denen die Kirche steht oder fällt. Fragen der Lebensform und der Weltgestaltung – und also die meisten Themen der Ethik – gehören nicht dazu. Selbst bei den außerordentlich schwerwiegenden Auseinandersetzungen über den Bestand der Monarchie und über die Rolle der Kirche bei der Demokratisierung der Gesellschaft hat man sich zwar in allen Lagern und für alle Positionen direkt auf das Gebot Gottes oder auf Gottes Wort berufen, aber nur ganz selten ist einem theologischen oder politischen Gegner die Zugehörigkeit zur Kirche oder gar zum Christentum abgesprochen worden. In diesem Sinn würde der Pluralismus zu Recht das »Markenzeichen« des Protestantismus genannt werden können. Denn Pluralismus ist der Name für den Diskurs, der individuellen moralischen Intuitionen ihre Freiheit lässt und der zwischen solchen unterschiedlichen oder gegensätzlichen Auffassungen auch deshalb geführt werden kann, weil sie sich (gemeinsam) als Auslegung der evangelischen Überlieferung verstehen und diesen Anspruch auf dem Niveau gemeinsamer Reflexion in Argumenten zur Geltung bringen.

Deshalb kann sich jede noch so zufällige Meinung auf dem Feld der evangelischen Ethik zunächst auf diesen Pluralismus berufen, nicht zuletzt auch deshalb, weil moralische Überzeugungen einzelner Christen in der evangelischen Kirche nicht verboten werden können. Sie können allerdings auch nicht erwarten, ohne weiteres als gleichberechtigte Stimme im Diskurs oder gar als Stimme der Kirche selbst anerkannt zu werden. Die Teilnahme am Diskurs setzt voraus, dass die Überzeugung mit Argumenten begründet wird und dass sie sich mit diesen Gründen als ein bestimmter Aspekt des ganzen Themas, zu dem sie Stellung nimmt, ausweist.

Diese Aufgabe der Ethik ist also vor allem geprägt durch die Ausarbeitung der eigenen ethischen Position. Sie wäre auch dann sinnvoll, wenn es andere Positionen und deren Ausarbeitungen nicht gäbe. Indessen ist die zweite Aufgabe der Ethik durch den Pluralismus selbst gestellt: Sie gilt der Verständigung im Rahmen der weiteren, um die moralische Deutungshoheit konkurrierenden ethischen Programme. Sie gilt der Ortsbestimmung im pluralistischen Kontext und deshalb zunächst der Wahrnehmung von Differenzen und Übereinstimmungen. Darauf jedoch kann sich diese Aufgabe nicht beschränken. Die Beschränkung führte dahin, das Verhältnis zu anderen Positionen allein als unfreiwillige Toleranz zu verstehen. In der erzwungenen Duldung selbst aber repräsentiert sich keine moralische Position. Sie enthält vielmehr gegenüber den Verhältnissen, die diese Duldung erzwingen, den Vorwurf der Unmoral, erhebt damit für sich selbst den Anspruch des Absoluten und verweigert sich der Einsicht in die unvermeidlichen Relativitäten, Probleme und Grenzen der eigenen Position. Deshalb geht die Aufgabe der Verständigung deutlich über die Wahrnehmung von Differenzen und Übereinstimmungen hinaus. Ziel und Absicht dieser Aufgabe ist vielmehr der Kompromiss, denn der Kompromiss ist die Moral des Pluralismus.

Der ethische Sinn der Vielfalt moralischer Intuitionen

und unterschiedlicher Überzeugungen liegt im Appell zur Verständigung. Dafür ist in der evangelischen Ethik durch die gemeinsame Beziehung auf die evangelische Tradition die wesentliche Voraussetzung gegeben. Der Pluralismus ist nicht unendlich. Die individuelle Besonderheit der einzelnen ethischen Position nimmt sich selbst wahr als Auslegung dessen, was sie mit anderen teilt. In dieser Einsicht ist die prinzipielle Anerkennung abweichender Überzeugungen notwendig begründet. Zugleich wird damit der in der Natur des Moralischen liegende Anspruch auf Alleingültigkeit begrenzt. Diejenige ethische Stellungnahme, die sich auf die evangelische Tradition beruft, ist grundsätzlich kompromissfähig.

Der Kompromiss ist die ethische Figur zum Umgang mit den unübergehbaren Rechten, Interessen, Ansprüchen oder Stellungnahmen anderer. Mit der Einführung des Kompromisses bemüht sich die Ethik darum, im Fall des Konflikts auf einseitige und rücksichtslose Entscheidungen zu verzichten. Sie überträgt damit die Verantwortung auf alle Beteiligten und mutet ihnen die selbständige Wahrnehmung dieser Verantwortung zu. Bei kompromisslosen und eindeutigen Entscheidungen ist jeder, der sich ihnen beugt, von der Verantwortung für ihre Gültigkeit dispensiert. Diese Verantwortung ist an die Autorität delegiert. Doch der Kompromiss dient nicht allein der Verantwortung aller durch die Vermittlung zwischen widersprüchlichen Überzeugungen. Der Kompromiss ist auch das entscheidende Instrument zur moralischen Bewältigung neuer Einsichten und Erkenntnisse. Im Kompromiss konstituiert sich der Zusammenhang der ethischen Tradition mit den notwendigen ethischen Stellungnahmen zu solchen Fragen, die es bisher noch nicht gab.

Die Forderung nach Kompromissfähigkeit und Kompromissbereitschaft muss dann auch als eines der wesentlichen Themen bezeichnet werden, die die evangelische Ethik im Kontext des allgemeinen neuzeitlichen Pluralismus zur Geltung zu bringen hat. Es ist jedenfalls evangelisch, Rücksicht auf andere Überzeugungen zu nehmen und niemandem das Recht auf Selbstverantwortung abzusprechen. Allerdings dürfte es schwierig sein, in diesem Rahmen gemeinsame ethische Traditionen oder die Zustimmung zu ihnen so zu bezeichnen, dass sie einen Kompromiss zu tragen vermögen. Zweifellos wird sich in vielen Einzelfragen – nicht nur in der Bioethik – als Quelle der Widersprüche und der pluralistischen Differenzierungen der Gegensatz von Gesinnungsethik und Verantwortungsethik identifizieren lassen. Max Weber hat es als einen abgrundtiefen Gegensatz bezeichnet, ob man unter der gesinnungsethischen Maxime handelt oder unter der verantwortungsethischen. Er hat indessen wenig später auch gesagt, dass es sich gerade nicht um absolute und also unversöhnliche Gegensätze handelt, sondern um Ergänzungen, die – wohl »idealtypisch« – zusammengeführt werden müssten. Genau das ist ein Kompromiss. In der evangelischen Ethik jedenfalls hat beides seinen Ort: die Ehrfurcht vor Grundsätzen und die Sorge fürs praktische Leben.

# 2. *Ärztliche Ethik*

# Ärztliche Ethik in anthropologischer Sicht

»Jede Zeit findet ihr erlösendes Wort.« Mit diesem Satz begann Helmuth Plessner vor mehr als fünf Jahrzehnten das philosophische Werk, das, gemeinsam mit anderen, eine neue Epoche im Selbstverständnis und in der Selbstauslegung der Kultur eröffnete. Wie die Terminologie des 18. Jahrhunderts im Begriff der Vernunft kulminierte, so die des 19. in dem der Entwicklung. Plessner hat das »Leben« das erlösende Wort unserer Zeit genannt. Wer aber das Leben zum Thema macht, hat es mit dem Menschen zu tun. Es war nur konsequent, dass Plessner sein Werk als »philosophische Anthropologie« bezeichnet hat. Damit war ein Begriff erneuert worden, der über lange Zeit ein Schattendasein am Rande der kulturellen Aufmerksamkeit geführt hatte. Ursprünglich ist Anthropologie ein Wort aus der medizinischen Fachsprache. Der Leipziger Arzt Magnus Hundt hat es im Titel seines 1501 erschienenen Buches verwendet. Danach ist der Begriff in einer wechselvollen Geschichte zwischen Medizin und Philosophie vielfältig verwandelt und gedeutet worden, bis er im 19. Jahrhundert zum Namen einer Wissenschaft schrumpfte, die am besten als »menschliche Vermessungskunde« bezeichnet wird. Die Philosophie unserer Zeit hat den Begriff aufgenommen, um ihm einen neuen Sinn zu geben. Anthropologie soll diejenige Wissenschaft sein, die die Schlüsselworte der Gegenwart auslegt.

Damit wird Anthropologie zum Programm, und zwar

zum Programm der Bewegung, die sich auf den Menschen in Person als eines ungeteilten und unteilbaren Ganzen zu besinnen unternahm. Sie tat das angesichts einer kaum noch überschaubaren Fülle von Einzelwissenschaften, die, umgekehrt, immer folgenreicher darin fortschritt, das Leben und den Menschen in ihre Bestandteile zu zerlegen und sie nicht selten darin aufzulösen. »Erlösend« – sagt Plessner – »wirkt ein Wort nur, wenn die Zeit sich zugleich in ihm ihre Rechtfertigung und ihr Gericht spricht.« Deshalb ist Anthropologie zunächst das Programm der Kritik, und zwar der Kritik an absolutistischen und totalitären wissenschaftlichen Disziplinen, die nach der Formel verfahren: »Der Mensch ist ausschließlich dies oder das . . .«, und die diesen Menschen damit zum Substrat allein der Biologie oder der Verhaltensforschung oder der Verhältnisse machen wollen. Es kann keine Rede davon sein, dass ein demgegenüber kritisches Bewusstsein inzwischen allgemeingültig geworden wäre. Solche Art, Wissenschaft zu ideologisieren, gibt es nach wie vor, und es gibt sie auch im Rahmen der Medizin. Dann aber ist Anthropologie ein konstruktives Programm, das Programm einer umfassenden Integration. Es sollte nie heißen, dass die Resultate der Einzelwissenschaften negiert und übergangen werden dürften. Von ihrer ersten Stunde an galt diese Anthropologie der Zusammenfassung eines zerstückelten Menschenbildes, dessen Teile nicht verloren, sondern auf neue Weise aufgehoben werden sollten. Der Kölner Philosoph Max Scheler, einer der bedeutendsten Wortführer dieser programmatischen Anthropologie, hat es als deren Ziel bezeichnet, »auf der Grundlage der gewaltigen Schätze des Einzelwissens, welche die verschiedenen Wissenschaften vom Menschen erarbeitet haben, eine neue Form seines Selbstbewußtseins und seiner Selbstanschauung zu entwickeln«.

Schlüsselwort für eine ärztliche Ethik in anthropologischer Sicht ist deshalb zuerst der »ganze Mensch«, der *homo totus* in der besonderen Situation des *homo patiens*, nicht in der methodisch begrenzten Hinsicht einer bestimmten Wissenschaft, sondern als das Ensemble aller humanwissenschaftlichen Gegenstände, als die konkrete Summe der einzelnen Perspektiven und mehr als dies zugleich. Der »ganze Mensch« in dieser Ethik ist der tatsächliche, einzelne und unverwechselbare Andere, den der Arzt als sein Gegenüber und als seine Aufgabe vorfindet. Freilich vermag dieser Patient nicht von sich aus die eigene Integrität als »ganzer Mensch« hervorzubringen und zu erhalten. Er ist verletzlich. Was ihn zum Patienten macht, das macht ihn in eins damit zu einer Funktion der ärztlichen Zuwendung und zum schlechthin passiven Objekt jeder möglichen Reduktion seiner Humanität. Dann bleibt er nur für sich selbst, der er ist. Er kann, am Ende, auf das eingegrenzt werden, was etwa Radiologie und Ultraschall von ihm sichtbar werden lassen. Aber in dem Maße, in dem der anthropologische Horizont verengt wird, reduziert sich ärztliche Tätigkeit auf eine eindimensionale Technologie, die in nicht wenigen Fällen genau das verhindert, was sie erreichen will: die Heilung des kranken Menschen.

Ärztliche Ethik in anthropologischer Sicht hat daher ihr grundlegendes Thema in der Beziehung zwischen *Arzt und Patient*. Die Transformation der von Scheler formulierten Einsichten und Aufgaben in die ethische Begründung des ärztlichen Handelns ist nicht allein von der anthropologischen Vernunft, sondern auch von der ärztlichen Situation gefordert. Das Verhältnis zwischen Patient und Arzt hat die ärztliche Ethik direkt oder indirekt immer schon beschäftigt. Aber es erschien als ein Komplex unter mehreren und ähnlichen. Im Zusammenhang der Anthropologie dagegen gewinnt dieses Thema eine zentrale Bedeutung.

Sofern das Arzt-Patienten-Verhältnis nach dem Vorbild des erkennenden Subjekts einerseits und des zu erkennenden Objekts andererseits verstanden wird, bietet dieses Verständnis selbst kaum große Probleme. Geht man jedoch von der Mehrdimensionalität dieser Beziehung und von der Absicht aus, den »ganzen Menschen« einzuschließen, dann wird diese Beziehung zum eigenen und ursprünglichen Teil der ärztlichen Aufgabe selbst. Der kranke Mensch besteht für diese Perspektive nicht allein in dem, was die exakte Wissenschaft von ihm sichtbar zu machen vermag. Zu seinen körperlichen Erscheinungen gehören untrennbar seine psychische Konstellation und seine geistige Eigenart hinzu, seine Umgebung, seine Beziehungen zu anderen Menschen, seine Erfahrungen, Empfindungen und Urteile, mit einem Wort: er und die Welt, in der er lebt. Aber auch mit dem Versuch, die Situation des kranken Menschen zu erfassen, ist noch nicht alles aufgenommen, was hier nötig ist: Auch die Voraussetzungen und Bedingungen dieser Situation gehören hinzu, die Stadien und Epochen ihrer Vergangenheit – die Situation des Kranken ist ein Teil seiner Lebensgeschichte, und darin erst ist der umfassende Zusammenhang gefunden, in dem auch die aktuelle Krankheit ihren Ort hat. Im Rahmen dieser Ethik ist »Krankheit« ein biographischer Begriff. Die Rolle, die die Krankheit im Leben eines Menschen spielt, ist von dieser Krankheit selbst, wie sie sich in Symptomen darstellt, nicht zu unterscheiden. Im Eingehen auf diesen Zusammenhang beginnt die Mehrdimensionalität der ärztlichen Aufgabe.

Nun kann diese Aufgabe in der Tat sehr verschieden wahrgenommen werden. Aber so wenig die Geltung ärztlicher Ethik überhaupt von bloßer Willkür und Beliebigkeit abhängig gemacht werden kann, so wenig ist ärztliche Ethik im Rahmen der Anthropologie purer Luxus. Die Gültigkeit ihrer Einsicht wird nicht dadurch zweifelhaft, dass die Praxis ihr nicht gerecht wird und ihr nicht entspricht. Dafür braucht man nur auf ein einfaches Beispiel zu verweisen: Die bedrohliche und beängstigende Situation im Berufsleben eines Patienten ist bekanntlich nicht selten die pathogene Ausgangslage für die Entwicklung von Herzbeschwerden – dieser lebensgeschichtliche Zusammenhang bleibt völlig unberührt von der Frage, ob er bei der Anamnese zur Sprache kommt oder nicht. Die Konstellation wird sich erhalten, solange an ihren Gründen und Entstehungsbedingungen nichts verändert wird. Dabei muss die Rolle der Krankheit nicht einmal nur negativ eingeschätzt werden:

Sie ist nicht allein Ausdruck für die Verengung der Lebensmöglichkeiten und für die Zukunfts- und Lebensängste, sondern zugleich ein Mittel und ein Instrument, mit den chaotischen und bedrohlichen Mächten durch Distanz und Rückzug umzugehen. So sehr die Krankheit auf der einen Seite das Leben bedroht, so deutlich ist auf der anderen ihre Rolle im Lebensprozess selbst, in dem sie neue Schritte erzwingt.

Diese Situation also besteht unabhängig von der Aufmerksamkeit, die für sie aufgebracht wird oder aufgebracht werden kann. Aber die Phänomenologie des Arzt-Patienten-Verhältnisses lehrt, dass dieses Verhältnis komplizierter ist und weiter reicht, als das äußere Bild oder auch die begrenzten Absichten des Arztes vermuten lassen. In dem Augenblick, in dem eine solche Beziehung zu einem Patienten besteht, beginnt der Arzt seine Wirksamkeit, deren Folgen tief in die Biographie des Patienten hineinreichen.

Das liegt auf der Hand bei allen größeren Eingriffen, die das Leben des Kranken verändern und in neue und zumeist engere Bahnen leiten. Es gilt aber schon für die Diagnose. Mit der Benennung einer Krankheit tritt der Arzt gleichsam in das Leben des Patienten ein, und er spielt darin auch dann eine wichtige Rolle, wenn er Untersuchung und Behandlung längst vergessen hat. Auch diese Funktion ist leicht greifbar im Blick etwa auf die großen und eindeutig malignen Diagnosen. In einem solchen Fall wird der Arzt zum Partner und zum Weggefährten im finalen Abschnitt einer Lebensgeschichte, unabhängig davon, ob er selbst das wollte. Das sind die Aufgaben, an denen sich die Persönlichkeit des Arztes bewährt und in denen, unverändert und unberührt von allen Wandlungen der Wissenschaft, allein die Kraft der Humanität zählt – eine »ärztliche Leistung« im Übrigen, die weder in den absonderlichen Fragebögen der ärztlichen Prüfung noch in den Katalogen der Krankenkassen auftaucht. In der Tat: Ein Gesundheitswesen, das diese Aufgaben nicht zählt, steckt tief in einer Krise.

Es wäre aber, gerade im Blick auf weniger schwere Diagnosen, eine Untersuchung wert, ihre Folgen für die Lebensgeschichte des Patienten darzustellen. Ist eine »bloß funktionale« Krankheit wirklich eine Krankheit? Der Zweifel des Arztes an der seriösen Natur der Klagen überträgt sich auf den Patienten als Frage an den Wert, an die Redlichkeit und die Solidität seines Charakters. Möglicherweise ist der Defekt, den er deshalb am Ende mit nach Hause nimmt, größer und folgenreicher für seine Biographie, als es die Symptome waren, die ihn in die Sprechstunde führten. Aber der Arzt ist seinerseits in einer kaum lösbaren Aporie. Für nebulose Lebensschmerzen ohne greifbaren Befund ist er nach Meinung seiner Wissenschaft nicht zuständig. Soll er jedoch einem solchen Patienten wünschen, dass seine Klagen sich in eine handfeste organische Störung verwandeln? Soll die Medizin, aufs Ganze gesehen, die Menschen nach und nach dazu erziehen, dass sie Lebensprobleme in organische Krankheiten zu transferieren lernen, damit sie die

Gratifikationen in Anspruch nehmen können, die das Gesundheitswesen dafür bereithält? Wenn aber Lebensfragen und Lebensschmerzen sollen bleiben können, was sie sind: Wer wäre dann für sie zuständig? Kein Zweifel: Für den Patienten sind diese Perspektiven sämtlich in die Beziehung eingeschlossen, die er dem Arzt entgegenbringt. Für den Arzt ist es deshalb nicht die Frage, ob, sondern allein wie er diese Beziehung wahrnimmt. Auch die Verweigerung der Zuständigkeit und das Versagen der Zuwendung sind eine Weise des Umgangs mit ihr – vermutlich eine sehr häufige und zugleich sehr effektvolle Weise. Aber auch dadurch löst sich die faktische Mehrdimensionalität des Arzt-Patienten-Verhältnisses nicht auf. Der Kranke bleibt als ganzer Mensch im Spiel – wie immer man ihn behandelt.

Die Ethik hat hier eine doppelte Aufgabe. Sie hat zuerst zu beschreiben. Sie hat aufzudecken, welche Tatsachen und Gegebenheiten die Verhältnisse bestimmen, damit das Handeln nicht blind und bewusstlos geschieht. So verstanden ist Ethik Aufklärung über das, was ist. Dann aber hat die Ethik zu formulieren, was sein sollte. Sie muss angeben, welches Handeln das Gute oder zumindest das Bessere ist. An dieser Stelle aber ergibt sich ein Widerspruch und eine Differenz. Die Erwartungen an die Ethik gehen dahin, dass sie möglichst detailliert und präzise zum Ausdruck bringt, wie dieses Handeln beschaffen sein muss, dass sie Entscheidungsgründe für Alternativen bereitlegt und im Ganzen für einen Normenkatalog sorgt, der der Tätigkeit für jeden Schritt eine feste und eindeutige Orientierung verleiht. Aus den Texten der ärztlichen Ethik aber ergibt sich ein ganz anderes Bild. Von ihren ersten abendländischen Dokumenten an bis zu den jüngsten Deklarationen beschränkt oder konzentriert sich diese Ethik auf die Formulierung ihrer Grundsätze und Prinzipien. Einzelfragen kommen hier nur sehr selten und am Rande zu Wort, und Normenkataloge, die das ärztliche Handeln im konkreten Fall von vornherein festlegten, gibt es gar nicht. Und das hat gute Gründe.

Wichtig ist zunächst, dass sich die Ethik nicht an den zufälligen Stand der Wissenschaft binden kann. Wenn dem ärztlichen Handeln genaue und einzelne Vorschriften gemacht werden sollten, dann müsste dafür das den Maßstab abgeben, was in der Wissenschaft gerade gilt. Dabei aber ist morgen schon überholt, was heute noch felsenfest zu stehen scheint. Noch wichtiger freilich ist es, dass die ärztliche Ethik mehr und anderes ist als die private Moral der Ärzte. Solche Ethik ist immer das Dokument einer ganzen Kultur. In ihr wird zum Ausdruck gebracht, nach welchen Grundsätzen und Zielen eine Gesellschaft den Umgang mit Krankheit und Leiden geregelt und geordnet wissen will. Hier werden die gemeinsamen Grundsätze niedergelegt und an bestimmte Berufsgruppen zur Durchführung delegiert. Aber es müssen gemeinsame Grundsätze bleiben. Es hat böse Folgen, wenn Bestimmungen für die ärztliche Ethik zum Streitfall zwischen gesellschaftlichen Gruppen gemacht werden. Wir haben aus jüngster Zeit dafür Beispiele genug.

Vor allem aber muss die ärztliche Ethik auf die Ausarbeitung kasuistischer Normen verzichten, um die Individualität des konkreten Ermessens- und Entscheidungsfalles nicht zu gefährden. Nichts wäre schlimmer, als wenn der Arzt gezwungen würde, in jeder vergleichbaren Situation dasselbe zu tun. Es ist die fundamentale Aufgabe der humanen Ethik, den Einzelfall des ärztlichen Handelns und damit Unterschiede, Akzente und jede nötige Differenzierung zu ermöglichen. Persönliche Verantwortung des Arztes und individuelle Situation des Kranken entsprechen einander. Die ärztliche Ethik kann nicht die Funktion haben, die Verantwortung des Arztes zu ersetzen. Sie soll diese Verantwortung vielmehr begründen. Unter diesem Aspekt betrachtet, ist jede ärztliche Ethik eine Ethik in anthropologischer Sicht.

Besonders ausdrücklich freilich werden diese Zusammenhänge dort, wo im Verhältnis zwischen Arzt und Patient der Kranke als ganzer Mensch verstanden wird. Für dieses Verhältnis, das den Patienten mit dem Arzt verbindet, steht der Begriff »Vertrauen«. Dieses Vertrauen ist durch nichts zu ersetzen. Es gibt zu ihm schlechterdings keine Alternative. Ein einfacher Grund dafür liegt darin, dass jede Erkrankung – zumindest tendenziell – Grundverhältnisse menschlichen Lebens berührt, und Grundverhältnisse sind immer Vertrauensverhältnisse. Eine Krankheitsfrage hat immer etwas von einer Grundfrage des Lebens, weil sie das Leben in Frage stellt, auch wenn es nur eingeschränkt und verengt wird. In solchen Fällen nützt auch der Beruf wenig: Im eigenen Krankheitsfall wird jeder Arzt zum Patienten im vollen Sinne des Wortes. Grundfragen des menschlichen Lebens aber sind Vertrauensfragen. Diese elementaren anthropologischen Einsichten sollten ausreichen, um die abwegigen Versuche zu unterbinden, die hier und da das Vertrauen durch Kontrolle ersetzen wollen. Der anthropologische Rang der Arzt-Patienten-Beziehung schließt Objektivierungen ebenso aus wie Mechanisierungen und ein rein technisches Verständnis. Es ist erstaunlich, dass sich an dieser Stelle politische Ideologien einerseits und naturwissenschaftliche Ideologisierungen andererseits bis zur Übereinstimmung begegnen. Wer das Verhältnis zum Patienten allein der Elektronik überantworten will, der verkennt dieses Verhältnis genauso wie der, der seine totale Kontrollierbarkeit und Transparenz fordert. Die Humanität ist in diesem Verhältnis nicht bloße Beigabe, auf die auch verzichtet werden könnte. In ihr besteht dieses Verhältnis selbst.

Freilich ist dieses Vertrauen in der jüngsten Geschichte

der Medizin gewissen Veränderungen seiner Konstitution ausgesetzt gewesen. Vor noch nicht langer Zeit stand im Vordergrund der Beziehungen zum Arzt dasjenige Vertrauen, das erst erworben und bewährt werden musste und das mit Behandlungserfolgen oder wissenschaftlichem Ruf intensiver und verbreiteter werden konnte. Es war das Vertrauen in die persönliche Autorität des Arztes. In neuester Zeit ist dagegen immer deutlicher die Sachkompetenz in den Vordergrund getreten, die dem Arzt durch seine Ausbildung und durch seine Befähigung zur Beherrschung des großen technischen Geräts von vornherein zugestanden wird. Die Akzente haben sich von der persönlichen zur formalen Autorität hin verlagert. Das heißt natürlich nicht, dass es persönliche Autorität nicht mehr gebe oder dass sie keine Rolle mehr spiele. Aber es bedeutet doch, dass persönliche Aufgaben schwerer wahrgenommen werden können, dass Ärzte leichter austauschbar sind und dass Vertrauen und Vertrauensverhältnisse insgesamt verletzlicher wurden. Denn daran kann kein Zweifel sein, dass die Bedingungen, die das Verhältnis des Patienten zu seinem Arzt als Vertrauensverhältnis konstituieren, sich in nichts geändert haben.

Vertrauen ist akzeptierte Abhängigkeit. Das ist die Grunderfahrung des kranken Menschen, dass an der Stelle, die sonst durch eigene Leistung ausgefüllt ist, jetzt nichts steht oder die Hilfe anderer in Anspruch genommen werden muss. Der Kranke macht die Erfahrung, angewiesen zu sein auf andere Menschen. Das freilich ist auch der Gesunde, und niemand kann leben ohne die Zustimmung, die Kooperation, die Hilfe, die Toleranz und die menschliche Nähe von anderen. Aber diese Verhältnisse bleiben in der Regel im Hintergrund. Sie sind selbstverständlich und sie werden selbstverständlich in Anspruch genommen. Sie drängen sich nicht auf. Der Kranke erst macht sie ausdrücklich. Für ihn tritt vor Augen und ins Bewusstsein, dass er nicht aus eigener Kraft zu bestehen vermag, dass er angewiesen ist auf die Zuwendung anderer und auf das, was sie ausdrücklich und allein für ihn tun. Vertrauen entsteht dort, wo diese Abhängigkeit mit guten Gründen akzeptiert werden kann.

Diese Zusammenhänge machen einsichtig, dass eine ethische Zentralaufgabe für das ärztliche Handeln darin besteht, Bedingungen für dieses Vertrauen zu erhalten und zu fördern. Eine Krise im Gesundheitswesen ist nicht schon für sich auch eine Krise des Vertrauens. Aber sie berührt und gefährdet die Bedingungen, auf denen das Vertrauen ruht, und sie hat ihre Entstehungsgründe dort, wo das Vertrauen getäuscht wird. Die Krise im Gesundheitswesen ist – wie die gegenwärtige – niemals zuerst eine Krise der Ökonomie. Das Gesundheitswesen mag heute zu teuer geworden sein – aber es war auch schon sehr teuer, bevor es zu teuer wurde. Die Gesellschaft hat diesen Preis nicht nur akzeptiert, sondern ausdrücklich gewollt und selbst hervorgebracht. »Gesundheit« war das Numinosum, auf dessen Altar geopfert wurde. Hier sind die überspanntesten Erwartungen institutionalisiert worden: Für die Gesundheit schien kein Preis zu hoch. Einst galt sie als Geschenk des Schöpfers, dessen man sich täglich dankbar wieder vergewisserte. Heute ist Gesundheit zu einem sozialen Recht geworden, das man einklagt. Gesundheit als die Fähigkeit zur Teilnahme an allem, was der Epoche als Lebenserfüllung gilt, soll vom Arzt zur Verfügung gestellt werden. Diese Tendenz im öffentlichen Bewusstsein hat vermutlich mehr zur Krise im Gesundheitswesen beigetragen als alle anderen Gründe zusammen. Die ins Maßlose gesteigerte Erwartung an die Medizin und an das ärztliche Handeln und an die sozialen Möglichkeiten des Gesundheitswesens ist in der Konfrontation mit der Wirklichkeit ernüchtert worden. Eine irritierte Gesellschaft muss sich auf die Suche nach den verlorenen sachgemäßen und gegenwartsgültigen Maßstäben machen. Aber derartige Feststellungen fallen am Ende in die ärztliche Verantwortung zurück. Haben die Ärzte tatsächlich ihre Aufklärungspflicht erfüllt? Haben sie den überspannten Erwartungen deutlich genug widersprochen? Oder ist hier zu viel geduldet oder gar unterstützt und – aus welchen Interessen immer – noch verstärkt und bekräftigt worden? Die ärztliche Ethik verpflichtet heute nachdrücklicher als zuvor zur öffentlichen Aufklärung darüber, dass Gesundheit nicht die Abwesenheit von Störungen ist, sondern die Kraft, mit ihnen zu leben. Wenn die Ethik in anthropologischer Sicht in den Umkreis und zur Auslegung der erlösenden Worte unserer Zeit gehört – dann hat sie eine eminent kritische Funktion: Sie wäre dann eine Formel für das, was wir brauchen, nicht für das, was wir schon haben.

# Zwischen Krankheit und Gesundheit. Über die Beziehungen zwischen Arzt und Patient

»Medizin in Bewegung« – der Titel dieses Buches von Richard Siebeck ist 40 Jahre alt. Er ist ein Programm gewesen und geblieben, und zwar das Programm für die Frage nach der *humanitas* in der Medizin, nach den anthropologischen Grundlagen des ärztlichen Handelns, nach dem Menschenbild der Wissenschaft von Krankheit und Gesundheit. Heute kann diese Formel eher als Diagnose gelten: Die Medizin ist in Bewegung, ob sie es überall weiß oder nicht. Es sind vielfältige Tendenzen und Impulse, die die Medizin in Bewegung gebracht haben und die heute auf sie einwirken. Die Bewegung der Medizin ist für jedermann unübersehbar. Man nimmt sie wahr als Fortschritt, als Problematisierung, im Auftreten von Spannungen und Widersprüchen, als Diskussion unterschiedlicher Programme und Richtungen. Deshalb wird diese Medizin auch sehr unterschiedlich erlebt, und sie führt nicht selten zu recht gegensätzlichen Erfahrungen, und zwar sowohl für Ärzte wie – vor allem – für Patienten.

Im Folgenden soll nach den Gründen der Bewegung gefragt werden. Wodurch wird das Bild der Medizin heute bestimmt? Wie sind die Gegensätze und die Widersprüche darin zu erklären? Fragen dieser Art lassen sich selten abschließend beantworten. Aber man kann sie an einigen Beispielen erläutern und illustrieren.

## 1.

Der Gegenstand und die Aufgabe der Medizin ist bestimmt durch den kranken Menschen, durch seine Krankheit und damit durch die Frage nach Krankheit überhaupt. Aber was heißt »Krankheit«? Es ist eine der schwierigsten Aufgaben, diesen Begriff gültig zu definieren. Nicht anders steht es mit dem Begriff »Gesundheit«. Die Weltgesundheitsorganisation hat mit ihrer Definition, nach der Gesundheit ein Zustand völligen körperlichen, seelischen und sozialen Wohlbefindens sei, sicherlich einen sinnvollen Beitrag zur allgemeinen gesundheitspolitischen Diskussion geleistet. Für das ärztliche Handeln im Einzelfall ist diese Definition aber gänzlich unbrauchbar. Es liegt auf der Hand, dass die Anwendung dieser Formel auf einen individuellen Fall nur zu Illusionen führen kann. »Krankheit« lässt sich demgegenüber wissenschaftlich definieren: Krankheit, so heißt es in den einschlägigen Lexika, ist eine Störung von Lebensfunktionen, die aus subjektiven oder objektiven Gründen der Behandlung bedarf. Die »Störung« ist dann das, was allen Krankheiten gemeinsam ist. Aber genügt das? Ist Altern eine Krankheit? Sind Säuglinge krank, weil sie etwa eine bestimmte Diät brauchen? Andererseits beginnt der Alterungsprozess bei manchen Organen schon nach dem zweiten Lebensjahrzehnt – lässt sich das in einer Krankheitsdefinition berücksichtigen? Es sind also mehrere Definitionen von Krankheit nötig, und zwar je nach dem Zusammenhang, in dem von Krankheit die Rede sein soll: im Labor, im Arztrecht, in der Psychotherapie, in der Sprechstunde.

Für das neuzeitliche Gesundheitswesen und seine alltägliche Realität sind vor allem zwei Krankheitsvorstellungen, die einander gegenüberstehen und die sich nicht ohne weiteres miteinander vermitteln lassen, bedeutend geworden. Da ist zunächst das Krankheitsbild, das aus der Krankheitserfahrung erwächst: Krankheit ist das, was den Kranken hindert zu sein, was er war und was er eigentlich sein wollte. Krankheit ist also ein Eingriff in sein Leben, und Krankheit als ein solcher Eingriff findet sich in allen Graden und Formen: Krankheit kann als die Katastrophe auftreten, die das gesamte Leben verändert und zerstört, als Unfall, der den Menschen von einem Augenblick zum andern niederwirft, oder als Konfrontation mit einer malignen Diagnose, die von nun an das Leben des Kranken beherrschen und bestimmen wird. Auch dann ist Krankheit ein Eingriff in das Leben, wenn sie nur als Zwang zur Reduktion oder als Verengung dieses Lebens und seiner Äußerungen auftritt, vom banalen Infekt bis zum schweren Infarkt. Immer bricht die Krankheit wie eine fremde Macht in das Leben ein. Diese Erfahrung, dem Fremden und Bedrohlichen ohnmächtig gegenüberzustehen, wird besonders greifbar in der Begegnung mit den Institutionen der Medizin, vor allem dann, wenn der Patient in ein Krankenhaus eingeliefert wird.

Selbstverständlich gibt es Ärzte, die sich für ein geduldiges und verständnisvolles Gespräch Zeit nehmen können, es gibt Schwestern und Pfleger, die für freundliche Aufnahme und für die Besorgung aller notwendigen Bedürfnisse tätig sind. Vorherrschend aber ist der Eindruck, den die monumentale Technik auf den Patienten macht. Es sind die riesenhaften und allgegenwärtigen Apparate, die von freundlichen, aber in der Regel stummen Dienern betreut werden. Sie vor allem symbolisieren dem Kranken seine Ohnmacht. Er liegt, er ist abhängig von anderen, von ihrer Zustimmung und ihrem Wohlverhalten, er ist einer Fülle von Maßnahmen ausgesetzt, die er auch dann nicht begreifen kann, wenn sie ihm freundlich erklärt werden, er ist ausgeliefert an anderes und an andere und hat selbst keinen Einfluss mehr auf seinen Zustand und auf das, was mit ihm geschieht.

Freilich, ebenso deutlich wie Ohnmacht und Angst empfindet der Kranke in solcher Situation das Gefühl, sich ausliefern zu dürfen, entlastet zu sein von der Verantwortung für sich selbst, sich anderen überlassen zu können und hoffnungsvoll auf alle Initiativen und auf alle geschäftige Tätigkeit zu blicken, die seinetwegen entfaltet werden. Er muss nicht mehr selbst einstehen für das, was in seiner Lage notwendig ist: Dann ist das Krankenbett für ihn nicht nur Symbol des Eingriffs, der Zäsur in seiner Lebensgeschichte, sondern auch Sinnbild der Geborgenheit angesichts der eigenen Ohnmacht und der eigenen Angst. Ungefähr so stellt sich das Bild seines Krankseins dem Schwerkranken dar. In Andeutungen aber und in einzelnen Zügen findet es sich überall, wenn ein Mensch krank wird. Auch die leichteste Krankheit trägt schon solche Züge.

Der Arzt freilich ist von einem anderen Krankheitsbild geleitet. Für ihn ist Krankheit »Störung der Lebensvorgänge« in dem Sinne, dass er Schädigungen feststellt, abnorme Werte bei Untersuchungen konstatiert und also durch das, was gemessen werden kann und was zu beobachten ist, die »Krankheit« als objektiven Befund nachweist. Die Diagnose ist das Ergebnis, das aus der Zusammenfassung und aus der Bilanz aller einzelnen Untersuchungen gefolgert werden muss. Für den Arzt ist der Kranke in dieser Perspektive ein Organismus, an dem bestimmte Störungen wahrgenommen und möglichst präzise geklärt werden müssen. Der Patient als Person, sein Leiden, seine Ängste, seine biographische Situation, die alle Züge einer Katastrophe tragen mag, gehören in diese Erwägungen des Arztes nicht hinein, sondern bleiben Sache des Kranken selbst. Das Schicksal des Patienten ist nicht wesentlich für den Krankheitsbegriff der Medizin, die ihn doch heilen soll.

Aus diesem Unterschied der Krankheitsbilder ergeben sich notwendig Widersprüche und Friktionen, und es liegt in der Natur der Sache, dass die Krankheitsvorstellungen, von denen Patient und Arzt sich leiten lassen müssen, nur allzu oft nicht zueinander passen. Sozialwissenschafliche Untersuchungen haben ergeben, dass das Selbstbild des Arztes vor allem von Begriffen geprägt ist, die auch seinem Krankheitsbild entsprechen: Er versteht sich vor allem als Wissenschaftler, als Biologe, als Techniker und als Organisator wissenschaftlicher Maßnahmen, als Experte im Umgang mit der medizinischen Technologie. Das Arztbild des Patienten trägt demgegenüber ganz andere Züge: Für den Kranken ist der Arzt Ratgeber und Helfer in Lebensfragen, Partner im persönlichen Gespräch und dann freilich auch der Experte für die Krankheit und der Fachmann für die notwendige medizinische Wissenschaft. Es ist unvermeidbar, dass hier Widersprüche auftreten. Freilich wäre es nicht sinnvoll, das ärztliche Handeln im Zusammenhang mit solchen Leitbildern einfach als »inhuman« zu bezeichnen. Denn gerade unter der Leitung dieses Krankheitsbildes werden Kranke ja geheilt, und eine solche Arbeit an der Gesundheit muss immer auch als Dienst an der Humanität verstanden werden. Es ist also keineswegs offensichtlich oder eindeutig, was mit dem Programm »mehr Humanität im Krankenhaus« wirklich gemeint sein könnte.

## 2.

Der Beruf des Arztes stand ursprünglich im Zusammenhang mit einer bestimmten Gesinnung, er war getragen vom »Ethos der Barmherzigkeit«. Schon in der hippokratischen Zeit, also vor mehr als 2000 Jahren war die Medizin das Instrument zur Hilfe für Menschen in der Situation besonderer Bedürftigkeit. Medizin war diejenige Kunst, die zur Hilfe in Fällen von Krankheit befähigen konnte, und ihre Ausübung war eine vor allem sittliche Aufgabe. Krankheit war das Schicksal, das jeden Menschen auf eigene und besondere Weise traf. Krankheit führte zu eigenen und eigentümlichen Erscheinungen, und diese Erscheinungen galt es zu erkennen und zu deuten. Die Leistung des Arztes war in den meisten Fällen nicht mehr als der Versuch, Leiden zu lindern. Als dieses Ethos der Barmherzigkeit vom Christentum aufgenommen und fortgebildet wurde, ließ sich die Aufgabe des christlichen Arztes leicht am Bild des barmherzigen Samariters orientieren. Ärztliches Handeln war wesentlich die persönliche Teilnahme des Arztes am persönlichen Geschick des Kranken.

Diese Vorstellungen haben das Bild des Arztes vor allem in den letzten Jahrhunderten geformt. Der Patient erwartet, dass der Arzt für ihn da ist, dass er als persönlicher Arzt zur Verfügung steht, dass er stets hilfsbereit und immer erreichbar ist. Zusammengefasst ist diese Vorstellung von der ärztlichen Aufgabe im Bild des »Hausarztes«, der nicht nur eine immerwährende Sprechstunde hat, sondern auch für alle Fragen des Lebens und des Sterbens zuständig ist. In vieler Hinsicht ist dieses Bild des Arztes für das allgemeine Bewusstsein leitend geblieben, bis auf den heutigen Tag.

Mit dem Einzug der Naturwissenschaft in die Medizin begann auch auf diesem Gebiet eine völlig neue Epoche.

Der Fortschritt der naturwissenschaftlichen Medizin hat die Welt grundlegend verändert. Gesundheit ist weithin zu einem selbstverständlichen Gut und vielfach zu einem Konsumgut geworden, große Bedrohungen durch große Krankheiten sind zwar keineswegs aus dem Leben der Menschen verschwunden, aber sie bestimmen und prägen dieses Leben nicht mehr, denn bestimmend und prägend ist demgegenüber die Erwartung, dass selbst in solchen Fällen noch ärztliche Hilfe möglich sein wird. Seither ist die ärztliche Aufgabe durch die wissenschaftliche Medizin und durch die medizinische Technik definiert. Das aber bedeutet gerade nicht, dass jegliches Ethos damit verschwunden wäre. Es ist vielmehr ein neues Ethos an die Stelle der Barmherzigkeitsethik getreten, nämlich das Ethos der wissenschaftlichen Rationalität. Denn auch die naturwissenschaftliche Medizin ist von Gesinnungen getragen und wäre ohne Gesinnungen nicht funktionsfähig. Das Ethos der wissenschaftlichen Rationalität lebt vom Pathos der Aufklärung. Es will zur Ermächtigung des Menschen beitragen und zur Herrschaft über unbegriffene Mächte, es will ihn zum Meister über die Natur machen und ihn befähigen, Bedrohungen und Gefährdungen des menschlichen Lebens von außen und von innen abzuwenden. Im Ganzen also will es die Wohlfahrt des Menschen durch Wissenschaft und Technik befördern.

Für die naturwissenschaftliche Medizin wird deshalb die Erhaltung des Lebens zum wesentlichen Ziel und die Beseitigung von Störungen zur praktischen Aufgabe. Letzten Endes versteht sich diese Medizin als ein Kampf gegen den Tod, und wo er dennoch eintritt, muss sie dies als Niederlage begreifen. Dieses Ethos verpflichtet den Arzt zur wissenschaftlichen Einstellung gegenüber der Krankheit. Der Patient wird zum Gegenstand der Forschung für Diagnose und Therapie, und zwar unter einer Perspektive, die seine Krankheit in den Mittelpunkt stellt, nicht aber seine persönlichen und individuellen und unverwechselbaren Eigentümlichkeiten. Das, was für alle Kranken, die an dieser Krankheit leiden, gilt, ist Gegenstand des ärztlichen Handelns, nicht das, was ihm, dem Kranken, ausschließlich und allein zu eigen ist.

Das Ethos der wissenschaftlichen Rationalität ist zur leitenden Idee aller Institutionen des Gesundheitswesens geworden. Krankenhäuser und Versicherungen, die Praxis von Diagnostik und Therapie in den großen Kliniken sowohl wie in der täglichen ärztlichen Sprechstunde sind daran orientiert und danach organisiert. Das System des Gesundheitswesens lässt allein den wissenschaftlichen Blick auf den Kranken zu, und dazu gehört auch das System der Ausbildung der Ärzte. Freilich ist gerade auch für diese Perspektive und für die von ihr bestimmte Aufgabe eine bestimmte Gesinnung nötig. Es herrscht in der Regel eine hohe Motivation, und überall im Gesundheitswesen gibt es auch den großen persönlichen Einsatz. Deshalb sollte der Sachverhalt, dass hier die wissenschaftliche Rationalität regiert, nicht einfach als Mangel an Humanität bezeichnet werden. Nicht der Mangel, sondern ein anderer Aspekt von Humanität ist hier vorherrschend geworden. Humanität entsteht hier nicht aus dem Interesse am persönlichen Geschick eines einzelnen Kranken, sondern aus der Absicht, Krankheiten und Krankheit überhaupt zu bekämpfen. Demgegenüber ist das Ethos der Barmherzigkeit privatisiert. Es steht im Belieben des einzelnen Arztes, das überlieferte Ethos der Barmherzigkeit als Interesse am persönlichen Geschick eines einzelnen Kranken zur Geltung zu bringen oder nicht. Er müsste es freilich außerhalb der Tendenzen oder geradezu gegen die Richtlinien durchsetzen, die das Gesundheitswesen im Ganzen beherrschen und bestimmen. Die Wahrnehmung solcher

Aufgaben, die aus dem Ethos der Barmherzigkeit folgen, bleibt Privatsache. Im System selbst sind sie nicht vorgesehen. Lässt sich ihnen neuerdings mehr Raum und Geltung verschaffen?

## 3.

Der hippokratische Eid war einmal eine Antwort auf die Frage: Was macht den Arzt vertrauenswürdig? Jedermann sollte gewiss sein können: Der Arzt, jeder Arzt, ist durch die Regeln des hippokratischen Eides gebunden. Gerade dieser Sachverhalt sollte durch den Eid dokumentiert werden: Der Arzt geht eine Verpflichtung ein, er hat sich verpflichtet, alles, was er tut, zu meinem Wohl zu tun und niemals etwas zu meinem Schaden tun zu wollen. Aber diese Verpflichtung erschöpft sich nicht darin, dass gleichsam äußerlich oder formal die Regeln des ärztlichen Handelns beachtet werden sollen. Eingeschlossen oder vorausgesetzt ist vielmehr die Verpflichtung, das eigene Leben so zu führen, dass die ärztlichen Kunstregeln jederzeit verantwortlich beachtet werden können. Hinter der Verpflichtung zu sachgemäßem ärztlichen Handeln steht die persönliche Verpflichtung zur Integrität der eigenen Lebensführung. Der Arzt verpflichtet sich, auch außerhalb seines Berufes sein Leben so einzurichten, dass es diesem Beruf entspricht und dass er zu jeder Stunde seinen Beruf auszuführen in der Lage wäre. »Heilig und fromm«, sagt der hippokratische Eid, wird der Arzt seine Kunst ausüben und zugleich sein Leben bewahren. Alle späteren Fassungen der ärztlichen Verpflichtung, die dem hippokratischen Eid nachgebildet sind, haben diese Grundsätze übernommen und enthalten entsprechende Passagen. Im Genfer Ärztegelöbnis von 1948 findet sich der Satz, dass der Arzt sein »Leben dem Dienst der Menschheit weihen« wolle. Die Vertrauenswürdigkeit des Arztes ist danach also nicht nur durch Regeln zum Wohl des Patienten begründet, sondern auch und vor allem durch die sittliche Qualifikation und durch die integre Lebensführung, die vom Arzt erwartet werden dürfen. Die hippokratische Ethik ist eine »Standesethik«, die den Arzt an eine vertiefte und intensivere Sittlichkeit bindet, eine Verpflichtungsethik und eine Verantwortungsethik, innerhalb derer der Arzt die Verantwortung für einen Kranken übernimmt und sie trägt und in der er notfalls zur Rechenschaft gezogen wird.

Neuerdings freilich gibt es auf die Frage »Was macht den Arzt vertrauenswürdig?« eine ganz andere Antwort. Im Rahmen der naturwissenschaftlich-technischen Medizin lautet sie: Der Arzt wird vertrauenswürdig durch seine wissenschaftlich-technische Kompetenz. Es sind also nicht Leistungen seiner Persönlichkeit, die eine solche Vertrauenswürdigkeit begründen, sondern Qualifikationen, die er sich durch seine Ausbildung erworben hat und die gerade von der Persönlichkeit unabhängig sind. Vertrauen gilt hier dem wissenschaftlich-technischen Instrumentarium und der Kompetenz seines Personals. Dem entspricht ein eigenes ethisches Konzept: eine Ethik, die das Handeln des Arztes als »Dienstleistung« versteht und die das Handeln durch einen Vertrag festgelegt und bestimmt sieht. Eine solche Vertragsethik ist das herrschende Grundmuster für das Verhältnis zwischen Patient und Arzt in den Vereinigten Staaten von Amerika, und dem kommt dort nicht zuletzt deshalb große Bedeutung zu, weil die Ethik unmittelbar mit der Rechtsprechung verwandt ist. Diese Vertragsethik hat klassische und gewichtige philosophische Grundlagen, die bis auf den Gesellschaftsvertrag der Aufklärung zurückgehen. Ihr wichtigstes Prinzip ist die Autonomie des Menschen:

die Selbstbestimmung des Einzelnen also, die gerade im Krankheitsfall in den Vordergrund rückt, und deren oberster Grundsatz lautet: im Blick auf die Verantwortung für sein Leben ist der einzelne Mensch unvertretbar. Alle Entscheidungen müssen von ihm selbst getroffen werden, auch und gerade dann, wenn es um Entscheidungen in Fragen von Krankheit und Gesundheit geht. Auf der Grundlage des Autonomieprinzips kann der Arzt vom Patienten in Dienst genommen und im Rahmen des abgeschlossenen Vertrages zur Hilfe verpflichtet werden. Da aber die Entscheidungen beim Patienten liegen, gewinnt die Aufklärung, die der Arzt dem Patienten zunächst schuldet, größtes Gewicht. Denn der Patient soll instand gesetzt werden, selbst und verantwortlich zu entscheiden. Die schriftliche Einwilligung nach erfolgter Aufklärung (*informed consent*) spielt daher eine große und bedeutende Rolle. Der Patient gibt seine schriftliche Zustimmung für Maßnahmen, über die er informiert worden ist, und zwar so, dass er in eigener Verantwortung zu entscheiden vermag.

Aus dieser Sicht ist die hippokratische Ethik der Boden, auf dem die Bevormundung und ein paternalistisches Verhalten der Ärzte entstehen musste. Sie wird infolgedessen heftig kritisiert. Auch in Europa und auch in der Bundesrepublik Deutschland ist die Kritik an einer bloßen Verantwortungsethik, die das Selbstbestimmungsrecht des Patienten nicht ernst genug nimmt, immer lauter und deutlicher geworden. Inzwischen bestehen beide ethischen Konzepte und Tendenzen nebeneinander. Die Verantwortungsethik, die dem Arzt die Verantwortung zuschreibt, ist keineswegs außer Kraft gesetzt. Andererseits sollen Selbstbestimmungsrecht und Selbstbestimmungspflicht des Patienten zumindest in gleicher Weise gelten. Das führt nicht selten zu Unklarheiten und zu Widersprüchen, vor allem aber zu Unsicherheiten sowohl für den Arzt wie für den Kranken. Was soll nun das Aufklärungsgespräch sein? Was soll es leisten? Was muss der Arzt berücksichtigen und was nicht? Was hat der Patient zu erwarten? Ist die Einverständniserklärung, die der Patient unterschreibt, das Dokument einer souveränen Entscheidung dessen, der über alle Einzelheiten seiner Krankheit und alle möglichen Maßnahmen vollständig informiert und zu einem selbständigen und abgewogenen Urteil, in dem alle Risiken und Chancen bedacht sind, fähig ist? Müsste demgegenüber nicht die Frage gestellt werden: welche Aufklärung nützt dem Patienten wirklich? Gibt es nicht auch eine Art Aufklärung, die ihm schadet? Ist Autonomie tatsächlich das einzige Prinzip, das hier zur Geltung kommen soll? Hat nicht der Arzt die Verantwortung gerade für das, was im Aufklärungsgespräch mit dem Patienten geschieht oder doch geschehen kann? Soll also die Unterschrift des Patienten tatsächlich die Dokumentation der freien und wohlbegründeten autonomen Entscheidung sein oder ist sie Ausdruck des Vertrauens in die Vertrauenswürdigkeit des Arztes, in dessen Hände er sich begibt? Und: Soll es dem Patienten überlassen werden, ob seine Unterschrift das eine oder das andere bedeutet?

Es gibt auf diese Fragen keine eindeutige Antwort. Auch die Rechtsprechung bemüht sich darum, beide Prinzipien, das der Autonomie des Patienten und das der Verantwortung des Arztes, nebeneinander zur Geltung zu bringen. An keinem von beiden soll es fehlen. Aber einstweilen scheint noch nicht sichtbar, welche Vermittlung hier möglich sein wird. Es ist offen, wohin diese Wege führen.

## 4.

Die Bewegung in der Medizin hat nicht zuletzt ihre Ursachen auch darin, dass in jüngster Zeit neue und neuartige Fragen aufgetreten sind, Fragen von einer Qualität, die nicht mehr ohne weiteres den Problemen der traditionellen ärztlichen Ethik zu entsprechen scheint. Man kann das an der einfachen Frage verdeutlichen: Wie weit kann und soll die Diagnostik in jedem einzelnen Fall getrieben werden? Welche Maßnahmen sind wirklich nötig bis zur definitiven Sicherung der Diagnose? Schon das ist eine Frage von neuer Qualität. Noch vor wenigen Jahrzehnten mussten alle diagnostischen Maßnahmen in Betracht gezogen werden, die es eben gab. Heute kann viel und vielleicht sogar zuviel getan werden, heute können immer wieder noch andere Apparaturen eingesetzt und wieder andere Parameter gemessen werden. In einer einschlägigen Kritik ist bereits von einem »Kaskaden-Effekt« auf dem Gebiet der Diagnostik gesprochen worden.

Die entscheidende ethische Frage lautet: Soll bei jedem Patienten alles getan werden, was getan werden könnte und was medizinisch zu tun möglich wäre? Hat nicht jeder Patient den Anspruch oder auch das Recht darauf, dass alle möglichen Maßnahmen bei ihm durchgeführt werden? Und hat nicht der Arzt die Pflicht, in jedem Falle alles zu tun? In allen großen ethischen Dokumenten ist festgehalten, dass in keiner Hinsicht Unterschiede zwischen den Menschen gemacht werden dürfen, die der Arzt behandelt. Tatsächlich aber müssen heute Unterschiede gemacht werden, die früher gar nicht in Betracht gezogen werden konnten. Nach welchen Regeln wird dabei verfahren? Nach welchen Regeln sollen derartige Entscheidungen getroffen werden? Die überlieferten ethischen Normen reichen dafür nicht aus. Sie sind nicht falsch, aber sie sind unzulänglich. Viele dieser neuartigen ethischen Fragen sind praktisch im Alltag des Arztes gegenwärtig. Der Arzt muss imstande sein, mit ihnen umzugehen, und fähig sein, dazu Stellung zu nehmen.

Ein bekanntes und besonders kompliziertes Beispiel für diese Fragen ist die pränatale Diagnostik. Dabei muss gar nicht die sogenannte genetische Beratung selbst schon zum Thema gemacht werden. Schon die Frage, ob eine pränatale Diagnostik überhaupt durchgeführt werden soll, ob sie anzuraten ist oder nicht, stellt ein Problem von großer Komplexität und mit vielen weitreichenden Folgen und Implikationen dar. Bereits dann, wenn das erste Gespräch überhaupt in dieser Frage geführt wird, sind alle Konsequenzen tendenziell gegenwärtig. Wäre eine solche Diagnostik überhaupt sinnvoll, wenn der Abbruch der Schwangerschaft gar nicht in Betracht gezogen wird? Soll ein behindertes Kind gar nicht geboren werden? Was gilt als Behinderung? Es ist sicher richtig, dass in allen solchen Fragen zuerst die Eltern zu entscheiden haben. Aber nach welchen Maßstäben entscheiden die Eltern? Welche ethischen Kriterien kann ihnen der Arzt in einem entsprechenden Gespräch bieten? Woher gewinnt er Argumente, die allgemeingültig oder doch wenigstens überzeugungskräftig wären, um nicht zu zufälligen und willkürlichen, sondern zu wohlbegründeten Entscheidungen anzuleiten?

Alle Fragen dieser Art sind heute offen. Von den vielen Versuchen, sie so oder so zu beantworten, hat sich bislang keiner recht durchsetzen können. Immer bleibt dabei noch zu vieles ungeklärt, und keine Regelung konnte bisher allen Bedürfnissen genügen. Die neue Qualität dieser Fragen erfordert offenbar auch eine neue Qualität für den Umgang mit ihnen. In der Praxis werden diese offenen Fragen dann ganz unterschiedlich beantwortet, und man verfährt an einem Ort anders als am anderen. Zu den Fragen dieser Art gehören auch die der Schwerstkrankenmedizin, die Aufgabe also, zwischen Lebensquantität und Lebensqualität abzuwägen. Ebenso gehört hierher die gerade heute vieldiskutierte Frage nach der AIDS-Diagnostik: Darf eine solche Untersuchung nur mit der Einwilligung des Patienten vorgenommen werden? Wie steht es in solchen Fällen mit der Verantwortung für die Angehörigen oder für das ärztliche Personal? Gibt es hier ein Recht auf Wissen oder auf Nichtwissen?

Die überlieferten ethischen Regeln für das ärztliche Handeln bleiben in diesen Fragen stumm. Sie müssen ausgelegt und fortgeschrieben werden. Das aber ist eine Aufgabe, die ihrerseits nicht dem Zufall überlassen werden darf. Die Fortbildung der ärztlichen Ethik ist vielmehr selbst eine ärztliche Aufgabe geworden. Weil das ärztliche Handeln nicht mehr selbstverständlich und allgemeingültig durch überlieferte Regeln geleitet werden kann, muss die Ärzteschaft selbst an der weiteren Entwicklung und an der Fortbildung dieser Ethik arbeiten. Dafür braucht der Arzt neben seiner wissenschaftlichen und seiner menschlichen auch eine ethische Kompetenz. Er muss zumindest in der Lage sein, zu begründen, was er im Blick auf diese Probleme für richtig hält. Er muss sich daran beteiligen können, einen neuen Konsens zur Antwort auf die neuen Fragen zu finden. Diese Fragen lassen sich nicht außerhalb der Ärzteschaft beantworten. Solche Antworten, wenn sie gefunden würden, müssten freilich in der Öffentlichkeit diskutiert und akzeptiert werden. Aber von der Aufgabe, solche Antworten allererst zu formulieren, wird die Ärzteschaft schwerlich dispensiert werden können.

## 5.

Die Bewegung in der Medizin hat nun freilich auch den Patienten selbst nicht unberührt gelassen. Kann denn heute jeder Mensch ohne weiteres Patient in dieser Medizin sein? Man muss Fähigkeiten, Einsichten und Bereitschaft mitbringen, die sich jedenfalls nicht überall auf der Welt und auch bei uns nicht in jedem Fall einfach von selbst verstehen. Deshalb lässt sich diese Medizin auch nur mit großen Schwierigkeiten und oft gar nicht in fremde Länder exportieren. Die Medizin stellt vielmehr *ihre* Bedingungen – an die Ärzte und an die Patienten. Deshalb müsste die ärztliche Ethik ergänzt werden durch eine »Patientenethik«.

Diese Medizin braucht einen »mündigen Patienten«. Das freilich soll nicht besagen, dass nur der mündig wäre, der alles in seine eigenen Hände nehmen könnte. »Mündig« ist vielmehr der Patient, dessen Verhältnis zu sich selbst und zu den medizinischen Institutionen sachgemäß ist:

1. Geboten ist hier ein sachgemäßes Verhältnis zur eigenen Gesundheit, denn sie ist weder Konsumgut noch selbstverständliches Recht, das man bei den Institutionen des Gesundheitswesens einklagen könnte. Gesundheit ist vielmehr die Kraft, auch mit Störungen zu leben.

2. Notwendig ist ein sachgemäßes Verhältnis zu den medizinischen Institutionen, zu den Krankenhäusern, zu den Einrichtungen in der ambulanten Krankenversorgung, zur ärztlichen Sprechstunde. Hier muss auf Illusionen verzichtet werden, und zwar in jeder Richtung: Das Krankenhaus ist weder eine bloße Reparaturwerkstatt für äußerliche Schäden an Leib oder Seele noch ist das Krankenhaus ein Jungbrunnen, der überall nicht nur neue Kraft, sondern auch Sinn stiften könnte. Die Medizin lindert Leiden, aber sie schafft sie nicht ab. Sie trägt zu unserer Lebensfähigkeit bei – mehr

oder weniger viel –, aber für die Lebensgewissheit sind wir selbst zuständig.

3. Erforderlich ist ein sachgemäßes Verhältnis zum Arzt. Grundlage dafür ist die Fähigkeit zu vertrauen. Vertrauen ist akzeptierte Abhängigkeit. Vertrauen ist die Bereitschaft, Verantwortung für das eigene Leben in andere Hände zu legen – *und zwar so viel wie nötig*, und zugleich sich dieser Verantwortung für sich selbst bewusst zu bleiben und sie selbst zu tragen – *und zwar so viel wie möglich.*

»Das Leben ist kurz – die Kunst ist lang«: Mit diesem Satz wird Hippokrates häufig zitiert. Vollständig aber lautet dieser Aphorismus:

»Das Leben ist kurz,
die Kunst lang,
der günstige Augenblick flüchtig,
der Versuch trügerisch,
die Entscheidung schwer:
Nicht der Arzt allein muss bereit sein,
das Notwendige zu tun –
ebenso müssen es
der Kranke, die Anwesenden, die äußeren Umstände.«

Hinter diese Einsicht führt kein Weg zurück – nicht für den Arzt und nicht für den Kranken.

# Abschied vom hippokratischen Eid?*

Bei Apollon, dem göttlichen Arzt, und bei seinem Sohn Asklepios, bei Hygieia und Panakeia, den Göttinnen der Gesundheit und der Heilkraft leistete vor zweieinhalb Jahrtausenden der hippokratische Arzt den feierlichen Eid, zum Nutzen der Kranken seine Verordnungen zu treffen und allen Schaden von ihnen fernzuhalten. Seither ist dieser Eid zum Symbol geworden für die Verpflichtung und für die Gesinnung, die den abendländischen Arzt auszeichnen sollen, und die wir von ihm erwarten. Noch 1948, unter dem Eindruck der Perversionen ärztlichen Handelns im Krieg, hat der Weltärztebund eine Eidesformel beschlossen, die den hippokratischen Eid erneuern und in die Gegenwart übersetzen will: »Ich gelobe feierlich«, so soll der junge Arzt erklären und versprechen, »mein Leben dem Dienste der Menschlichkeit zu weihen. Ich werde«, so heißt es später, »mit allen in meiner Kraft stehenden Mitteln für die Ehre und für die edlen Überlieferungen des ärztlichen

---

* Vortrag, gehalten beim Europäischen Kongress für Kardiologie am 9.7.1984 in Düsseldorf. – *Literatur:* Karl Deichgräber, Der hippokratische Eid. Text griechisch und deutsch – Interpretation – Nachleben, Stuttgart [4]1983; Hans Jonas, Das Prinzip Verantwortung. Versuch einer Ethik für die technologische Zivilisation, Frankfurt a. M. 1979; Dietrich Rössler, Der Arzt zwischen Technik und Humanität. Religiöse und ethische Aspekte der Krise im Gesundheitswesen, München 1977; Johannes Schlemmer (Hg.), Die Herz- und Kreislaufkrankheiten, Heidelberg 1980.

Berufs eintreten. Meine Kollegen werden meine Brüder sein.« Das Genfer Ärztegelöbnis hat die religiösen Motive des hippokratischen Eides nicht aufgenommen. Aber es ist ihm zweifellos gelungen, dem Geist, den Zielen und dem Selbstverständnis der abendländisch-hippokratischen Tradition einen zeitgemäßen Ausdruck zu verleihen.

Heute freilich hört man solche Sätze mit Verwunderung. Die große und feierliche Sprache dieser Dokumente scheint nicht mehr ohne weiteres verständlich. Die erhabenen Begriffe wirken amüsant, weil sie offensichtlich ihren Anhalt an der Realität verloren haben. Von der Ehre, von den edlen Überlieferungen des ärztlichen Berufs oder gar von der Bruderschaft der Kollegen ist nicht mehr die Rede – wohl zu Recht, denn es scheint, dass es dies alles in der Wirklichkeit unserer Tage so einfach nicht mehr gibt. Deshalb ist der Gültigkeitsverlust des festlichen Vokabulars mehr als nur eine äußerliche oder nebensächliche Randerscheinung. Er ist das Symptom von Veränderungen, die die Sache selbst betroffen haben. Fraglich geworden ist der Inhalt der hippokratischen Tradition, ihre ethische Substanz, ihr Verständnis des Arztes und der ärztlichen Aufgabe von Grund auf. Fraglich geworden ist die selbstverständliche Gültigkeit einer Sonderethik, die den einzelnen Arzt wie den ärztlichen Stand auszeichnet und sie zu eigenem Ethos und zu besonderer Gesinnung verpflichtet. Tatsächlich hat die hippokratische Tradition dem Arzt eine spezifische Ethik zugeschrieben. Heilig und fromm, heißt es im griechischen Text, soll er seine Kunst und sein Leben bewahren. Beides: die Kunst und das Leben sind zutiefst darin verbunden, dass Reinheit und Erfolg der Kunst die Reinheit des Lebens zur Bedingung haben. Das ist die leitende Überzeugung der hippokratisch-abendländischen Ethik auch in der Neuzeit geblieben. Die hervorgehobene persönliche Moral des Arztes begründet die Vertrauenswürdigkeit seines beruflichen Wirkens. Die Gesellschaft und jeder einzelne Patient sollen gute Gründe haben, sich vertrauensvoll den Händen des Arztes zu überlassen, nämlich in der Gewissheit, dass jeder Arzt ja sein ganzes Leben dem Dienst der Menschlichkeit geweiht hat. Diese Ethik lehrt, dass man sich zuversichtlich und vorbehaltlos dem Arzt anvertrauen kann, weil die Integrität seines beruflichen Handelns durch seine persönliche Integrität verbürgt ist.

Die Kritik also scheint nur zu sehr im Recht, nach deren Urteil nicht nur die Sprache, sondern diese Ethik selbst sich überlebt hat. Diese Ethik ist offensichtlich inadäquat, denn ihre Grundsätze stimmen mit der Wirklichkeit der Medizin heute nicht mehr überein. Das System der vollständig wissenschaftlich und technisch organisierten Praxis in unseren medizinischen Institutionen lässt keinen Raum mehr für eine bloß private Gesinnungsethik, oder deutlicher noch: die Gründe für ein solches Bedürfnis sind entfallen. Denn die Vertrauenswürdigkeit des ärztlichen Handelns heute ruht nicht mehr auf den subjektiven Qualitäten des einzelnen Arztes, sondern auf seiner wissenschaftlichen und technischen Kompetenz. Objektive Verfahren in der Diagnostik wie in der Therapie sind immer deutlicher in den Vordergrund gerückt und beherrschen das Bild. Individuelle Faktoren oder Qualitäten spielen demgegenüber nur noch eine geringe Rolle und verlieren immer mehr an Gewicht, auf Seiten des Arztes so gut wie auf der des Patienten. Heute vertraut man dem Arzt aufgrund seiner Ausbildung und seiner Fähigkeit, das technische Instrumentarium zu beherrschen, eine Fähigkeit, die er mit allen entsprechenden Angehörigen seines Standes teilt. Deshalb ist seine Verantwortung vor allem Verantwortung für die Wissenschaft: Sie ist Verantwortung für die fehlerlose und zumal kunstfehlerlose Anwendung des technischen Instrumentariums, das für Diagnose und Therapie zur Verfügung steht. Sie ist Verantwortung für die wissenschaftliche und technische Praxis der Medizin, aber es ist demgegenüber eine offene Frage, ob und in welchem Sinn dabei etwa die Verantwortung für einen einzelnen und unverwechselbaren Kranken in Person eingeschlossen oder auch nur berücksichtigt sein könnte.

Vieles also spricht dafür, dass die hippokratische Ethik in der Medizin unserer Tage ihre Funktion eingebüßt hat. Amerikanische Kritiker haben zudem darauf aufmerksam gemacht, dass diese Ethik von Voraussetzungen bestimmt ist, die wir heute nicht mehr teilen können oder nicht mehr teilen dürfen. Die hippokratische Tradition, so heißt es, zeichne ein verklärtes Bild des ärztlichen Berufs: Die nüchterne und pragmatische Bedeutung dieses Wortes scheine hier überhöht und geradezu in quasi-religiösem Sinn zur »Berufung« gesteigert, während der ärztliche Beruf heute tatsächlich eben doch ein Beruf sei wie jeder andere auch. Überhöht und illusionär müsse ferner der Anspruch auf eine besondere ethische Gesinnung, auf eine höhere Moral und auf die Verpflichtung zu persönlicher Integrität genannt werden. Die neuzeitliche Gesellschaft könne derartige ethische Eliten nicht wollen und nicht realisieren. Vor allem aber müsse sich die Kritik an der hippokratischen Ethik gegen deren Paternalismus richten: Hier sei es in die Verantwortung des Arztes gelegt, über Wohl und Nutzen des Patienten zu befinden, damit aber werde der Patient entmündigt und in seinem Recht auf Selbstbestimmung zutiefst geschädigt und eingeschränkt.

Diese Kritik also sucht, das Überholte und Unzeitgemäße der hippokratischen Ethik vorzuführen, um den Verlust ihrer Funktionen in der Medizin zu begründen. Zeitgemäß ist demgegenüber offenbar diejenige Entwicklung, die die

Medizin als Dienstleistungsbetrieb verstehen will. Der Weg zu einer solchen Auffassung von den Aufgaben des Arztes scheint längst beschritten. Denn diese Entwicklung wird nicht nur von der Eigengesetzlichkeit der medizinischen Technik nahegelegt. Auch in der öffentlichen Meinung ist dieses Verständnis von den Leistungen der Medizin verbreitet, und bei nicht wenigen Patienten zeigen sich deren Folgen in dem, was sie für sich selbst erwarten: Sie sehen ihre Krankheit als isolierte Störung einzelner Körperfunktionen an und verlangen von den Instanzen des Gesundheitswesens deren Korrektur oder Beseitigung. Gesundheit gilt dementsprechend als Fähigkeit, die sich im Falle ihrer Verminderung durch die Dienstleistungen des Arztes wiederherstellen lässt: als Leistungsfähigkeit, als Arbeitsfähigkeit, als Genussfähigkeit. Im Sinne der hippokratischen Tradition dagegen war Gesundheit nicht die Abwesenheit von Störungen, sondern die Kraft, mit ihnen zu leben. Die Aufgabe des Arztes musste danach ungleich weiter und umfassender verstanden werden. In dem Maße aber, in dem diese ärztliche Aufgabe zur Dienstleistung reduziert wird, verliert die hippokratische Ethik ihre Bedeutung für die Medizin. Angesichts solcher Entwicklungen ist die Frage begründet, ob der hippokratische Eid wirklich noch mehr ist als eine historische Reminiszenz, die für die Allgemeinbildung des Arztes, nicht aber für seine Berufstätigkeit zu bewahren ist.

Vieles deutet nun freilich darauf hin, dass dieses Bild von der inneren Lage und Verfassung der Medizin schon längst nicht mehr zutrifft. Die Situation wandelt sich, und die Entwicklung hat eine ganz andere Richtung genommen. Grund und Anlass dafür lassen sich in einem Satz zusammenfassen: Die Wissenschaft hat an Überzeugungskraft verloren. Die selbstverständliche Zuversicht, mit der wir auf allen Gebieten des Lebens von der Wissenschaft den

Fortschritt der Kultur, die Humanisierung der Welt und die Steigerung der Lebensqualität erwartet haben, ist brüchig geworden. An die Stelle der Zuversicht ist vielfach das Misstrauen getreten. Die Leistungen der Technik gelten nicht mehr selbstverständlich als zivilisatorischer Gewinn. Von diesem Umsturz sind alle Gebiete der Wissenschaft und der Technik betroffen, besonders gründlich aber, wenn auch in vieler Hinsicht noch verdeckt, die Medizin. Denn die Medizin bietet ein eindrucksvolles Beispiel dafür, dass der wissenschaftlich-technische Fortschritt selbst zur Krise der eigenen Legitimation beigetragen hat: Die ungeheure Vermehrung der Leistungsfähigkeit und der Eingriffs- und Handlungsmöglichkeiten hat die überlieferten Orientierungen außer Kraft gesetzt. Selbstverständlich hat diese Legitimationskrise der Wissenschaft ihre Vorgeschichte. Sie hat sich seit langem angekündigt. Gleichwohl sind ihre Folgen doch mit plötzlicher Vehemenz und in kürzester Frist allgemein geworden. Wir stehen ratlos vor der erdrückenden Fülle dessen, was möglich geworden ist.

Gerade in der Medizin vermögen Wissenschaft und Technik in unübersehbar vielen Fällen mehr, als tatsächlich je angewandt werden könnte. Dadurch aber entsteht für Arzt und Patient eine völlig neue Fragestellung. Sie lautet etwa so: Soll eine ärztliche Maßnahme, vielleicht eine chirurgische Operation, die technisch durchführbar wäre, tatsächlich in jedem Fall und für jeden entsprechenden Patienten unterschiedslos durchgeführt werden? Hat nicht jeder Patient ein Recht auf alle irgend möglichen Maßnahmen, und zwar unabhängig von der Frage, ob er selbst dieses Recht geltend macht oder machen kann? Haben nicht alle Patienten dasselbe Recht, und hat also nicht der Arzt die Pflicht, alle Maßnahmen auf jeden Fall und in jedem Fall anzuwenden? Oder aber soll diese Anwendung von den individuellen Umständen des einzelnen Falles abhängig gemacht werden? Soll in einem Fall durchgeführt werden, was im anderen unterlassen wird? Soll also auf eine immerhin mögliche Maßnahme auch verzichtet werden können? Wer aber sollte hier die Entscheidung treffen? Und nach welchen Kriterien wäre dabei zu entscheiden?

Diese Fragen sind nicht nur theoretischer Art. Sie stellen sich längst und müssen in der Praxis des ärztlichen Handelns täglich beantwortet werden. An ihnen zeigt sich die grundlegende Wandlung der Situation: Es sind ethische Fragen, die in den Vordergrund treten und das ärztliche Handeln bestimmen. Es sind ethische Fragen, die der wissenschaftlich-technischen Praxis in der Medizin Orientierung und Maßstäbe für die Anwendung geben müssen. Die Legitimationskrise der Wissenschaft hat zur Folge, dass die medizinische Ethik eine ganz neue Bedeutung gewinnt: Ethische Fragen werden zu Grund- und Alltagsfragen des ärztlichen Handelns.

Diese Veränderungen und die damit verbundenen neuen Verpflichtungen zeigen sich besonders eindringlich an den Aufgaben, die dem Arzt durch das Gespräch mit seinem Patienten gestellt werden. Ein Kranker, der eine Ambulanz oder ein Krankenhaus aufsuchen muss, betritt damit eine fremde, überwältigende und unverständliche Welt. Schon die Routineuntersuchungen leiten ihn durch einen Irrgarten aus monumentalen und einschüchternden Großapparaturen, denen er nach einer rätselhaften Liturgie aus Wartezeiten und Untersuchungsritualen zugeführt wird. Das alles gibt ihm seine Orientierungslosigkeit und seine Ohnmacht rücksichtslos zu erfahren. Die Menschen, von denen die Instrumente verwaltet, versorgt und bedient werden, sind in der Regel für alle Kommunikation mit dem Patienten auf das reduziert, was der Apparat fordert. Das Instrumentarium dieser technischen Welt offenbart seinen Sinn nicht freiwillig und von sich aus. Wer in diese Welt eintritt, dem muss ihr guter Sinn nahegebracht und erläutert werden, wenn er nicht der elementaren Erfahrung, ausgesetzt zu sein, überlassen bleiben soll. Zu diesem Zweck aber ist es unumgänglich, die Anwendung von Wissenschaft und Technik für jeden einzelnen und konkreten Fall überzeugend zu begründen. Das ist die Bedeutung, die das Wort »Aufklärung« heute gewonnen hat, und die mit ihm bezeichnete Aufgabe ist zum unverzichtbaren Teil der ärztlichen Verantwortung geworden. Solange wissenschaftliche und technische Maßnahmen sich von selbst verstanden, musste ihr Sinn nicht zum Thema gemacht werden. Der Verlust dieser Selbstverständlichkeit hat die Krise hervorgebracht, in der das technische Inventar der Medizin als Bedrohung des Menschen erscheinen kann, dem es dienen soll. Es ist diese Krise, die sich in den Formeln von der »enteigneten Gesundheit« oder vom »entmündigten Patienten« zum Ausdruck bringt. Deshalb ist die Aufklärung, die der Arzt dem Patienten schuldet, mehr und anderes als bloß äußerliche Information. Es ist Aufklärung in dem traditionsreichen Sinn, in dem sie zu eigener Einsicht und zu verantwortungsfähiger Selbständigkeit anleiten soll.

Besonderes Gewicht gewinnt diese Aufklärungsaufgabe dort, wo über den einzelnen Kranken hinaus die Öffentlichkeit aufgeklärt werden muss. Das ist der Fall bei den sensationellen Großprojekten wissenschaftlich-technischer Forschung in der Medizin. Denn gerade derartige Projekte oder Experimente überzeugen nicht mehr einfach durch ihren Erfolg. Sie machen die Öffentlichkeit vielmehr ratlos und unsicher, wenn ihr humaner Sinn nicht gründlich und überzeugend erläutert wird. Die Frage also, wohin uns die große experimentelle Chirurgie der Herztransplantationen führt, oder wohin sie uns führen soll, bedarf dringend einer solchen Aufklärung. Wir können nicht wissen, welche therapeutische Zukunft uns damit eröffnet wird oder doch eröffnet werden soll, und die Vermutungen der einschlägig interessierten Medien tragen in der Regel zu wirklicher Aufklärung wenig bei. Niemand hat in dieser Frage eine solche Sachkompetenz und eine solche Autorität, wie der, der an einem derartigen Projekt verantwortlich mitarbeitet. Zu seiner ärztlichen Aufgabe und zu deren ethischen Implikationen gehörte es deshalb, uns über den guten Sinn dessen, was da geschieht und was wir daraus hoffen dürfen, eingehend und geduldig aufzuklären. Wird uns diese Aufklärung aber vorenthalten, dann werden unser Vertrauen und unsere Zuversicht umschlagen in Angst und öffentlichen Argwohn.

Die neuen Verpflichtungen, die der alltäglichen Aufgabe des Arztes heute zugewachsen sind, scheinen nun doch wieder an die Ethik der hippokratischen Tradition zu erinnern. Das, was in dieser Tradition bewahrt ist, muss offenbar, bei aller Kritik an Formulierungen, an der überlieferten Sprache und auch an einzelnen Grundsätzen der hippokratischen Ethik, als bleibende und unverzichtbare Perspektive der ärztlichen Aufgabe zu allen Zeiten verstanden werden. Gleichwohl ist damit die Frage nach der bestimmten Bedeutung dieser Ethik für die Gegenwart noch durchaus offen. Denn es kann keinen Zweifel daran geben, dass der medizinischen Ethik heute neue Aufgaben gestellt sind, Aufgaben also, die sich nicht ohne weiteres aus den traditionellen Aufgaben herleiten lassen, Aufgaben vielmehr, die den gänzlich neuartigen Umständen in der gegenwärtigen Situation in Kultur, Wissenschaft und Medizin Rechnung tragen. Dafür hätte es wenig Sinn, allein die traditionellen Grundsätze der hippokratischen Ethik aufs Neue einzuschärfen. Denn damit ließen sich allenfalls private Moral und persönliche Gesinnung des Einzelnen heben und bestärken. Das mag häufig genug wünschenswert und geboten sein, die neuen Aufgaben im Ganzen aber fordern eine neue Ethik. Denn heute müssen Fragen beantwortet und Probleme entschieden werden, die ohne Vorbild sind und für die man sich nicht ohne weiteres an Lösungen und Antworten der ethischen Tradition orientieren kann.

Der Katalog dieser neuen ethischen Aufgaben ist beträchtlich. Er wird täglich durch neue Erfahrungen erweitert und durch Spezialisierung von Problemen und Methoden verlängert. Zu den nun schon klassischen Grundfiguren der neuen ethischen Aufgaben gehört die Frage: Sollen lebensverlängernde Maßnahmen auch dann eingesetzt werden, wenn sie primär und im Wesentlichen äußerstes Leiden verlängern oder solches Leiden erst deutlich hervorrufen und auftreten lassen? Sollen sie auch dann eingesetzt werden, wenn das Leben allenfalls als biologisches, nicht aber mehr als menschliches Leben erkennbar oder zumutbar ist? Das sind Fragen, die sich vor allem am Lebensanfang eines Patienten oder an seinem Lebensende stellen. Es sind Fragen, für die es keine überall gleiche und einheitliche Lösung gibt oder auch nur geben dürfte. Es sind Fragen, die, wie immer sie entschieden werden, alle Beteiligten aufs Äußerste belasten. An diesen Fragen wird sichtbar, dass es keinen allgemeinen ethischen Konsens von der Art gibt, dass aus ihm heraus diese Fragen für alle überzeugend und selbstverständlich entschieden werden könnten. Der Konsens kann hier nicht vorausgesetzt, er muss gefunden werden.

Der Weg dahin führt über den ethischen Diskurs, über die gemeinsame Argumentation derer, die in derartigen Fragen Verantwortung tragen, die von ihnen betroffen oder in sie verwickelt sind. Dieser Diskurs bietet die methodische Voraussetzung für die Aufgabe, in offenen Fragen, in denen mit guten Gründen widersprüchliche oder gar gegensätzliche Antworten möglich sind, zu gemeinsamen Überzeugungen zu gelangen. Gemeinsame Überzeugungen aber sind unbedingt nötig, wenn ethische Probleme von solchem Rang und Gewicht entschieden werden müssen. Verlässlichkeit und Vertrauenswürdigkeit der Praxis unserer medizinischen Institutionen ruht ganz wesentlich auf der Konsensfähigkeit ihrer ethischen Entscheidungen. Wir müssen dem zustimmen können, was da geschieht, und deshalb muss in diesen neuen Fragen der Konsens gesucht werden, dem wir uns später oder danach anschließen können. Alle Ethik, die mehr sein will als die bloße Rezitation von ehrwürdigen Grundsätzen, an denen niemand zweifeln kann, alle Ethik also, die sich um gemeinsame Lösungen für die entscheidenden Lebensfragen der Zeit bemüht, beginnt allererst mit der Bereitschaft, im Diskurs Verständigung zu suchen. Ein solcher Diskurs wird keinen Verantwortlichen von seiner Verantwortung dispensieren. Aber er könnte die in solcher Verantwortung zu treffenden Entscheidungen leiten, begründen und überzeugungskräftig machen.

Um in den komplexen und sensiblen Problemperspektiven der neuen ärztlichen Aufgaben eine grundlegende Orientierung zu schaffen, ist in der amerikanischen Ethik die Autonomie des Patienten zum wichtigsten und leitenden Grundsatz gemacht worden. Vor allem an diesem Prinzip müssen sich alle anderen Forderungen und Prinzipien der Ethik ausrichten. Dem liegt die Überzeugung zugrunde, dass die uneingeschränkte Herrschaft des Menschen über sich selbst, seine Freiheit also, auch im Falle seiner Krankheit und seiner Angewiesenheit auf fremden Rat und fremde Hilfe konsequent erhalten bleiben muss. Hier gilt, dass man schon den Anfängen der Einschränkung widerstehen müsse, weil die Freiheit überhaupt in Gefahr gerät, wenn irgendwo das Recht bestehen soll, sie zu missachten. Deshalb wird das Verhältnis zwischen Arzt und Patient als Vertrag verstanden, der über die durch die Krankheit erforderlich werdenden Leistungen abgeschlossen wird. Der Arzt ist danach zu vertragsgetreuer Erfüllung der Vertragsleistungen verpflichtet, – welche Leistungen aber tatsächlich ausgeführt werden sollen, das entscheidet allein der Patient selbst. Deshalb gewinnt hier nicht nur die Aufklärung des Patienten, sondern vor allem die Zustimmung oder die Einwilligung des Kranken zu den bestimmten Maßnahmen das entscheidende Gewicht. Der Patient soll instand gesetzt werden, Risiko und Nutzen der ärztlichen Maßnahmen selbst zu beurteilen. Er soll am Ende selbständig entscheiden, denn die Verantwortung für sich selbst, die Verantwortung für Eingriffe in seine körperliche oder seelische Existenz und vor allem die Verantwortung für lebensentscheidende Beschlüsse kann und darf ihm niemand abnehmen. In dieser Verantwortung für sich selbst ist er unvertretbar.

Deshalb entstehen für diese Ethik die großen Aporien immer dort, wo die eigene und persönliche Entscheidungsfreiheit eines Kranken von ihm selbst nicht eindeutig wahrgenommen werden kann. Der ethische Diskurs, der gelegentlich zu vehementen Diskussionen auch in der Öffentlichkeit führt, kreist dabei um die Frage, ob nicht doch ein anderer befugt sein müsse, in solchem Fall Entscheidungen zu treffen, und ob also Recht oder gar Pflicht zur Verantwortung am Ende doch weiterreichen als nur bis an die Grenzen der eigenen Existenz. Dieses Problem erweist sich indessen als Grundfrage für den ethischen Diskurs nicht nur im außerordentlichen und extremen Sonderfall, sondern auch im Blick auf das Verständnis der gewohnten und alltäglichen Beziehung zwischen Arzt und Patient. Es ist die Frage, ob überhaupt die Autonomie so eindeutig und trennscharf wahrgenommen werden kann, dass nicht doch von einer

Verantwortung des Arztes für den Patienten gesprochen werden muss. Das aber war ein zentrales Thema der hippokratischen Tradition und damit derjenigen Ethik, die die europäische Medizin von ihren Anfängen an geleitet hat. Verantwortungsethik ist hier der zusammenfassende Grundbegriff.

Verantwortungsethik ist auch das Programm, das jüngst Hans Jonas seinem Buch, dem »Versuch einer Ethik für die technologische Zivilisation« unter dem Titel »Das Prinzip Verantwortung« zugrunde gelegt hat. Auch Jonas beginnt mit dem Urteil, dass wir eine neue Ethik brauchen, weil unsere ethische Überlieferung den beispiellos neuen Aufgaben, die durch den wissenschaftlich-technischen Fortschritt gestellt sind, nicht mehr gewachsen ist. Die Voraussetzungen der traditionellen Ethik haben ihre Geltung verloren. Nach Jonas aber muss die neue Ethik auf einem erneuerten Begriff der Verantwortung begründet werden. Verantwortung ist unverzichtbar. Zur Verantwortung gibt es keine Alternative. Nur durch die angemessene Wahrnehmung dessen, was Verantwortung heute sein muss, könnten die ethischen Aufgaben der Gegenwart zu bewältigen sein. Was Verantwortung ist, hat Jonas in einem Satz zusammengefasst: »Das Wohlergehen, das Interesse, das Schicksal Anderer ist, durch Umstände oder Vereinbarung, in meine Hut gekommen, was heißt, daß meine Kontrolle dar*über*, zugleich meine Verpflichtung da*für* einschließt.« Verpflichtende Verantwortung entsteht überall da, wo Befugnisse oder Kontrollen über die Lebensumstände eines anderen Menschen ausgeübt werden, wo also ein asymmetrisches Verhältnis zwischen Menschen gegeben ist. Ein solches asymmetrisches Verhältnis ist nun allerdings auf jeden Fall die Beziehung zwischen dem Arzt und seinem Patienten. Kein Zweifel kann daran sein, dass die ärztliche Sachkompetenz durch keine Aufklärung oder Information einfach ausgeglichen werden kann oder auch nur ausgeglichen werden sollte. Diese Sachkompetenz des Arztes vertrauensfähig zu machen und vertrauenswürdig zu erhalten war Sinn und Ziel der hippokratischen Ethik. Denn die Beziehung, die hier besteht, ist konstituiert durch die unaufhebbare Abhängigkeit des Kranken vom Arzt, des Hilfsbedürftigen vom Helfer. Deshalb muss alles daran liegen, diese Beziehung vertrauensfähig zu machen und zu erhalten. Denn Vertrauen ist akzeptierte Abhängigkeit.

Die neuen Aufgaben, die dem ärztlichen Handeln gestellt sind, haben die Asymmetrie im Verhältnis zwischen Arzt und Patient nur noch vergrößert. Die Begründung der Vertrauenswürdigkeit hat danach an Dringlichkeit gar nichts verloren, sondern eher noch gewonnen. Denn die neuen Perspektiven der ärztlichen Aufgabe verlangen Leistungen, die sich nicht schon wie selbstverständlich aus der fachlichen Ausbildung des Arztes ergeben. Was hier von ihm gefordert wird, ist keine Leistung seiner wissenschaftlich-technischen Kompetenz, obwohl diese Kompetenz stets notwendige Voraussetzung bleibt. Hier sind vielmehr Leistungen gefordert, die sich nur als Leistungen der Persönlichkeit verstehen lassen. Das gilt für die Stellungnahme zu den Sinnfragen der Wissenschaft, für die Aufgaben der Legitimation von wissenschaftlich-technischer Praxis, für die Aufklärung des Patienten im persönlich-existentiellen Dialog, nicht zuletzt aber für die ausdrücklichen ethischen Entscheidungen, für die Fähigkeit und für die Bereitschaft zur Teilnahme am ethischen Diskurs. Die Verantwortung, die durch diesen umfänglichen Kreis von Aufgaben charakterisiert und gefordert wird, ist mehr als nur Verantwortung für die wissenschaftliche Praxis der Medizin. Es ist die Verantwortung für die Humanität dieser Praxis.

Die Vertrauenswürdigkeit derer, die diese Verantwortung tragen, war einst begründet durch ihre persönliche Integrität und durch die ausdrücklich übernommene Verpflichtung nach den Grundsätzen der hippokratischen Tradition. Es ist die Frage, ob es gelingen kann, diese Tradition so zu erneuern, dass sie unter den verwandelten Bedingungen wieder zur Grundlage der Vertrauenswürdigkeit und der Verantwortung für die gegenwärtigen Aufgaben und für die Probleme einer neuen medizinischen Ethik zu werden vermag.

Was heute vom Arzt gefordert wird, zeigt sich an einzelnen Krankheiten oder Krankheitsbildern mit besonderer und oft geradezu beispielhafter Deutlichkeit. Dazu gehören ohne Zweifel in erster Linie die Herzkrankheiten. Ihre epidemische Ausbreitung wird als Ausdruck folgenschwerer zivilisatorischer und kultureller Fehlentwicklungen unserer Tage angesehen. Man hat sie deshalb als die Krankheiten unserer Zeit bezeichnet, als die Krankheiten also, in denen sich die pathogenen Faktoren und Verhältnisse der Epoche besonders eindringlich darstellen. Die Aufgabe des Arztes reicht deshalb bei diesen Krankheiten weit über die kurativen Maßnahmen der Krankenversorgung hinaus. Sie umfasst den ganzen Lebenskreis eines Patienten. Zu ihr gehören Maßnahmen oder doch Stellungnahmen und Äußerungen zur Gesundheitserziehung, zur Gesundheitsvorsorge und zur Gesundheitspolitik, und damit im Grunde zu kulturellen Lebensfragen der Zeit.

Um dieser Verantwortung gerecht zu werden, bedarf es wohl tatsächlich einer ausdrücklich übernommenen Verpflichtung dem Kranken gegenüber, aber doch nicht ihm allein. Die Auslegungstradition des hippokratischen Eides hat für diese Verpflichtung eine dreifache Relation geltend gemacht: einmal die vorbehaltlose Zuwendung zum Kranken, sodann die Einsicht in die Grenzen des eigenen Handelns, wie die Religion sie anschaulich macht, und schließlich die

Verantwortung für das gemeinsame Wohl und für die Wohlfahrt aller. Der Göttinger Doktoreid, den Karl Deichgräber in einer Fassung aus dem Jahre 1831 mitgeteilt hat, schließt mit einer Formel, die diese Relationen zusammenfasst: »Ich schwöre und verspreche [...], den Kranken, ob sie reich oder arm sind, mit gleicher Sorge und gleicher Bemühung beizustehen, und dabei stets vor Augen zu haben die Ehre Gottes und das Wohl des Gemeinwesens. So wahr mir Gott helfe.«

# Psychiatrie und Menschenwürde. Anmerkungen zur Funktion ärztlicher Ethik

1. Der *ethische* Sinn des Wortes »Menschenwürde« ist nicht auf einzelne Qualitäten oder auf die Integrität von Rechten beschränkt, so sehr diese Aspekte eingeschlossen bleiben. Menschenwürde kann vielmehr als Ziel- und Leitbegriff gelten, an dem sich alles menschliche Handeln als ethisch qualifiziertes Handeln zu orientieren vermag. So verstanden ist Menschenwürde mehr auf einem Ensemble von Lebensbedingungen begründet, als auf hervorgehobenen und besonderen Einzelbedingungen. Der ganze Zusammenhang solcher Bedingungen steht in Frage, wenn sie an einer einzelnen Stelle verletzt werden. Andererseits aber ist ein solcher Zusammenhang von Lebensbedingungen abhängig von der Situation und den persönlichen Umständen des einzelnen Menschen. Dasjenige Handeln, das sich an der Menschenwürde orientieren will, kann sich deshalb nicht darauf beschränken, lediglich einzelne Faktoren in den Vordergrund zu rücken und zum Ausgangspunkt zu machen.

2. Im Begriff der Menschenwürde sind ethisch-anthropologische Bestimmungen zusammengefasst, die in der neuzeitlichen Diskussion im Vordergrund stehen: *Freiheit, Selbstbestimmung* und *Identität* des Menschen. Die darin liegenden Vorstellungen freilich gehen bereits auf die Anfänge der

abendländischen Anthropologie zurück. Pico della Mirandola hat in seiner Schrift »De dignitate hominis« (1486) entsprechende Grundsätze aufgestellt. Er formuliert sie als Rede des Schöpfers an den ersten Menschen.

»Keinen festen Ort habe ich dir zugewiesen und kein eigenes Aussehen, ich habe dir keine dich allein auszeichnende Gabe verliehen, da du, Adam, den Ort, das Aussehen, die Gaben, die du dir wünschst, nach eigenem Willen und Ermessen erhalten und besitzen sollst. Die beschränkte Natur der übrigen Wesen wird von Gesetzen eingegrenzt, die ich gegeben habe. Du sollst deine Natur ohne Beschränkung nach deinem freien Ermessen, dem ich dich überlassen habe, selbst bestimmen. Ich habe dich in die Weltmitte gestellt, damit du umso leichter alles erkennen kannst, was ringsum in der Welt ist. Ich habe dich nicht himmlisch noch irdisch, nicht sterblich noch unsterblich geschaffen, damit du dich frei, aus eigener Macht, selbst modellierend und bearbeitend zu der von dir gewollten Form ausbilden kannst.«

3. Nach Pico della Mirandola ist es die Würde des Menschen, dass er seine »Stellung im Kosmos« immer erst zu suchen, zu erstreben und zu vollenden hat. Die Freiheit, die eigene Macht, die Selbständigkeit, der persönliche Wille – das sind die leitenden Begriffe. Die Anthropologie des 20. Jahrhunderts hat den Menschen als das »nicht festgestellte Tier« und als das »exzentrische Wesen« beschrieben. Die Einsichten aber, die in diesen Begriffen ausdrücklich gemacht werden sollen, haben bereits die Anfänge des anthropologischen Denkens im Abendland bestimmt. In dieser Besonderheit des Menschen zwischen Himmel und Erde, zwischen dem, was als göttlich festgelegt und dem, was als bloße Kreatur bestimmt ist, liegt die wahre Würde des Menschen, die ihm aber zugleich als seine beständige Aufgabe entgegentritt. *Der Mensch geht nicht in dem auf, was er an sich*

*vorfindet.* Menschenwürde ist danach durch zwei Aspekte besonders charakterisiert:

a) *Menschenwürde bezeichnet einen Prozess.* Der Mensch ist mehr, als in einem zufälligen Augenblick an ihm erkennbar ist. Seine Würde besteht nicht in festliegenden Fakten, sondern vielmehr in deren Wandelbarkeit und in ihrer Veränderung. Der Mensch ist immer *auf dem Weg* zu seiner Bestimmung und zu seiner Identität. Es ist deshalb ein Verstoß gegen die Menschenwürde, ihn allein auf das festzulegen, was bisher von ihm in Erscheinung getreten ist. Menschenwürde ist kein biologisches Datum, das in jedem einzelnen Fall ein für allemal festliegt. Sie gehört vielmehr in die Dimension der Biographie.

b) Deshalb liegt im Begriff der »Menschenwürde« die Tendenz zu radikaler und konsequenter *Individualisierung.* Im Blick auf seine Würde wird der Mensch immer weniger mit anderen Menschen vergleichbar. Seine Würde macht ihn gerade nicht zu einem bloßen Gattungswesen, sondern hebt ihn aus der Gattung heraus. Die Wahrnehmung der Menschenwürde ist deshalb ganz entscheidend die Wahrnehmung menschlicher Individualität, also der Einmaligkeit und Besonderheit des anderen Menschen. Menschliche Identität mit sich selbst schließt jede verordnete Gleichheit mit anderen geradezu aus. Menschenwürde ist die Legitimation, anders zu sein als die anderen.

4. Menschliches Handeln kann dann als *ethisch qualifiziert* gelten, *wenn es der Menschenwürde dient,* wenn es also Menschenwürde herstellt oder erhält oder vermehrt, wenn es zur Einrichtung derjenigen Bedingungen beiträgt, auf deren Ensemble die Menschenwürde ruht. Bei jeder einzelnen Aktion kann Menschenwürde in dreifacher Weise ins Spiel kommen: als Würde des Partners in einer Interaktion, als Würde des handelnden Subjekts und – vermittelt –

als Würde der gestalteten und zu gestaltenden Welt (»menschenwürdige Zustände«). Zur Wahrnehmung der Menschenwürde in der Beziehung zu einem anderen Menschen sind seine Geschichtlichkeit und seine Individualität vor allem zu berücksichtigen. Eine Sozialbeziehung, die sich an der Menschenwürde orientiert, wird deshalb in jedem Fall tendenziell individualisiert. Der Verzicht auf mögliche Ausnahmen, die im Einzelfall nötig werden könnten, stellt seinerseits eine tendenzielle Einbuße in der Wahrnehmung von Menschenwürde dar.

5. Die *ärztliche Tätigkeit* ist in einem ausgezeichneten Sinne ethisch zu qualifizierendes Handeln, denn diese Praxis greift in die Lebensgestaltung und in die Biographie des Patienten ein. Bei den großen psychiatrischen Krankheiten ist das offensichtlich. Es gilt indessen auch und nicht minder für jeden alltäglichen Krankheitsfall. Denn jede Krankheit hat ihren Ort in der Biographie des Patienten. Sie ist in jeder kritischen Situation der Lebensgeschichte ein wesentlicher und mitbestimmender und gestaltender Faktor, und vor allem hat sie dort ihre Folgen. Wer mit der Krankheit eines Menschen umgeht, der geht mit einer nicht allein im biologischen Sinne überaus verletzlichen Situation um und beteiligt sich mit eigener Verantwortung an den Konsequenzen für den Fortgang dieser Lebensgeschichte. Die Sozialbeziehung zum Arzt ist für den Patienten immer eine schicksalhafte Relation. Das ist auch dann der Fall, wenn weder der Patient, noch der Arzt den wahren Charakter dieser Beziehung zur Kenntnis nimmt. Ärztliche Praxis ist deshalb im Prinzip ein Modell desjenigen Handelns, das der Menschenwürde dient, weil es die Bedingungen für die Entfaltung und Vermehrung dieser Würde fördert. Die neuere Medizin allerdings hat ein rein technisches Verhalten möglich gemacht, das diese prinzipielle Aufgabe eher behindert,

als ihr dient. Dieser Fall tritt dann ein, wenn der biographische Horizont in der Beziehung zum Patienten negiert und die Orientierung für die ärztliche Praxis ausschließlich am biologischen Substrat gesucht wird.

6. *Ärztliche Ethik* ist nicht die private Moral der Ärzte. Die grundlegenden Formeln dieser Ethik, vom hippokratischen Eid bis zur Deklaration von Helsinki, finden allgemeine Zustimmung und stimmen mit der öffentlichen Meinung überein. Solche Texte spiegeln nicht nur die Auffassungen wider, die in einer Kommission beschlossen wurden oder zu denen sich eine Berufsgruppe zu bekennen vermag. In solchen Formeln bringt vielmehr *die Gesellschaft im Ganzen* zum Ausdruck, was in ihren Grenzen als Grundsätze für das ärztliche Handeln gelten soll. Hier wird definiert, wie das öffentliche Bewusstsein den Umgang mit Krankheit und Leiden einschätzt und wie diese gesellschaftliche Aufgabe geregelt werden soll.

In der ärztlichen Ethik kommt zur Sprache, welchen Wert eine Gesellschaft der Gesundheit zumisst und wie im Rahmen ihrer Kultur der kranke Mensch versorgt, gepflegt und getragen werden soll. Andererseits aber delegiert die Gesellschaft vermittels der Ethik diese Aufgabe an einen bestimmten Stand. Nicht jedes Mitglied der Sozietät ist verpflichtet, Normen der ärztlichen Ethik, die es anerkennt, auch seinerseits einzuhalten. Ärztliche Ethik ist Standesethik. Deshalb sind diese Texte zugleich Dokumente der Erwartung. Die Gesellschaft stellt für die Behandlung von Kranken Grundsätze auf, deren Einlösung sie sodann von der damit beauftragten Berufsgruppe erwartet. Je höher die ärztliche Ethik ihre Prinzipien stilisiert, desto deutlicher und nachdrücklicher spricht sich darin die öffentliche Erwartung an die Medizin, das Gesundheitswesen und die ärztliche Praxis aus.

7. Die Texte der ärztlichen Ethik formulieren deren *Grundsätze.* Sie konzentrieren und beschränken sich darauf, die Prinzipien zur Darstellung zu bringen. Ärztliche Ethik als Sammlung kasuistischer Einzelvorschriften oder als Zusammenstellung konkreter und detaillierter Normen gibt es nicht. Eine derartige Form der ärztlichen Ethik würde, statt die ethische Entscheidung des Arztes im Einzelfall zu begründen, den Anspruch erheben müssen, diese Entscheidung zu ersetzen. Damit aber wären die Grenzen eines ethischen Handelns, das an der Menschenwürde orientiert ist, überschritten. Ethische Einzelvorschriften, die die konkrete ärztliche Aufgabe vorweg entscheiden wollten, müssten zudem einen zufälligen Stand der wissenschaftlichen Einsicht absolut setzen. In wahrem Sinne der Ethik gemäß dagegen ist gerade die Veränderung und die Verbesserung dieses Standes der wissenschaftlichen Einsicht: *Forschung und Entwicklung sind implizite Grundsatzgebote der ärztlichen Ethik.* Schließlich können die Prinzipien der ärztlichen Ethik, mit denen sich das öffentliche Bewusstsein identifiziert, nicht in Einzelvorschriften und in konkrete Normen umgemünzt werden, ohne in den Strudel tagespolitischer Auseinandersetzungen gezogen zu werden. Das würde nicht nur die Leistungsfähigkeit der Ethik, sondern die des ärztlichen Berufs und der medizinischen Praxis überhaupt erheblich beeinträchtigen. Der ärztlichen Ethik kann also keine andere Funktion zugemutet werden als die, das im Einzelfall nötige ärztliche Handeln prinzipiell zu begründen. Die ethische Verantwortung selbst bleibt beim Subjekt dieses Handelns. Diese Verantwortung ist nicht delegierbar.

8. Es ist die Funktion der ärztlichen Ethik, *Vertrauen zu begründen.* Sie hat ihre Funktion gerade nicht darin, dieses Vertrauen zu ersetzen. Ärztliche Ethik besteht nicht in der Entfaltung von Vorschriften, die kontrollierbar wären und

auf diese Weise das ärztliche Handeln unter eine präzise und objektivierbare Kontrolle stellten.

a) Die Legitimation des ärztlichen Handelns ist prinzipieller Art. Nicht die einzelne Leistung, sondern die *handelnde Person* gilt im rechtlichen wie im ethischen Sinne als approbiert. Angesichts ihrer komplexen und folgenreichen Struktur kann die ärztliche Aufgabe entweder im Ganzen oder gar nicht legitimiert sein. Die einzelne Aktion der ärztlichen Praxis ergibt sich aus dem diagnostischen und therapeutischen Zusammenhang ebenso wie aus dem Kontext der Situation und der Biographie des Patienten. Eine solche Aktion kann deshalb nicht isoliert und als besondere legitimiert werden. Eine solche Tendenz würde nicht nur gegen die Menschenwürde des Patienten verstoßen, sondern auch die Effizienz des ärztlichen Handelns in Frage stellen. Die ärztliche Ethik soll derjenigen Sozialbeziehung dienen, die das Optimum an Individualität in der ärztlichen Tätigkeit begründet.

b) Diese *Legitimation durch Vertrauen* ist durch Kontrollen nicht zu ersetzen. Im Blick auf das ärztliche Handeln gibt es dazu keine Alternative. Auch diejenigen Regelungen, die tatsächlich der Kontrolle dienen, müssen das übergeordnete Ziel haben, Vertrauen zu begründen und alles zu verhindern, was dem Vertrauen schadet. Im Blick auf die wirklichen und komplexen Relationen im Krankheitsfall sind alle Regelungen – auch und vor allem die ethischen Grundsätze – nur Rahmenbedingungen für das persönliche Verhältnis des Kranken zu seiner Umwelt und zu seinem Arzt. An dieser Konstellation ändert sich auch dann nichts, wenn die ärztliche Tätigkeit sich auf technische Maßnahmen beschränkt, denn die Art und die Intensität der Beziehung zwischen Patient und Arzt wird vom Patienten begründet und festgelegt.

9. Jede ärztliche Tätigkeit in der Therapie wie in der diagnostischen und therapeutischen Forschung bewegt sich in verschiedenen Zusammenhängen, die alle im Grunde durch ein *Vertrauensverhältnis und dessen Folgen* konstituiert sind.

a) *Das Verhältnis des Patienten zu seinem Arzt* ist darin ein Vertrauensverhältnis, dass es »akzeptierte Abhängigkeit« ist. *Dazu gibt es keine Alternative.* Weder die Aufklärung durch den Arzt noch die Zustimmung des Patienten können die Konstitution der Beziehung verändern. Jede Einverständniserklärung und alle entsprechenden Vereinbarungen im Sinne eines *informed consent* sind *Ausdruck des Vertrauens,* nicht aber Dokumente einer demgegenüber selbständigen und unabhängigen Urteilsfähigkeit des Patienten.

b) Nicht anders ist ärztliches Handeln gebunden an das *Vertrauen der Gesellschaft.* Der Ruf nach mehr Kontrolle ist Zeichen für einen *Vertrauensschwund.* Dafür gibt es in der Regel zwei Gründe: 1. ein nachhaltig vertrauensschädigendes Verhalten innerhalb des Gesundheitswesens und 2. überspannte und unsachgemäße Erwartungen der Öffentlichkeit an den Erfolg ärztlichen Handelns. Es ist konsequent, dass sich Vertrauensschwund und Versuche zur Vermehrung von Kontrollen zuerst auf dem Gebiet der Forschung behindernd auswirken.

c) Vertrauen in die *Gültigkeit seiner Legitimation* ist die Grundlage für den Arzt, und zwar besonders dann, wenn er auch in der Forschung tätig ist. Weder die Therapie noch wissenschaftliche Untersuchungen können so angelegt werden, dass diese Legitimation jeweils und im besonderen Fall nachgewiesen wird.

d) Die *ethische Verantwortung* des Arztes beschränkt sich deshalb nicht auf die sachgerechte Durchführung therapeutischer Maßnahmen oder wissenschaftlicher Untersuchungen und auf die kompetente Abwägung der Risiken, die eine Rolle spielen. Diese Verantwortung gilt vielmehr vor allem der *Vertrauenswürdigkeit* des ärztlichen Handelns im Ganzen wie in jedem Einzelfall. Der Rahmen ethischer Grundsätze muss durch die persönliche Verantwortung ausgefüllt werden. Beigeordnete Gremien und kontrollierende Instanzen können wesentliche Unterstützung bieten, werden aber kaum an der Verantwortung beteiligt werden können und also auch nicht an dem Risiko dessen, der sie trägt.

10. Der Rahmen *ärztlicher Ethik* umfasst auch die *Psychiatrie.* Es gibt keine Gründe dafür, auf diesem Gebiet eigene ethische Bestimmungen aufzustellen. Dennoch steht die Tätigkeit des Psychiaters dadurch unter einem *besonderen ethischen Anspruch,* dass hier ein größeres Maß an Vertrauen und entsprechend an Vertrauenswürdigkeit und Verantwortlichkeit erforderlich ist.

a) Krankheiten aus dem Gebiet der Psychiatrie sind in der Öffentlichkeit stärker mit Angstgefühlen besetzt. Die Behandlungsmethoden sind zumeist weniger oder aber so bekannt, dass sie die Angst fördern.

b) Der Patient muss – nicht vermittelt und in Organsymptomen verschlüsselt, wie sonst –, sondern offen und unmittelbar *im Blick auf seine Menschenwürde* der Behandlung überlassen werden.

c) Die erforderliche Vertrauensbeziehung schließt stärker als sonst die Angehörigen ein und wird dadurch komplexer, verletzlicher und anspruchsvoller.

d) Der Psychiater ist in Person deutlicher als andere Ärzte Instrument der Behandlung. Das wird vor allem im Störungsfall deutlich. Eine Patientin beklagt sich mit dem Satz: »Der Arzt hat seinen Beruf an die Medikamente abgegeben«. (Es ist kaum vorstellbar, dass ein solcher Satz in der Praxis eines Internisten fiele.)

11. Der psychiatrische Fall ist der für die ganze Medizin *exemplarische Fall* dafür, dass die Beziehung zwischen Patient und Arzt durch Vertrauen begründet wird und nur so der *Menschenwürde* sowohl des Patienten wie des Arztes entspricht.

a) Diese Perspektiven sind zugleich die Grenzen des Spielraums, die dem *Experiment* gesetzt sind. Diese Grenzen sind in der Psychiatrie enger als sonst.

b) Den ein Projekt begleitenden Gremien fällt eine Doppelrolle zu: Zur Sachkontrolle tritt die Funktion einer *stellvertretenden Öffentlichkeit*. Vor diesen Foren geht es um die sachliche und um die ethische Rechtfertigung des Projekts und damit um seine Vertrauenswürdigkeit.

# Chirurgie im Spannungsfeld technischer Perfektion und Humanität

Von einem Chirurgen, dessen Name freilich nicht in den Annalen der Medizin verzeichnet ist, der aber in der Kulturgeschichte und in der Geschichte des Geistes und der Bildung das größte Ansehen genießt, – von diesem Chirurgen, Wilhelm Meister mit Namen, ist überliefert, dass er sich weigerte, an der Sektion einer jungen Frau teilzunehmen, weil die Zerstückelung des Menschen seinem Begriff von Humanität widersprach. Seiner ärztlichen Kompetenz scheint das indessen keinen Abbruch getan zu haben, denn Goethe schließt die »Wanderjahre« mit einer Szene, in der Wilhelm Meister als direkter Beobachter und Zeuge eines Unfalls durch einen sofortigen chirurgischen Eingriff im Sinne einer Notfall-Intervention das Leben des verunglückten Jünglings zu retten vermag.

Die Chirurgie der Goethezeit ist im Dunkel der Geschichte versunken. Die Neuzeit der Medizin fand nichts, das hätte bewahrt werden müssen und wenig, das sich hätte bewahren lassen. Der Beginn des naturwissenschaftlichen Zeitalters in der Medizin glich einer Revolution, die sich auch schon 1832 ankündigte: In demselben Jahr, in dem Goethe starb, stellte Liebig das Chloroform dar und beschrieb Hodgkin die Lymphogranulomatose, Darwin war auf seiner Weltreise begriffen und Faraday entdeckte die galvanische Induktion. Durch nichts – das ist bündig zu sagen –

ist unsere gesamte Zivilisation so verwandelt worden wie durch die moderne Medizin. Nicht etwa nur die *Lebenserwartung*, die *Lebensqualität* verdankt der Medizin völlig neue Grundlagen und die Befreiung von Übeln in einem Grade, wie es vorher kaum denkbar gewesen wäre. Und im Kreis dieser Medizin gilt die Chirurgie als ihr exemplarischer Fall und als ihr Symbolfach, das augenfällig und einer ganzen Welt sichtbar und zu Diensten alle Mächte des Fortschritts auf dem Gebiet der ärztlichen Aufgabe in sich versammelt.

Es fällt nicht leicht, nach einem solchen Blick auf die Erfolgsgeschichte der modernen Medizin von Spannungen zwischen Technik und Humanität zu sprechen. Denn in dieser Epoche waren Humanität und Technik offenbar zutiefst miteinander verbunden oder gar so verschmolzen, dass der *humane Charakter der Technik* und die *technische Erscheinungsform der Humanität* gemeinsam zutage traten. Das bleibt eine richtige Feststellung auch dann, wenn sie sich heute als ergänzungsbedürftig erweist.

Das aber ist sie in der Tat. Es gibt ein verbreitetes Unbehagen an der Verfassung von neuzeitlicher Medizin und Chirurgie, das mit sehr unterschiedlichen Argumenten und in ganz verschiedenen Zusammenhängen zur Geltung gebracht wird. Die Äußerungen dieses Unbehagens reichen von subjektiven Erfahrungen einzelner Patienten, derer sich gelegentlich die einschlägigen Publikationsmedien mit entsprechenden Wirkungen annehmen, bis zu nachdenklichen oder mahnenden oder warnenden Kommentaren prominenter Chirurgen selbst. Gemein ist all diesen Äußerungen, so verschieden sie im Einzelnen nach Absicht und Begründung sein mögen, dass sie sich auf eine Differenz von Technik und Humanität beziehen und humanitäre Maßstäbe kritisch gegen die Vorherrschaft technischer Handlungsstrategien und Organisationsformen reklamieren. Im Grunde wiederholt sich dabei, freilich auf anderer Ebene, der Widerspruch, dem sich schon Wilhelm Meister ausgesetzt sah: Auf der einen Seite die Erkenntnisinteressen der Pathologie und auf der anderen Seite ein Humanitätsbegriff, der die Ehrfurcht vor dem Menschen in solcher Konsequenz fordert, dass Respekt vor der Integrität des menschlichen Körpers auch dann noch geboten bleibt, wenn dieser Körper den Menschen nur noch abbildet, ihn aber nicht mehr repräsentiert.

Heute wird das Unbehagen an der medizinischen Kultur vor allem von zwei verschiedenen Seiten aus hervorgerufen, die freilich nicht ohne Verbindungen und Gemeinsamkeit sind. Beide machen die Spannung zwischen Technik und Humanität zum Thema.

## 1.

Diejenige Diskussion, die, weithin öffentlich geführt, dem medizinisch-technischen Fortschritt einen fundamentalen Mangel an Humanität vorwirft, ihm im Einzelnen oder im Ganzen seine humanitären Defizite vorhält und ihn zur Korrektur auffordert, beruht weithin auf einem Irrtum, und zwar auf einem Irrtum über die Natur des technischen Fortschritts selbst. Das freilich besagt nicht, dass es die Verhältnisse, die dabei kritisch ins Auge gefasst sind, gar nicht gäbe, es besagt aber, dass die Täuschung über die Ursachen mit großer Wahrscheinlichkeit zu falschen Konsequenzen führen wird. Am technischen Fortschritt der Medizin wird hier kritisiert, dass er nicht human genug sei: Er lasse elementare Bedürfnisse und berechtigte Forderungen des Menschen auf sein Leben unberücksichtigt. Damit aber ist die Kritik am Fortschritt in einen Irrtum über das geraten, was der Fortschritt wirklich ist und was füglich von ihm erwartet werden darf: Es wird *zuviel* und es wird *Falsches* von ihm erwartet. Wie in der Frühzeit der Fortschrittshoffungen darauf gesetzt wurde, dass der wissenschaftlich-technische Fortschritt in der Kultur unweigerlich gesellschaftliche Freiheit und humanes Glück herbeiführen werde, so befrachten vergleichbare Erwartungen heute die technische Perfektion in der Medizin: Nicht die Linderung des Leidens wird erwartet, die seit Hippokrates als größter Erfolg des ärztlichen Handelns angesehen war, sondern Wohlbefinden auf allen Gebieten des Lebens und ungetrübte Genussfähigkeit; Gesundheit wird erwartet als Wiedereinsetzung in sämtliche Lebensrechte und als wäre die Krankheit, die der Arzt zu heilen hat, nie gewesen, eine Gesundheit, die Lebensfreude, Leistungsfähigkeit und gesellschaftlichen Erfolg garantiert, und die vom Arzt wie ein soziales Recht eingefordert und gegebenenfalls auch eingeklagt werden kann.

Es liegt auf der Hand, dass kein Fortschritt auf medizinisch-technischem Gebiet solchen Ansprüchen gewachsen ist: Hier ist der Fortschritt überfordert. Zu fragen bleibt jedoch, wie denn die Öffentlichkeit zu diesem illusionären Bild des medizinischen Fortschritts und seiner Möglichkeiten gekommen sein mag, wer also für die Verbreitung solcher Erwartungen verantwortlich gemacht werden müsste. Dabei ist zwar in Betracht zu ziehen, dass die Eskalation von Ansprüchen an die Lebensqualität sich keineswegs auf das Gesundheitswesen beschränkte. Aber zumindest diese Frage muss erlaubt sein, ob denn in den Sprechstunden und bei den Visiten tatsächlich mit gebotener Eindeutigkeit und Autorität den übersteigerten Erwartungen an die Medizin widersprochen worden ist und widersprochen wird. Es gehörte zur Humanität der technisch-naturwissenschaftlichen Medizin, sich in der Prognostik ihrer Möglichkeiten von der nüchternen Sachlichkeit leiten zu lassen, die um keinen Preis zuviel, sondern eher zuwenig verspricht. Andernfalls förderte sie die Illusion, die Gesundheit als Konsumgut ansieht, das in beliebiger Menge aus dem Warenhaus der Medizin bezogen werden kann.

Ein anderer und vergleichsweise konkreter Vorwurf, der im Namen der Humanität gegen den medizinischen Fortschritt erhoben wird, gehört gleichwohl in denselben Zusammenhang: Das ist der Vorwurf der Entmündigung des Patienten vor allem in der chirurgischen Klinik. Beklagt wird, dass der Kranke abhängig und hilflos dem technischen Ritual der Aufnahme und der Aufbewahrung ausgesetzt ist, dass er Autonomie und Selbstbestimmung gleichsam auf einen Schlag verliert, dass er sich ausgeliefert findet an die absolute und unkontrollierbare Macht der ärztlichen Kompetenz und an die anonyme Herrschaft unverständlicher Apparate. Entmündigung heißt auch, dass dieser Kranke sich dann selbst unbewusst und innerlich solchen Regulationen nicht zu entziehen vermag und also Verhaltensweisen ausbildet, die den Umständen korrespondieren: Er zieht sich regressiv in eine Welt des bloßen Reagierens zurück, und dabei schwindet die Fähigkeit zu eigener Entscheidung, zum persönlichen Urteil und am Ende auch zu selbständiger Kommunikation. Die Folge ist, dass man dieser Umwelt mit Angst begegnet: Amerikanische Untersuchungen haben ergeben, dass mehr als die Hälfte aller stationären Patienten von diffuser Angst erfüllt ist, und in Ballungszentren sind etwa 70 % aller stationären Patienten einer chirurgischen Intervention wegen aufgenommen.[1]

---

[1] Fritz Hartmann, Überhöhte Leitwerte ärztlichen Selbstverständnisses, in: Therapiewoche 31 (1981), 826 ff; Eduard Seidler, Ethische Probleme des chirurgischen Handelns, in: Therapiewoche 31 (1981), 2270 ff.

Diese Kritik, die gerade der chirurgischen Klinik Mängel der Humanität und die Dominanz bloß technischer Prozesse vorwirft, findet sich nicht nur als Urteil einzelner Patienten, sie bestimmt auch das öffentliche Bewusstsein. Es gilt als ausgemacht, dass der einzelne Kranke gegen solche Entmündigung und Bevormundung durch die ärztlichen Instanzen in Schutz genommen werden muss, und dass Staat und Gesellschaft in solchem Schutz eine wichtige Aufgabe zu sehen haben. Deshalb sind *Aufklärung, Aufklärungspflicht* und *Einwilligung* zu zentralen Begriffen für das Verhältnis von Arzt und Patient geworden, und die Rechtsprechung, die bereit ist, jede Frage auf diesem Gebiet als Rechtsfrage zu behandeln, gibt nur dem allgemeinen Bewusstsein Ausdruck, wenn sie den Begriff der Aufklärungspflicht zum wesentlichen Kriterium macht. Gewiss mögen dabei auch andere Rechtsfragen noch eine Rolle spielen, aber es ist doch unverkennbar, dass durch diese Entwicklungen dem ärztlichen Handeln eine neue Spitzenformel gegeben wird: Nicht mehr die Heilung des Kranken ist das höchste Gesetz, sein Wille und seine Selbstbestimmung sollen allein gelten: *voluntas aegroti suprema lex*.

Diese Entwicklung im öffentlichen Bewusstsein und das kritische Motiv, dem sie sich verdankt, sind ihrerseits nicht frei von einem folgenschweren Irrtum: Es sind nicht die technisierten Verfahren in der chirurgischen Klinik, die den Kranken entmündigen: es ist seine Krankheit. Nicht erst die schwere oder fortgeschrittene oder die schmerzhafte Erkrankung wirft den Kranken aus der Bahn, schon die in Betracht kommende Diagnose einer ernsthaften Krankheit erschüttert ihn, und lässt ihn innerlich hilfsbedürftig und seine Autonomie zweifelhaft und unsicher werden. Es ist ein abstraktes Bild vom Menschen und seiner Krankheit, in dem diese Fakten fehlen.

Wichtiger als der Irrtum sind indessen die Konsequenzen, zu denen er führt: Hier wird der Humanität auf falsche Weise das Wort geredet, denn diese Entwicklungen hindern gerade die humanen Ziele, um derentwillen sie angestrengt wurden. Falsch ist dabei vor allem die Auffassung, dass das Verhältnis des Arztes zu seinem Patienten formalisiert und durch Begriffe wie Aufklärung und Einwilligung kontrollierbar gemacht werden kann. Denn dieses Verhältnis ist entweder durch Vertrauen begründet oder gar nicht. Hier gibt es zum Vertrauen keine Alternative. Der *informed consent* ist sinnvoll und sachgemäß als Ausdruck dieses Vertrauens, nicht aber als dessen Ersatz.

*Vertrauen ist akzeptierte Abhängigkeit.*

Ein solches Vertrauen setzt die Vertrauenswürdigkeit nicht nur der Umstände, sondern vor allem der Personen voraus, auf die es sich angewiesen findet. Vertrauenswürdigkeit aber ist über alle technische Verlässlichkeit hinaus eine personale Kategorie. Sie verweist nicht nur auf die fachliche, sondern auch und vor allem auf die persönliche Autorität dessen, der Vertrauen in Anspruch nimmt. Wer sich hier allein mit technischer Kompetenz begnügen wollte, wird humanitäre Defekte nicht nur verursachen, sondern selbst erleiden.

## 2.

Die Spannungen zwischen technischer Perfektion und Humanität haben ihre Gründe also zu einem guten Teil außerhalb der Klinik und der Medizin, nämlich in den Tendenzen der Öffentlichkeit und des allgemeinen Bewusstseins, oder anders gewendet: Gerade die Chirurgie erweist sich darin als prominentes Gebiet des modernen Lebens, dass sie dessen Probleme teilt oder sogar in besonderer Weise zur Anschauung bringt. Die Ursachen für die Spannung zwischen Technik und Humanität aber liegen nicht weniger in der Medizin selbst. Sie liegen, mit einem Satz, darin, dass die *ärztliche* Aufgabe und die Aufgabe der *wissenschaftlichen Medizin* nicht immer deckungsgleich sind. Diese Spannungen also entstehen aus der Substanz der neuzeitlichen Medizin selbst, sie sind strukturell und unvermeidlich.

Dabei ist die *ärztliche* Aufgabe die, die sich als elementarer Appell zur Hilfeleistung aus dem Anblick eines kranken oder verletzten Menschen ergibt. Diesem Appell zu folgen ist eine »physiologische Tugend«[2], eine angeborene, in der Vitalsphäre angesiedelte Verhaltensregulation, die möglicherweise auf die Erfahrung des wechselseitigen Angewiesenseins in einer Gruppe, deren Leben auf dem Spiel steht, zurückgeht. Dieses archaische Verpflichtungsgefühl dem anschaulich geschädigten, verletzten und leidenden Menschen gegenüber, das von der ethischen Tradition des Abendlandes auf den Begriff gebracht wurde, ist freilich in der Form der ärztlichen Aufgabe bereits in einen neuen Bestimmungszusammenhang eingetreten: Es ist professionalisiert und also kulturell festgelegt und mit einer Vielzahl sozialer Vorgaben und Erwartungen ausgestattet. Geblieben aber ist der Sachverhalt, dass diese Aufgabe am *leidenden Individuum* orientiert ist, am konkreten, einzelnen und unverwechselbaren Patienten, und dass seine Bedürftigkeit die Art und Weise der Hilfe bestimmt, die er braucht.

In dem Maße aber, in dem die Medizin moderne Naturwissenschaft geworden ist, hat sie, in ihrem Rahmen, ihre Aufgabe unter neuen Aspekten definiert: Gegenstand

---

[2] Arnold Gehlen, Moral und Hypermoral. Eine pluralistische Ethik, Frankfurt a. M., Bonn 1969.

der Medizin als Wissenschaft ist das menschliche Leben schlechthin und als biologische Erscheinung, und zwar Gegenstand sowohl der wissenschaftlichen Erkenntnis wie der daraus folgenden therapeutischen Praxis. Diese wissenschaftliche Zuwendung zu den Phänomenen des gesunden und kranken menschlichen Lebens ist ihrerseits keineswegs ohne ethische Legitimation: Sie folgt dem neuzeitlichen Ethos der wissenschaftlichen Rationalität, das durchaus als Ethos der Humanität begriffen sein will: Sinn und Ziel dieser Ethik ist die Befreiung des Menschen von unbegriffenen Mächten, die Aufhebung seiner Abhängigkeit von der Natur und also seine Ermächtigung zur Verfügung über die Welt und über sich selbst. Der einzelne Mensch allerdings kommt in der Perspektive dieser Wissenschaft nur als Exemplar seiner Gattung vor und der einzelne Kranke nur als Fall seiner Krankheit.[3]

Kein Zweifel, dass vor allem die Chirurgie dieser wissenschaftlichen Neubegründung ihren Aufstieg zum repräsentativsten Fach der Medizin verdankt. Der Kreis der *ärztlichen* Aufgaben im überlieferten Sinn war so groß, dass die Entwicklung der *wissenschaftlich-technischen Praxis* für jeden einzelnen Fall Fortschritt, Hoffnung und Heilung bedeutete. Inzwischen ist der Kreis der ärztlichen Aufgaben nicht kleiner geworden, der Kreis der wissenschaftlich-technischen Praxis aber hat sich ins Unübersehbare erweitert.

Es ließe sich vermutlich ziemlich genau angeben, seit wann diese Konstellation zum Problem geworden ist: Sie ist es spätestens seit dem Tag, an dem die Frage aufgeworfen werden musste: ob alles in der Chirurgie Machbare auch wirklich gemacht werden sollte. In gewisser Weise mag diese

---

[3] DIETRICH RÖSSLER, Wandlungen der ärztlichen Ethik, in: Monatsschrift Kinderheilkunde 130 (1982), 75 ff.

Frage schon immer eine Rolle gespielt haben. Ihr wirkliches Gewicht aber hat sie erst, seitdem die Möglichkeiten technisch-medizinischer Interventionen dazu zwingen, die Frage täglich zu stellen und sie immer wieder neu zu entscheiden. Was sich in dieser Situation zur Geltung bringt, ist der Konflikt zwischen einer am *Generellen* orientierten technischen Praxis und den Nötigungen, Forderungen und Rücksichten, die sich aus der *individuellen Lage* eines einzelnen Patienten ergeben. Am Beispiel etwa der Chirurgie kongenitaler Dysmorphien würde sich zeigen lassen, wie unendlich die Kette der hier jeweils veranlassten Argumentation sein kann: bis hin zum Abwägen der sozialen und menschlichen Probleme, die sich aus den Folgelasten des Operationserfolges ergeben würden oder zu der Frage, mit welchen richterlichen Entscheidungen wohl gegebenenfalls zu rechnen sein dürfte.

Von diesem Konflikt zwischen Technik und Humanität ist auch die *Forschung* nicht ausgenommen. Forschungsschwerpunkte und Forschungsrichtungen werden sich immer deutlicher durch die ausdrückliche Rücksicht auf humanitäre Grundsätze und Ziele legitimieren müssen, und auch das einzelne Forschungsprojekt wird nicht mehr lange ohne derartige Legitimationen auskommen, – wobei der Hinweis gestattet sein mag, dass dafür am Ende eigene Gremien, etwa der Fakultäten, wenn nicht die bessere Lösung, so doch das kleinere Übel sein werden, im Vergleich mit einer sonst sicher zu erwartenden gesetzlichen Regelung, vermittels derer dann die Humanität eines Forschungsprojektes vom Landratsamt bestätigt werden muss. Es ist unverkennbar, dass der Konflikt zwischen Technik und Humanität aus einem Orientierungsproblem von prinzipieller Bedeutung hervorgeht.

Die wissenschaftlich-technische Verfassung der Medizin

ist zur Grundlage für das gesamte Gesundheitswesen unserer Zeit geworden: Für die Krankenhäuser, für die Gesetze, für die Versicherungen. Alle einschlägigen Institutionen sind aus diesem Zusammenhang heraus organisiert und auf seine Zwecke ausgerichtet. Naturgemäß ist auch der ärztliche Beruf selbst von solchen Entwicklungen und Veränderungen betroffen, und zwar nicht nur so, dass die vorwissenschaftliche und vorindustrielle Erscheinungsform dieses Berufs zu existieren aufgehört hat, sondern so, dass die Folgen der wissenschaftlich-technischen Berufsorganisation immer deutlicher zutage treten. Damit aber wird das Berufsverständnis des Arztes selbst zum Problem. Der Arzt findet seinen Beruf heute beherrscht von der Technisierung seiner Tätigkeiten, vom Zwang zur Spezialisierung in seiner Ausbildung und in seiner Weiterbildung, von den Auflagen bürokratischer Verwaltungen und, nicht zuletzt, von der zunehmenden Anonymität seines Wirkens. In kritischen Analysen dieser Situation wird gezeigt[4], dass es diesem Problem gegenüber zwei Reaktionen gibt, die sich auf das Berufsverständnis des Arztes heute folgenreich auswirken. Die erste Form dieser Reaktion besteht darin, die überkommenen Motive und Grundsätze für das Berufsverständnis festzuhalten und sie kritisch den Denaturierungen und Verfremdungstendenzen der Zeit entgegenzusetzen. In dieser Haltung meldet sich die Einsicht zu Wort, dass die ethisch-normative Tradition der ärztlichen Berufsauffassung nicht beliebiges Beiwerk oder bloßer Luxus für die Funktionen ist, die der Arzt in unserer Kultur erfüllt, und auf deren Wahrnehmung also auch nicht einfach und ohne Schaden für das Ganze verzichtet werden könnte. Die andere Form der Re-

---

[4] Helmut Schelsky, Auf der Suche nach Wirklichkeit. Gesammelte Aufsätze, Düsseldorf 1965.

aktion sucht dagegen gerade die Veränderungen zu akzeptieren, und der Berufstätigkeit unter ihren neuen technischen, spezialisierten und abstrakten Bedingungen Effizienz zu verleihen und sich auf Resultate einzustellen. Diese Haltung ist zweifellos realistisch und geeignet, nicht nur den Verhältnissen Rechnung zu tragen, sondern auch dem Arzt Identität zwischen Berufsbild und Berufswirklichkeit zu vermitteln, ein Effekt, dessen Bedeutung man nicht unterschätzen sollte. Im Ganzen aber ist diese Haltung dem Vorwurf ausgesetzt, dass sie in bloßer Anpassung bestehe und den Arzt zum willfährigen Funktionär eines Prozesses mache, den er selbst nicht mehr kontrolliert und auf dessen Verlauf er keinen Einfluss zu nehmen vermag. Dagegen steht die erste Form der Reaktion, die zeitkritische und traditionsverpflichtete Haltung vor der Frage, wie denn ihre respektablen und unbestreitbaren Grundsätze und sittlichen Werte angesichts der waltenden übermächtigen Zwänge und der sozialen Superstrukturen zur Geltung gebracht werden sollen.

Für dieses Orientierungsproblem lassen sich einfache Lösungen, die auf allgemeine Zustimmung und auf generelle Gültigkeit hoffen dürften, nicht offerieren. Auch die Chirurgie wird sich darauf einrichten müssen, mit dem Konflikt zwischen Technik und Humanität zu leben und zu arbeiten. Der Konflikt selbst freilich ist, wie sich aus den unterschiedlichen Reaktionen und Haltungen im Berufsverständnis zeigt, in der Ärzteschaft im Allgemeinen und in der Chirurgie im Besonderen unmittelbar und von beiden Seiten repräsentiert. Damit sind die Bedingungen nicht nur für Friktionen und Dissonanzen gegeben, sondern vor allem für einen Dialog und für den Austausch von Argumenten, die sich in konkreten Situationen und vor extremen Aufgaben zu bewähren haben. Auf diese Weise könnte eine Reflexion institutionalisiert sein, von der sich Beiträge zu jenem

*Fortschritt des ethischen Allgemeinbewusstseins* erhoffen ließen, der dem *wissenschaftlich-technischen Fortschritt* zu folgen hat, wenn dessen Humanität bewahrt bleiben soll.

In älteren Selbstdarstellungen der Chirurgie ist Goethe nicht selten zitiert worden, um der chirurgischen Praxis ihre Sonderstellung und vielleicht sogar eine gewisse heroische Note zu attestieren. Es sollte aber bedacht werden, dass Goethes Wort über die Chirurgie nicht nur als Verklärung der Arbeit am Operationstisch zu lesen ist, sondern als Hinweis auf die kaum überbietbare und in der Person des Arztes immer *zugleich technische und humane Verantwortung*, die der übernimmt, der zum Messer greift, um, mit Goethes Worten, »*ohne Wunder zu heilen und ohne Worte Wunder zu tun*«.

# Spannungen zwischen individuellem Heilauftrag und allgemeinem Erkenntnisstreben. Aus theologischer Sicht

## 1.

Die Genealogie des Problems, das mit der Überschrift bezeichnet ist, beginnt mit der Aufhebung der Identität zwischen dem Kreis der Ärzte und dem Kreis der Forscher.

Arzt ist derjenige, der unmittelbar mit einem Kranken zu tun hat. Die ärztliche Aufgabe ist am einzelnen Menschen, am kranken Individuum, orientiert. Mit diesem individuellen Bezug verknüpft sich der Sinngehalt des Wortes »Arzt« in der abendländischen Tradition von ihren ersten Anfängen an. »Forscher« ist im Unterschied dazu derjenige, der nach allgemeingültigen Gesetzmäßigkeiten fragt. Der Forscher vertritt das allgemeine Erkenntnisstreben. Er fragt nicht nach dem, was im besonderen Falle, sondern nach dem, was in jedem Falle gilt. In der vorneuzeitlichen Geschichte der Medizin waren die Ärzte und die Forscher auf diesem Gebiet nicht prinzipiell voneinander verschieden. Beide Kreise fielen in eins. Es waren Ärzte, die sich als Forscher betätigten, und umgekehrt bestand weder Möglichkeit noch Interesse, die Forschung von der ärztlichen Praxis zu isolieren.

Es war die Neuzeit, die in dieser Frage völlig neue Verhältnisse geschaffen hat. Es entstanden die Bedingungen dafür, dass die Forschung sich verselbständigen konnte. Die beiden Kreise der Ärzte und der Forscher rückten in dem Sinne auseinander, dass ihre Mittelpunkte sich voneinander entfernten. Auf diese Weise sind nicht nur zwei, sondern drei Gruppen entstanden: die reinen Ärzte, die reinen Forscher und diejenigen, die beides zugleich sind.

Der wesentliche und entscheidende Grund, der diese Veränderungen herbeigeführt hat, war die Neugestaltung der Medizin als Naturwissenschaft. Dieser Verwandlungsprozess aber steht im größeren kulturgeschichtlichen Rahmen des 19. Jahrhunderts. Dazu gehört nicht nur, dass reine naturwissenschaftliche Forschung auf dem Gebiet der Medizin möglich wurde, sondern auch, dass sie mit einem besonderen sozialen Ansehen ausgestattet worden ist. Entsprechend unterscheiden sich die drei Gruppen auch durch ein unterschiedliches Selbstbewusstsein. Forscher sind jetzt diejenigen, die den Stand der Forschung verändern, ohne ihn anzuwenden. Im Unterschied dazu sind die Ärzte dann diejenigen, die den Stand der Forschung anwenden, ohne ihn zu verändern. Nur die dritte und kleinere Gruppe derjenigen, die zugleich Ärzte und Forscher sind, bleiben an beiden Tätigkeitsbereichen gleich beteiligt.

Im Unterschied des Selbstbewusstseins aller dieser Gruppen spiegelt sich die öffentliche Bedeutung und die soziale Einschätzung. In dem Maße, in dem die Kultur immer deutlicher von der Forschung und ihren Ergebnissen geprägt worden ist, sind auch Selbstbewusstsein und soziales Ansehen dieser Gruppe gestiegen. Die öffentliche Geltung des Forschers schlägt sich nicht nur in seiner Reputation nieder, sondern vor allem in den finanziellen Mitteln, die die Gesellschaft dafür aufzuwenden bereit ist. Andererseits aber ist die Forschung auf dem Gebiet der Medizin mit einer bestimmten Identitätsproblematik verbunden. Es steht nicht von vornherein fest, dass sie an Geltung und Ansehen der Ärztegruppe partizipiert. Die Reputation dieser Gruppe verdankt sich weniger der Forschung, als vielmehr der Bedeutung, die der Gesundheit und den ärztlichen Berufen in der Gesellschaft zukommt. Der Arzt gilt als der Vermittler dieser Gesundheit. Der Forscher hat demgegenüber die Funktion, diese Gesundheit immer mehr zugänglich zu machen und ihre Garantien zu erhöhen. So rangiert innerhalb des Gesundheitswesens der Arzt an ausgezeichneter Stelle. Sein Identitätsproblem aber entsteht daraus, dass er an der Forschung nicht beteiligt ist. Er handelt zwar als Wissenschaftler und er wird auch nach seiner wissenschaftlichen Befähigung und Betätigung eingestuft, aber er trägt zu dieser Wissenschaft selbst nichts bei. Exemplarischen Ausdruck gewinnen diese Spannungen in den Problemen der Fortbildung und in der Anerkennung von Spezialausbildungen. Am wenigsten belastet sind naturgemäß diejenigen, die an beiden Gruppierungen teilhaben. Sie stehen in der sozialen Geltung auch an erster Stelle. Aber diese Verbindung zwischen der Aufgabe des Arztes und der des Forschers in einer Person ist sekundär. Es handelt sich hier keineswegs um eine bewahrte Ursprünglichkeit, sondern vielmehr um eine Personalunion von Tätigkeitsgebieten, die nur in wenigen institutionalisierten Fällen überhaupt möglich ist.

Einer der wesentlichen Gründe für die Differenz der beiden Gruppen ist der, dass bei den Ärzten einerseits und bei den Forschern andererseits jeweils ein eigenes und vom anderen verschiedenes ethisches Prinzip leitend ist. Man könnte deshalb auch sagen, dass die Existenz dieser beiden Gruppen sich der Entfaltung zweier unterschiedlicher ethischer Prinzipien verdankt. Für die Forschung gilt das Ethos der neuzeitlichen Rationalität. Es gehört zum Selbstverständnis jeder Forschung, allein ihm, dem Ethos der neuzeitlichen Rationalität, verpflichtet zu sein. Auch die naturwissenschaftliche Forschung befasst sich auf ihre Weise mit der Frage nach der Wahrheit. Diese Frage aber hat ihre Legitimation in sich selbst. Der abendländische Kulturbereich hat diese Frage von Anfang an als die für den Menschen wesentliche Frage angesehen. Darüber hinaus hat die Neuzeit im Ethos der Rationalität grundlegende sozialethische Züge entdecken gelehrt. Das Ethos dieser Wissenschaft dient der Befreiung des Menschen von unbegriffenen Mächten. Naturwissenschaftliche Forschung, auch auf dem Gebiet der Medizin, ist die für den Dienst an der Menschheit in Gebrauch genommene Fähigkeit zur Rationalität. Der Mensch, der sich ihrer bedient, ist auf dem Wege zu seiner eigenen Freiheit und zur Vollendung seiner Humanität. Dem Ethos der ärztlichen Forschung liegt also nicht nur eine zufällige oder willkürliche Neugierde zu Grunde. Es wird vielmehr zum Ethos dadurch, dass seine Bedeutung für die Menschlichkeit des Menschen und des menschlichen Lebens an den Tag gekommen ist. Zur Logik dieser Rationalität gehört freilich ihre Unbegrenzbarkeit. Die naturwissenschaftliche Forschung, auch auf dem Gebiet der Medizin, lässt sich nicht beschränken. Sie beansprucht allgemeine und überall gleiche Gültigkeit. Andererseits hängt gerade daran nicht zuletzt die Fülle der Erwartung. Es ist diese Forschung, von der die Öffentlichkeit innerhalb unserer Kultur tatsächlich alle Hilfe, nicht zuletzt auf dem Gebiet der Medizin, erwartet.

Der kulturelle und ethische Differenzierungsprozess der letzten Jahrhunderte, der das Ethos der neuzeitlichen Rationalität verselbständigte und hervortreten ließ, hat auf der anderen Seite dazu geführt, dass das allgemeine Ethos unmittelbarer humanitärer Gegenseitigkeit isolierter und begrenzter gefasst wurde und sich in seiner Gültigkeit reduziert hat. Die ärztliche Aufgabe im strengen Sinn geht auf eine solche prinzipielle Fassung der Nächstenliebe als einer allgemeinen sittlichen Verpflichtung zurück. Je bedürftiger ein Mensch ist, desto mehr bedarf er der Hilfe durch andere. Ärztliches Handeln entspricht diesem Ethos der Bedürftigkeit des Menschen. Diese Ethik will nicht die allgemeine Vermehrung von Wahrheit, sie will die individuelle Hilfe zum Leben.

Diese ethischen Prinzipien stehen nicht notwendig im Gegensatz zueinander. Sie rivalisieren nicht von vornherein. Das Ethos des Arztes und das Ethos des Forschers, so verschieden die Richtungen ihrer Leistungen und Weltgestaltungen sind, sind dennoch aufeinander bezogen und gleichsam aufeinander angewiesen. Dem Ethos der Rationalität verdanken wir die moderne Welt, dem Ethos der Nächstenliebe, dass wir darin noch menschlich zu leben vermögen. Es sind unterschiedliche Funktionen, die hier wahrgenommen und durch die beiden ethischen Prinzipien vertreten werden. Sie können allerdings auch in Widerspruch geraten. Die Wahrnehmung unterschiedlicher und jeweils eigener Funktionen ist nur dort möglich und gesichert, wo der jeweils angemessene institutionelle Ort in der Gesellschaft definiert und eingehalten ist. Man kann nicht das ethische Prinzip einer bestimmten Praxis beliebig mit einem anderen vertauschen. So wenig die moderne Forschung möglich wäre, wenn sie allein dem Ethos der individuellen Humanität verpflichtet sein müsste, so wenig ließe sich ärztliches Handeln allein aus dem Ethos der Rationalität begründen. Mancherlei Züge von Irrationalität oder gar neuer Wissenschaftsfeindlichkeit im Patientenverhalten der Gegenwart deuten darauf hin, dass die öffentlich gültigen Orientierungen über ärztliche Aufgabe und ärztliche Forschung unsicher geworden sind.

## 2.

Die abendländische Tradition der ärztlichen Ethik ist reich an grundsätzlichen Formulierungen und arm an konkreten und kasuistischen Bestimmungen. Das ist vernünftig und sachgemäß. Die Ziele des ärztlichen Handelns stehen in diesen Texten im Vordergrund, nicht aber die Mittel, durch die diese Ziele erreicht werden sollen. Ärztliche Methoden sind kein Thema der ärztlichen Ethik, denn diese Methoden sind abhängig vom jeweiligen Stand der Forschung. Es wäre ein innerer Widerspruch dieser Ethik selbst, wenn sie einen bestimmten Stand dieser Forschung selbst legitimieren wollte. Sie würde damit gerade denjenigen Fortschritt und den Zuwachs an Hilfsmöglichkeiten verhindern, den sie als Ethik des ärztlichen Handelns erreichen soll.

Zu den allgemeinen und prinzipiellen Zielen der Ethik des ärztlichen Handelns gehört es, dass dieses Handeln in Übereinstimmung mit dem Patienten und nicht gegen dessen Willen und Absicht geschieht. Seine modernste und aktuellste Gestalt hat dieses ethische Prinzip in dem Vorgang gefunden, der als *informed consent* bezeichnet wird. Einerseits steht hier die Aufklärung des Patienten über die diagnostischen Gegebenheiten und über die therapeutischen Möglichkeiten im Vordergrund, andererseits aber und mit gleichem Gewicht die Rücksicht auf seine freie Entscheidung. Der Patient soll selbständig und verantwortlich zustimmen können, oder aber aus gleicher Verantwortlichkeit und Selbständigkeit heraus ablehnen können, was der Arzt ihm vorschlägt. Damit aber wird eine Problemsituation deutlich, deren Bedeutung kaum überschätzt werden kann. Denn: Wonach entscheidet der Patient? Ist seine Entscheidung tatsächlich allein eine Folge der aktuellen und konkreten Informationen, die er vom Arzt erhält? Oder ist diese Entscheidung bedingt durch allgemeine Einstellungen, die aus ganz anderen Gründen entstanden sind und deren Zusammenhang den einzelnen und konkreten Fall weit übersteigt? Der Patient bringt eine bestimmte Mentalität, eine eigentümliche Moral und ein großes Bündel von Urteilen und Vorurteilen bereits in das Gespräch mit, das er mit dem Arzt erst führen soll. Dafür sind keineswegs allein individuelle und persönliche Faktoren maßgebend. Die individuelle Einstellung des Patienten ist ein Spiegelbild des öffentlichen und allgemeinen Bewusstseins.

Diese Patientenmentalität ist in der Regel orientiert am herrschenden Begriff von »Gesundheit«. Krankheit gilt als ein technischer Defekt, der in zufälliger und unzumutbarer Weise den erfüllten Ablauf des Lebens stört, den jedermann erwarten darf. Die Beseitigung dieser Störung wird als Herstellung oder Wiederherstellung von Gesundheit verstanden. Diese Gesundheit gilt als Lebensqualität, auf die nach allgemeinem Konsens ein Recht besteht, das bei den Institutionen des Gesundheitswesens eingeklagt werden kann. Wer Gesundheit braucht, weil sie ihm in bestimmten und einzelnen Fällen zu fehlen scheint, der verhält sich wie ein Konsument, dem an einer besonderen Ware liegt. Hinzu kommt, dass die Produktion und die Verteilung dieser Ware als allgemeine und gesellschaftliche Aufgabe aufgefasst wird. Das persönliche Verhältnis zur Gesundheit ist nicht Gegenstand persönlicher Verantwortung. Aus diesem Klima entsteht vielmehr eine gewisse Gleichgültigkeit: Die Sorge für die eigene Gesundheit ist Sache der staatlichen Institutionen.

Aus diesen Faktoren ergibt sich die Patientenmentalität, der der Arzt in seinen Gesprächen begegnet. Freilich ergibt sich dabei keineswegs immer derjenige Widerspruch, den man erwarten müsste. Es zeigt sich vielmehr, dass die Mentalität verbreiteter ist. Nicht selten wird sie von den Ärzten ebenso geteilt wie von den Patienten. Das gilt zumindest in allen denjenigen Fällen, in denen Gesundheit tatsächlich wie ein Konsumgut behandelt werden kann. Der Erwartung des Patienten wird dann durch die Praxis des Arztes entsprochen. Die Ware wechselt sozusagen den Besitzer. Zum Problem wird das Gespräch zwischen Arzt und Patient erst dann, wenn sich dieser reibungslose Ablauf nicht herstellen lässt.

Die Gründe, denen sich diese Mentalität verdankt, sind außerordentlich komplex und gehören in den vielschichtigen Zusammenhang der neuesten Kulturgeschichte. Auf dem Gebiet der Medizin gibt es jedoch eine Erscheinung, die in besonderer Weise zugleich zu den Gründen und zum Ausdruck dieser Mentalität gehört: Hier wird die Idee der Institutionen des Gesundheitswesens mit der Ethik der Rationalität identifiziert. Das ist das Ergebnis einer allgemeinen Umdeutung und einer neuen Orientierung dieser Institutionen. Der Geist, der diese Institutionen erfüllt oder erfüllen soll, ist nicht mehr in erster Linie der, der sich dem Ethos humaner Bedürftigkeit verdankt, zur Herrschaft ist vielmehr das Prinzip der Rationalität gelangt, das die Machbarkeit jeder Problemlösung und auf allen Gebieten einschließt. Dasjenige ethische Prinzip, das das ärztliche Handeln begründete, ist gleichsam aus denjenigen Institutionen vertrieben worden, die das ärztliche Handeln selbst hervorgebracht hat. Die Ethik humaner Bedürftigkeit ist freilich nicht vollständig verschwunden. Aber sie ist privatisiert worden. Ihre Funktion ist bloßem Belieben anheimgestellt und überlassen.

Die Folgen dieser Umschichtungen in der Zuordnung der ethischen Prinzipien reichen weit. Sie beschränken sich keineswegs auf das Gespräch zwischen Arzt und Patient. Als ein sehr zufälliges, aber dennoch charakteristisches Beispiel sei hier auf die Reklame für pharmazeutische Präparate verwiesen. Die suggestiven Bilder, die das Medikament empfehlen, entstammen nicht selten der Sphäre modernster Technik: etwa dem Cockpit eines zeitgenössischen Großflugzeuges. Perfektion und Zuverlässigkeit der Flugtechnik werden hier suggestiv auf den Erfolg der Medikation übertragen. Dabei bleibt alles, was der Arzt gerade für den Einzelfall berücksichtigen muss, völlig außer Betracht. Entscheidend aber ist, dass für dieses Medikament eine Wirkung verheißen wird, die sich gerade nicht nach der persönlichen Bedürfnislage dieses Patienten richtet. Er wird vielmehr, so scheint es, unabhängig von sich selbst. Er kann seine Gesundheit, in diesem Fall zumindest, von der Stange der Reklame kaufen.

In den Zusammenhang dieser Suggestionen gehört die andere, dass Erfolg in der ärztlichen Therapie die Regel sei, Misserfolg dagegen der vergleichsweise seltene Fall, in dem üble und merkwürdige Umstände und Zufälle zusammengekommen sind. Für das ärztliche Handeln gilt das Erfolgsprinzip. Kommt es dennoch zum Scheitern, dann ist eigentlich niemand in Person verantwortlich. Es ist nur konsequent, dass das Scheitern im Umgang mit Kranken und mit der Wiederherstellung ihrer Gesundheit nicht eigentlich als ärztliche Aufgabe noch angesehen wird. Kommen derartige widrige Umstände und unvorhersehbare Faktoren, die den Erfolg der Therapie verhindern, zusammen, dann ist eben auch der Arzt an seine Grenze gelangt. Jenseits dieser Grenzen gibt es für ihn nichts mehr zu tun.

Das auf die Rationalität ausgerichtete Ethos der Institutionen im Gesundheitswesen produziert damit diejenigen Probleme, die dann als Krise dieser Institutionen beschrieben werden. Zu deren praktischer Bilanz gehört es, dass eine große Zahl von Krankheiten und Krankheitserscheinungen von den Institutionen des Gesundheitswesens nicht abgedeckt werden können. Der Patient macht die Erfahrung, dass eben nicht jede Krankheit, unter der er leidet, auch eine Krankheit ist, die von der etablierten Medizin akzeptiert und versorgt werden kann. Vermutlich ist es auch deshalb in jüngster Zeit zu der bekannten Konjunktur der irrationalen Methoden und der außermedizinischen Krankenbehandlung gekommen.

Die Verschiebung im Geltungsraum der ethischen Prinzipien hat ihre Folgen aber vor allem in der alltäglichen Praxis des einzelnen Arztes. Er muss jetzt in Person und als Einzelner leisten, was durch die Institutionen im Ganzen nicht mehr abgedeckt ist. Die Privatisierung der humanitären Bedürftigkeitsethik bildet für den einzelnen Arzt einen Ermessensspielraum. Die Anfragen und die Zumutungen, die seitens der Patienten an ihn in diesem Sinne gerichtet werden, sind in der Regel weitaus größer als die Inanspruchnahme seiner technischen Kompetenz. Hier sollen, implizit oder ausdrücklich, die Themen zur Sprache gebracht werden, die durch die Krankheit veranlasst sind und die sonst keinen Raum finden. Das sind nicht nur die großen Themen des Lebens: das Schicksal, die Verantwortung, Leiden und Tod. Es sind vor allem die Störungen und Irritationen persönlicher Lebensgewissheit. Es ist die Unsicherheit oder die Verunsicherung im Umgang mit den eigenen Lebensfähigkeiten und mit den anderen Menschen auf engstem Raum. Es sind, mit einem Wort, die Fälle, in denen die Bedürftigkeit zur Sprache gebracht werden soll.

An derartigen Beispielen zeigt sich, dass die Spannungen zwischen dem individuellen Heilauftrag und dem allgemeinen Erkenntnisstreben an einem spezifischen und unverwechselbaren Ort lokalisiert sind: in der Person des Arztes. Die Veränderungen im Geltungsbereich der ethischen Prinzipien haben dazu geführt, dass alle Konflikte, die durch diese Verschiebung entstehen oder durch die Konkurrenz der ethischen Grundsätze auftreten, einen Lösungsanspruch an die Persönlichkeit des einzelnen Arztes richten. Der Arzt kann diesen Konflikt negieren. Er kann sich von allen privaten Ansprüchen an seine Person und an seine persönlichen Fähigkeiten abmelden. Aber das hätte nur zur Folge, dass andere Ärzte dann an seine Stelle treten müssten. Die Balance der ethischen Prinzipien ist eine Aufgabe, die ganz neue und neuartige Ansprüche an die Persönlichkeit des Arztes stellt. Die moderne Medizin, die die Priorität der Forschung und die aus ihr gewonnene Kompetenz favorisiert, macht eine neue Kultur derjenigen Werte unumgänglich, die sie doch eigentlich ablösen wollte: individuelle Opferbereitschaft und die Fähigkeit, die unverwechselbare Bedürftigkeit eines anderen Menschen wahrzunehmen.

# *3. Der ganze Mensch*

# Krankheit und Geschichte in der anthropologischen Medizin (Richard Siebeck und Viktor von Weizsäcker)

Es gehört bekanntlich zu den wesentlichen Fundamenten der anthropologischen Medizin, dass der Biographie des Patienten und der Krankengeschichte entscheidende Bedeutung für das Verständnis von Krankheit und Pathogenese zugemessen wird. Man hat in der Abkehr von einer rein naturwissenschaftlich-biologischen Auffassung anderen und neuen Bereichen Aufmerksamkeit zu schenken gelernt: etwa den Faktoren der Entwicklung und der Umwelt, vor allem aber dem Gebiet des Unbewussten und des Psychischen überhaupt. In dieser Abkehr, die die Hinwendung zu jenen neuen Momenten einschließt, erscheint die anthropologische Medizin als das einheitliche Thema einer Gruppe von Autoren mit weithin gemeinsamen Voraussetzungen, Vorstellungen und Ergebnissen. Das Gemeinsame dieser Gruppe wird noch dadurch hervorgehoben, dass wesentliche Fragen und entscheidende Einsichten überall gleichermaßen auf einen Ursprung zurückgeführt werden, dem man sich dankbar verbunden weiß: auf Sigmund Freud und die Psychoanalyse[1]. Jedoch ist diese Gemeinsamkeit im Gan-

[1] Vgl. z. B. Richard Siebeck, Der kranke Mensch in den Ord-

zen nur eine relative, sie gilt vornehmlich und nahezu allein im Gegenüber zur klassischen traditionellen Medizin, und innerhalb der Gruppe selbst sind sehr verschiedenartige und auch grundsätzlich differierende Ansätze und Konzeptionen zu einer anthropologischen Medizin entstanden[2].

Im Folgenden soll, geleitet von der Frage nach dem Verständnis der Pathogenese und nach dem der Bedeutung menschlicher Geschichte für das Wesen der Krankheit, der Entwurf Richard Siebecks dargestellt und untersucht werden. Der historische, aber vor allem der systematische Ort dieses Entwurfs, in dem die Geschichtlichkeit des Menschen von zentraler Bedeutung geworden ist, legt es nahe, den Vergleich mit Viktor von Weizsäcker heranzuziehen und mit einer orientierenden Skizze Freud'scher Gedanken zu beginnen.

## 1.

Sigmund Freuds Verständnis der Pathogenese ist von ihm selbst besonders eindrucksvoll beschrieben für die Entstehung der »hysterischen Neurosen«[3]. Es sind zwei Faktoren, deren Zusammentreten zur Ursache der Neurose wird: die Libidofixierung und der Konflikt. Beide stehen zueinander in sich ergänzender Beziehung; im jeweils extremen Fall kann jeder Faktor allein wirksam sein. Aber sowohl die Libidofixierung wie auch der traumatische Konflikt sind nur

---

nungen von Natur und Geschichte. Zur Frage nach der Wissenschaftlichkeit der Medizin, in: Zeitwende 27 (1956), 739–746; 743 f.

[2] Vgl. PAUL CHRISTIAN, Das Personverständnis im modernen medizinischen Denken, Tübingen 1952.

[3] SIGMUND FREUD, Vorlesungen zur Einführung in die Psychoanalyse, Leipzig, Wien [2]1918, 390 ff.

zusammengesetzte Größen. Für die Libidofixierung ist einerseits die sexuelle Konstitution und andererseits das infantile Erleben bestimmend, wiederum in komplementärem Sinne. Der Konflikt entsteht aus der äußeren Versagungssituation und der inneren Auseinandersetzung zwischen Sexualstreben und Ich, die ebenfalls eine Ergänzungsreihe bilden. Sind die Voraussetzungen gegeben, so ist der Weg zum Symptom zunächst gekennzeichnet durch die äußere, traumatisch wirksame Versagung. Es folgt die Regression der Libido auf einen im Bereich ihrer Entwicklung fixierten Punkt, und hier entsteht in der Auseinandersetzung zwischen libidinösem Impuls und verdrängendem Ich das manifeste Symptom als Kompromiss.

An dieser pathogenetischen Konstruktion sind vor allem zwei Gesichtspunkte von Bedeutung:

1. Der Entwurf trägt mit großer Übereinstimmung alle Züge, die auch im Bereich des energetischen Materialismus einer naturwissenschaftlichen Medizin gültig waren und weithin noch gültig sind. Freud selbst hat kein geringes Gewicht darauf gelegt, dass hier wie dort als die bestimmenden Kategorien »Regression« und »Hemmung« zugrunde gelegt sind[4] und dass die Ableitung aller Vorgänge in streng kausalem Zusammenhang bleibt. Eine bedeutungsvolle Brücke zur pathologischen Physiologie besteht auch darin, dass alle psychopathologischen Vorgänge bei der Neurosenätiologie nicht qualitativ oder dynamisch verstanden werden dürfen, sondern quantitativ oder »ökonomisch«; ausschlaggebend ist nicht schon ein libidinöser »Reiz« als solcher, sondern seine Quantität, die »Reizmenge«[5].

---

[4] Ebd., 390.
[5] Ebd., 434 f.

2. Die bei der Neurosenentstehung entscheidenden Faktoren sind deshalb nicht bereits an sich pathologischer Natur; sie entfalten sich nicht erst im neurotisch Erkrankenden, sondern bezeichnen allgemein menschliche, psychologische Strukturen. Die »Bedingungen für die Symptombildung sind auch bei den Normalen nachzuweisen.«[6] Die Entwicklung der Libido mit allen Möglichkeiten der Fixierung und die traumatische Versagungssituation sind demnach bestimmende Momente nicht des Krankhaften, sondern des Seelenlebens überhaupt[7].

Die Bedeutung gerade dieses zweiten Punktes ist für das Freud'sche Verständnis der Pathogenese kaum zu überschätzen[8]. Der Ansatz, von dem her durch die Analyse krankhafter Zustände allgemeine anthropologische Strukturen aufgehellt werden, ist bekanntlich vor allem von Max Scheler kritisiert worden[9]. Aber es wäre ein Missverständnis des Freud'schen Ansatzes, wollte man solchen Entwurf eines allgemein gültigen Menschenverständnisses lediglich für einen unnötigen Übergriff auf ein weiteres, eigentlich nicht mehr zur Sache gehöriges Gebiet halten. Die analytische Anthropologie ist nicht bloße Möglichkeit, sondern in der Sache selbst begründete, notwendige Konsequenz. Erst von einer

---

[6] Ebd., 415.

[7] Vgl. Ludwig Marcuse, Sigmund Freud. Sein Bild vom Menschen, Hamburg 1956, 49 ff.

[8] Dass hier eine frühe Form der Freud'schen Konzeption zugrunde gelegt wird, hat nur den Zweck, komplizierende Exkurse zu vermeiden. Es besteht ja kein Zweifel, dass die späteren Theorien nur eine weitere Entfaltung, keinesfalls aber eine strukturelle Umprägung des Ansatzes von 1916 bilden. Vgl. Paul Christian, Das Personverständnis im modernen medizinischen Denken (wie Anm. 2), 71 ff.

[9] Max Scheler, Wesen und Formen der Sympathie, Bonn [3]1926, 233 ff. – Vgl. Paul Christian, Das Personverständnis im modernen medizinischen Denken (wie Anm. 2), 81 f.

vorausgesetzten Kenntnis allgemeiner und »normaler« psychischer Entwicklungen und Abläufe her wird es möglich, das Krankhafte in seinem Verhältnis zum Gesunden zu beschreiben, sofern es – wie unverkennbar bei Freud – darum geht, über das Wesen der Krankheit objektive, grundsätzlich und immer gültige Aussagen zu machen.

Die pathologische Psychologie beginnt also noch nicht mit der Libidoentwicklung und ihren Fixierungen und ebenso wenig schon beim Konflikt. Krankhaft wird ein psychischer Vorgang allein durch die im Spiel befindlichen Energiequantitäten. »Wir müssen uns sagen, daß der Konflikt zwischen zwei Strebungen nicht losbricht, ehe nicht gewisse Besetzungsintensitäten erreicht sind, mögen auch die inhaltlichen Bedingungen längst vorhanden sein.«[10] Die Neurose entsteht also durch eine Störung normaler psychischer Abläufe, durch einen Eingriff in einen bis dahin stabilen Zustand oder eine ausgeglichen verlaufende Entwicklung. Dabei kann die Störung vorbereitet sein durch Variationen der Entfaltung – etwa durch besonders intensive Verdrängungen bei der Ich-Entwicklung –, die den psychischen Energiehaushalt an die Grenze der Labilität bringen, als auslösendes Ereignis aber gehört dann die Versagung hinzu, und zwar in einer die Stabilität sprengenden Intensität. Das pathologische Geschehen wäre also zu definieren als ein in Bezug auf die Quantität variierter normaler Vorgang, der prinzipiell bei jedem Menschen möglich wäre und nur als völlig unabhängig von menschlicher Individualität und Geschichte zu verstehen ist. Die von der Psychoanalyse her entworfene Anthropologie ermöglicht es, in genauer Entsprechung zur pathologischen Physiologie, die Krankheit

[10] Sigmund Freud, Vorlesungen zur Einführung in die Psychoanalyse (wie Anm. 3), 434.

als quantitative Variation qualitativ allgemein menschlicher Funktionen zu verstehen.

## 2.

Viktor von Weizsäcker war fraglos einer der entscheidenden Bahnbrecher für die »Begegnung zwischen Innerer Medizin und Psychotherapie«[11]. Freilich ist das von Anfang an nicht so geschehen, dass die Reihe organischer, ätiologisch wirksamer Momente einfach um das der »Psychogenie« bereichert wurde.[12] Es ergab sich vielmehr von vornherein ein anderes Klima, in dem weder die Psychoanalyse noch die klinische Medizin einfach bleiben konnten, was sie waren. Für Weizsäcker kulminierte diese Verschiebung der Grundlagen beider Bereiche in der Forderung nach der »Einführung des Subjekts«[13]. Von daher ergibt sich notwendig ein neuer Ansatz der Pathologie und ein neues Verständnis der Pathogenese.

Weizsäcker hat diesen neuen Ansatz zuerst in den »Studien zur Pathogenese« (1935) beschrieben. Er erschließt hier, im Verhältnis zum traditionellen Aufriss der Pathologie eine neue Dimension: die Dimension der Wirksamkeit biographischer Faktoren. Die Analyse einer Reihe von Krankengeschichten – von der *Angina tonsillaris* bis zur hysterischen Lähmung – erweist die offenbar prinzipielle Gültig-

---

[11] Richard Siebeck, Die Begegnung der inneren Medizin mit der Psychotherapie, in: Schweizer Archiv für Neurologie und Psychiatrie 70 (1952), 366 ff.

[12] Viktor von Weizsäcker, Körpergeschehen und Neurose. Analytische Studie über somatische Symptombildungen, in: Internationale Zeitschrift für Psychoanalyse 19 (1933), 16–116; 112.

[13] Viktor von Weizsäcker, Studien zur Pathogenese, Leipzig 1935, 86.

keit bestimmter formaler Strukturen im Krankheitsverlauf. Weizsäcker hat diesen »Formalismus«, der sich in jeder dieser Biographien aufweisen ließ, so zusammengefasst: »Eine Situation ist gegeben, eine Tendenz kommt auf, eine Spannung steigt an, eine Krise spitzt sich zu, ein Einbruch der Krankheit erfolgt, und mit ihr, nach ihr ist die Entscheidung da; eine neue Situation ist geschaffen und kommt zu einer Ruhe; Gewinne und Verluste sind jetzt zu übersehen. Das Ganze ist wie eine historische Einheit: Wendung, kritische Unterbrechung, Wandlung.«[14] Es wäre ein Missverständnis, wollte man dieses biographische Geschehen allein unter den Begriff der Krise subsumieren. Tut man es doch, wie Weizsäcker gelegentlich selbst, so erfährt der Begriff eine grundsätzliche Erweiterung. Denn nicht die Krise allein ist von Bedeutung, schon das Anwachsen der Situation, der kritische Verlauf ihres Höhepunktes, aber gerade auch ihr Auslaufen, die Einsicht in notwendige Revisionen, in Neues und zur Vergangenheit Gewordenes sind eingeschlossen. Es geht nicht um die kritische und darin pathogenetische Bedeutung einer mehr oder weniger großen Reihe einzeln wirksamer Faktoren, sondern um ein Stück der Krankengeschichte selbst, um eine »historische Einheit«. Innerhalb dieses biographischen Abschnittes ist die Erkrankung in den Gesamtzusammenhang des Geschehens verflochten, nicht mehr im Sinne einer Wirkung, die von bestimmten Ursachen ausginge; sie ist vielmehr ein nicht zu isolierender Zug des Geschehens selbst.

Die Differenz dieser Konzeption zum Freud'schen Ansatz ist ohne Frage grundlegend. Blieb Freud noch durchaus in den Bahnen der klassischen Pathologie, für die Krankheit wesentlich die Frage stabiler oder instabiler physiologischer

[14] Ebd., 17.

und psychologischer Verhältnisse war, so ist gerade dieses Schema hier gesprengt, zugunsten von Zusammenhängen »ganz anderer Art und anderer Ordnung«[15]. Freilich liegen nun auch bei Weizsäcker Implikationen vor, die von ihm selbst, zunächst jedenfalls, nicht behandelt worden sind. Schon die Begriffe, mit denen das krankhafte Geschehen umschrieben wird, verweisen die Frage in eine bestimmte Richtung: der »Formalismus«, die »historische Einheit«, das »lebenswendende Ereignis«, das »Werden und Vergehen«[16]. Die formalen Strukturen von »Wendung, kritischer Unterbrechung, Wandlung«[17] gehören offenkundig zu den bestimmenden Kennzeichen von »Biographie« überhaupt, sie sind keineswegs von vornherein eindeutig signifikant für eine »Krankengeschichte«. Diese Wahl einer Begrifflichkeit, die allgemein menschliche Situationen beschreibt, weist darauf hin, dass hier in der Tat von allgemeinen Strukturen her das Besondere der Krankheit verstanden werden soll. Die generell menschliche Situation der »Krise« wird zum entscheidenden pathogenetischen Faktor. Die Frage nach den Bedingungen, unter denen ein solcher Fall des Übergangs vom Allgemeinen zum Besonderen der »Krankheit« eintritt, ist von Weizsäcker in den »Studien zur Pathogenese« nicht prinzipiell gestellt worden. Im Einzelfall kommt sie aber durchaus zur Sprache. Voran steht dabei die Psychologie des einzelnen Symptoms und seine Genese, die Untersuchung der konkret im Spiel befindlichen Strebungen, Motive, Kräfte, Spannungen[18]. Schon dem ersten Blick zeigt sich, dass hier nicht mehr der formale, sondern ein inhaltlicher Gesichtspunkt von Bedeutung wird. Es geht jetzt um konkret

[15] Ebd., 54.
[16] Ebd., 17, 49, 62, 74 u. ö.
[17] Ebd., 17.
[18] Vgl. z. B. die Analyse des Durstes, ebd., 33 ff.

wirksame Faktoren und Größen von bestimmter, formender Kraft, die Symptome ausprägen, die in der kritischen Situation zum Thema werden und die nachher als Gewinn oder Verlust erscheinen. So ergibt sich, dass die eigentliche Bestimmung des Geschehens als »krank« aus einem Bereich genommen werden muss, der, jedenfalls im Verhältnis zur formalen Analyse des Ablaufs, als quantitativer zu bezeichnen ist. »Krankheit« ist demnach die quantitative Variation qualitativ allgemeiner Formen menschlicher Biographie.

Mit diesem Satz ist eine prinzipielle Analogie zur Konzeption Freuds bezeichnet. Freilich kann er nicht besagen, dass Weizsäcker nun doch im Bereich der klassischen, naturwissenschaftlichen Pathologie verblieben sei, und dass der neue Ansatz nur scheinbar das alte Schema gesprengt habe. Die Analogie weist aber darauf hin, dass diese Interpretation von »Krankheit« einem Horizont des Fragens angehört, der sowohl die klassische Konzeption, repräsentiert durch Freud, als auch die Weizsäckers umschließt. Entscheidend für diesen Horizont des Fragens ist, dass ein allgemeiner Begriff von »Krankheit« in seinem Verhältnis zu einem ebenso allgemeinen Begriff von »Gesundheit« bestimmt werden soll, dass also prinzipielle und von einer möglichen Besonderheit menschlichen Daseins völlig unabhängige, objektive Aussagen gesucht werden. Dabei ist unausweichlich, dass dieses Verhältnis zugleich als Identität und als Differenz beschrieben werden muss. Als Identität, insofern der Kranke wie der Gesunde Mensch ist und grundsätzlich den allgemeinen Bestimmungen solchen Menschseins unterliegt; es ergibt sich von selbst, dass diese allgemeinen Bestimmungen des Menschseins als formale Strukturen beschrieben werden. Und als Differenz, insofern krank und gesund ja gerade unterschieden werden sollen; und hier bleibt, wenn anders der genannte Zusammenhang nicht zerbrechen soll, ausschließlich der Unterschied in der Quantität. Es erweist sich darin, dass die Interpretation pathogenetischen Geschehens nicht allein von den unmittelbar bestimmenden Fragen, etwa der kausalen oder der biographischen Betrachtungsweise geleitet wird, sondern entscheidend schon vom allgemeinsten Einsatz her begründet und begrenzt ist.

Aber es ist zu fragen, ob die bisher herangezogenen, relativ frühen Arbeiten Weizsäckers nicht bloß einen ersten und verkürzten Ansatz darstellen, der durch die späteren Werke auch im Grundsätzlichen ergänzt und erweitert ist. Wir wenden uns deshalb der »Pathosophie«[19] zu. Die weithin aphoristische Anlage dieses Buches macht es schwer, die entscheidenden Linien zu präzisieren. Aber schon der als erstes ins Auge fallende Aufriss ist von Bedeutung. Es geht um den Schritt vom »Ontischen« zum »Pathischen«[20]. Die Existenzweise des Menschen ist – im Unterschied zum »Ding« – nicht als »ontisch« zu bezeichnen, sondern als »pathisch«; denn für das Verständnis menschlichen Lebens sind nicht Aussagen über sein bloßes Sein, sondern von seinem »Dürfen, Müssen, Wollen, Sollen, Können« (den »pathischen Kategorien«) notwendig[21]. Die Problematik dieser Begriffe braucht hier nicht diskutiert zu werden; deutlich ist unter allen Umständen, dass mit diesem Ansatz die Frage nach allgemein menschlichen Strukturen jedenfalls nicht aufgegeben werden soll. Der Ausgangspunkt der Frage erscheint so in der »Pathosophie« als explizite Aufnahme des in den

---

19 Viktor von Weizsäcker, Pathosophie, Göttingen 1956 (geschrieben 1950–1951).

20 Ebd., 5 ff., besonders 57 ff. – Es zeigt sich, dass hier nichts grundsätzlich Neues ins Spiel kommt: Die Forderung findet sich bereits in den »Studien zur Pathogenese« (wie Anm. 13), 57 ff.

21 Viktor von Weizsäcker, Pathosophie (wie Anm. 19), 60 ff.; vgl. auch: ders., Anonyma, Bern 1946, 10 ff.

»Studien zur Pathogenese« unthematisch Vorausgesetzten. Ganz ähnlich wird die Interpretation der »Krise« fortgeführt. »Krankheit« ist jetzt die »Wirksamkeit des Ungelebten«, die »Verwirklichung des Unmöglichen«[22]. Gemeint ist die kritische biographische Situation, in der zum Beispiel »eine Wut immer wieder unterdrückt wird und dafür eine arterielle Hypertonie entsteht«[23]. Fraglos ist das konkrete Beispiel, das die allgemeine Formel begründet, keinesfalls schon seiner formalen Struktur nach eine Situation der »Krankheit«. Denn seelisches, oder ganz allgemein: menschliches Geschehen ist zu jeder Zeit gerade auch von solchen Affekten, Impulsen, Strebungen bestimmt, die nicht »ausgelebt« werden können, ohne dass damit bereits die Transformation zum Symptom und also die Krankheit unausweichlich wäre. Auch hier gilt offenkundig, dass quantitative Momente den Übergang zur Krankheit entscheiden[24]. In diesem Zusammenhang ist auch der Satz zu verstehen, dass »jede Krankheit ein kasuistisches Original« sei[25]. Die Originalität des einzelnen Falles liegt nicht schon im Faktum der Krankheit selbst, sondern in ihrer kasuistisch besonderen Ausprägung. Hier vollzieht sich das jeweils »Neue«, die »Wandlung« und »Schöpfung«[26]. Diese individuelle Besonderheit aber beginnt da, wo der prinzipielle Schritt aus dem Bereich der Gesundheit in den der Krankheit bereits vollzogen ist.

---

[22] Viktor von Weizsäcker, Pathosophie (wie Anm. 19), 249.

[23] Ebd.

[24] Dieses quantitative Verhältnis zwischen Krankheit und Gesundheit bleibt gerade auch dann bestehen, wenn der Bereich der Krankheit weit über das Übliche hinaus ausgedehnt wird; wenn als krank oder krankhaft »der vielleicht größere Teil unseres Lebens« bezeichnet wird, oder »jedenfalls ein viel größerer Teil als das, was davon bemerkt und anerkannt wird«, ebd., 8.

[25] Ebd., 240.

[26] Ebd., 249.

Es ist deutlich, dass auch die »Pathosophie« im Horizont jener Frage bleibt, die das Verhältnis von Krankheit und Gesundheit als das allgemeiner Begriffe zu verstehen sucht. Sie sind zeitlos und in diesem Sinne ungeschichtlich, wie denn auch mit dem Begriff der »Biographie« nur allgemeine Strukturen menschlicher Existenz beschrieben sind.

## 3.

Bekanntlich sind die Arbeiten Richard Siebecks entscheidend von dem Ansatz bestimmt, dass der Kranke wesentlich aus seiner Geschichte zu verstehen sei; im Vordergrund steht der Blick auf die Krankengeschichte. Diese allgemeine Formulierung scheint sich zunächst durchaus mit dem zu decken, was in dem Weizsäcker'schen Begriff der Biographie bezeichnet ist. Aber diese Übereinstimmung erweist sich sofort als trügerisch, wenn deutlicher hervortritt, welcher Inhalt bei Siebeck dem Begriff der Krankengeschichte zukommt.

Die »Krankengeschichte« ist identisch mit der »Lebensgeschichte« des Patienten überhaupt[27]. Sie umfasst das Ganze der Biographie von der Geburt und von der Herkunft an. Sie ist weder partiell als Unterabschnitt der Lebensgeschichte, noch als von außen Hinzukommendes zu verstehen und zu isolieren. Mit dieser Ineinssetzung ist der Begriff der Krankengeschichte vor allem gegen zwei andere Möglichkeiten des Verständnisses abgegrenzt. Und zwar einmal gegen die traditionelle Auffassung der Anamnese als Aufzählung früherer Erkrankungen, als Beschreibung von Beginn und Verlauf

---

[27] Richard Siebeck, Medizin in Bewegung. Klinische Erkenntnisse und ärztliche Aufgabe, Stuttgart ²1953, z. B. 30.

der Symptome und Beschwerden. In der Beschränkung auf solche häufig als »objektiv« bezeichneten Daten wird die Unterschiedenheit von Lebensgeschichte und Krankheitsanamnese vorausgesetzt; die Erkrankung erscheint als Symptomkomplex, der plötzlich zum Erkrankenden hinzukommt, mit seiner gesamten Biographie prinzipiell nichts zu tun hat und also für sich betrachtet werden muss und auch nur für sich von Bedeutung ist. Der grundlegende Irrtum dieses Ansatzes, nach dem Krankheit bloßes Akzidens menschlichen Lebens wäre, braucht hier nicht diskutiert zu werden, zumal er keineswegs von Siebeck allein aufgewiesen und überwunden worden ist. Zum anderen aber wird die Abgrenzung vollzogen gegen ein Verständnis, das die Krankengeschichte auf besondere Situationen aus der Biographie einschränkt und sie damit als Teile der Lebensgeschichte isoliert. Besonders deutlich wird deshalb der Siebeck'sche Ansatz gerade im Gegenüber zu dem Weizsäckers. Für Weizsäcker ist, wie gezeigt wurde, die kritische Situation der Biographie das wesentlich Bedeutsame. Freilich nicht so, dass darin zwischen Lebensgeschichte und Krankheit unterschieden werden könnte; aber doch so, dass die Situation der Krankheit für sich zu nehmen ist und dass der vorgängige Verlauf der Lebensgeschichte von lediglich relativer Bedeutung ist: nämlich für die Entstehung eben dieser Situation. Demgegenüber ist nach Siebeck der Gesamtverlauf der Biographie relevant, und zwar mit jeder Einzelheit, gerade auch dann, wenn sich kein unmittelbarer Zusammenhang mit der gegenwärtigen Krankheit erkennen lässt. Die Lebensgeschichte ist in jedem Fall mehr und ein anderes, als die bloße »Vorgeschichte der Krankheit«[28]. Und eben zu solcher Vorgeschichte der kritischen Situation »Krankheit« wird die

---

[28] Ebd., 431.

Anamnese bei Weizsäcker. Bezeichnend für den hier angezeigten grundlegenden Unterschied der Auffassungen ist die Weise, in der beide Autoren Krankengeschichten beschreiben. Weizsäcker stellt, etwa in »Fälle und Probleme«[29], eine große Zahl von Patienten vor. Was der Leser hier erfährt, ist in jeder Weise exemplarisch für die Analyse des aktuellen Querschnitts einer biographischen Situation. Es kommt alles zur Sprache, was das »Kritische« und das »Krankhafte« darin ausmacht. Aber nirgends ist die Rede von auch nur etwas weiteren lebensgeschichtlichen Zusammenhängen. Die Anamnese reicht bestenfalls ein paar Jahre zurück, aber auch hier nur eben als »Anamnese«, als Beginn und Verlauf der Symptomatik. Es sind gleichsam »Blitzlichtaufnahmen« der »Fälle«, die sehr wohl »Probleme« verdeutlichen können, die aber unabhängig vom jeweiligen Individuum, theoretisch jedenfalls, in jeder beliebigen Lebensgeschichte ihren Platz haben könnten. In auffallendem Gegensatz dazu sind die Krankengeschichten Siebecks, die in »Medizin in Bewegung« mitgeteilt werden, geradezu Summarien des gesamten Lebens. Man darf wohl ziemlich sicher sein, dass keine auch nur annähernd bemerkenswerte Einzelheit übergangen ist. Man liest von der Geschwisterzahl, der elterlichen Ehe, der häuslichen Atmosphäre, der Entwicklung vom Kind zum Jugendlichen, von Verwandten, Freunden bis hin zur minutiösen Schilderung der Beschwerden. Bei einer Fülle dieser Details wird die Frage nach irgendeinem ätiologischen Zusammenhang mit der gegenwärtigen Erkrankung kaum zu beantworten sein. Im Ganzen aber entsteht das geschlossene Bild eines großen, von den Einzelheiten getragenen und sie umgreifenden Zusammenhangs, das den Gang die-

[29] VIKTOR VON WEIZSÄCKER, Fälle und Probleme. Anthropologische Vorlesungen in der medizinischen Klinik, Stuttgart 1947.

ser Lebensgeschichte von der Herkunft auf ein zukünftiges Ziel hin mit scharfen Umrissen hervortreten lässt[30]. Es ist von grundsätzlicher Bedeutung, dass durch eine derartige Krankengeschichte die Individualität des Kranken unverwechselbar bestimmt wird. Freilich nicht so, dass zunächst der Mensch in seiner Besonderheit gekennzeichnet würde, und dass dann auch noch die Beschreibung einer Krankheit hinzuzutreten hätte; bestimmt wird eben diese eine Lebensgeschichte als Krankengeschichte. Mit der Identität dieser Begriffe ist angezeigt, dass dieser Patient eben nicht erst als Mensch und dann auch als Kranker zu verstehen ist. Er ist vielmehr gerade dieser Mensch nur als Kranker, und er ist krank nur im Zusammenhang eben dieser Lebensgeschichte.

Bevor aber auf die Begründung und die Konsequenzen dieses Siebeck'schen Ansatzes näher eingegangen werden kann, ist festzustellen, dass die oben genannte Übereinstimmung mit Weizsäcker nicht mehr ist als eine Übereinstimmung der Begriffe. Auch Weizsäcker spricht häufig von der »Geschichte«. Gemeint ist damit entweder der biographische Abschnitt der »Krankheit«[31], oder aber die Vorgeschichte dieser Situation, die nahezu unmittelbar noch zur Krise hinzuzurechnen ist. So ist deutlich, dass wenn Weizsäcker »Geschichte« sagt, er in jedem Fall nur ein Stück der Biographie und also die Situation meint; während für Siebeck, selbst wenn er von der »Situation« des Kranken spricht, immer das Ganze der Biographie und also die »Geschichte« vor Augen steht.

---

[30] Vgl. Paul Christian, Das Personverständnis im modernen medizinischen Denken (wie Anm. 2), 133 ff., besonders die Ausführungen über die Bedeutung von »Sprache« und »Erzählung« in diesem Zusammenhang.

[31] Die »historische Einheit«, in: Viktor von Weizsäcker, Studien zur Pathogenese (wie Anm. 13), 17.

Durch den Siebeck'schen Ansatz wird nicht nur die Krankengeschichte, sondern auch der Begriff der Krankheit selbst unauflöslich mit der Lebensgeschichte verbunden. Er wird zu einem biographischen Begriff in dem Sinne, dass Krankheit allein durch eine bestimmte Lebensgeschichte expliziert werden kann. Der Krankheitsbegriff hat damit jeden allgemeinen und allgemeingültigen Zug verloren. Krankheit ist immer und unter allen Umständen nur die Krankheit *eines* Menschen. Sie ist nicht – und gerade nicht als kritische Situation des Krankseins – von der Lebensgeschichte abzuheben. Mit seiner Lebensgeschichte aber ist der Patient in radikaler Individualität und Originalität bezeichnet. Die Lebensgeschichte ist prinzipiell singulär, und sie wird ihres eigentlichen Wesens entkleidet, wenn an ihr – etwa nach dem Vorgang Weizsäckers – allgemeine Formen und individuelle Inhalte unterschieden werden. Dass der in Bezug auf seine, ihn und nur ihn betreffende Lebensgeschichte und seine Krankheit absolut Vereinzelte jetzt krank sei, kann deshalb nur als sein persönliches Bekenntnis verstanden und akzeptiert werden. Es gibt keine Aufstellung allgemeiner Bedingungen, die erfüllt sein könnten oder müssten, damit »objektiv« der Krankheitsfall als gegeben angesehen werden kann. Denn das Urteil »krank« kann eben nicht im Blick auf den Menschen überhaupt und auf allgemein menschliche Strukturen konstatiert werden. Der Krankheitsfall unterliegt keinem anderen Urteil, als dem des Kranken selbst. Dass ein Mensch krank sei, ist nicht an der Veränderung oder Wandlung etwa seiner Leistung oder Leistungsfähigkeit im Verhältnis zu den Leistungen anderer oder einer durchschnittlichen Norm festzustellen, sondern nur an der Veränderung oder Wandlung, die er im Verhältnis zu ihm selbst angibt oder beschreibt. Denn auch »Gesundheit« ist, als korrespondierender Begriff, allein aus der individuellen Geschichte zu verstehen.

Diese individuelle Bezogenheit der Begriffe ist nicht gleichzusetzen mit der Vorstellung einer »individuellen Schwankungsbreite«. Diese Vorstellung, die der Tatsache Rechnung zu tragen versucht, dass die gleichen Bedingungen keineswegs in jedem Fall zum gleichen Erfolg führen, setzt wiederum gerade allgemeine Strukturgesetze voraus und verweist die Individualität in ein graduelles Verhältnis zur »Norm«. Im Gegensatz dazu ist der Siebeck'sche Ausgangspunkt nicht eine mehr oder weniger deutliche, und auf jeden Fall fiktive »Norm«, sondern eben der Einzelfall selbst. Kommt es bei der Zugrundelegung eines allgemeinen Begriffs von Krankheit und Gesundheit zu einer Reduktion der Individualität auf »endogene Faktoren«, so wird hier das Wesen der Krankheit geradezu ausschließlich von derartigen »endogenen Faktoren« her verstanden. Das hat die Folge, dass weder Gesundheit noch Krankheit in irgendeinem objektiven und allgemein gültigen Sinne begründet werden können. Freilich bleibt es notwendig, unter bestimmten partiellen Aspekten, etwa dem naturwissenschaftlichen, eine Reihe von Angaben zur Ätiologie zu machen. Aber die Frage nach dem »warum« der Krankheit, nach dem »warum jetzt« und »warum so«, ist prinzipiell nicht durch den Aufweis allgemeiner Bedingungen zu beantworten. Krankheit und Gesundheit gründen sich allein auf das Selbstzeugnis des Patienten[32].

Dieses Verständnis von Krankheit begründet zugleich den Ansatz von »Medizin in Bewegung«. »Wohl zum ers-

---

[32] Hier wird deutlich, dass Siebeck durchaus eine Reihe von Thesen Weizsäckers übernehmen kann, vgl. z. B. die sehr positive Stellungnahme zur »Einführung des Subjekts« (RICHARD SIEBECK, Viktor von Weizsäcker, in: Deutsche medizinische Wochenschrift 82 [1957], 924–928), aber eben unter Verwandlung und Einfügung in den neuen Zusammenhang.

tenmal in der Geschichte der Medizin ist hier das Gebiet der inneren Medizin nicht aus dem allgemeinen heraus gestaltet, sondern aus dem einzelnen des Kranken hervorgewachsen.«[33] Das leitende Prinzip für die Darstellung ist nicht die Systematik einer allgemeinen Krankheitslehre[34], die dem einzelnen Fall jeweils vorgegeben wäre und in die er eingeordnet würde. Den Ausgangspunkt der ärztlichen Frage bildet vielmehr nur der Patient selbst, der aus seiner Geschichte verstanden werden muss. Am Anfang steht also nicht das allgemeine Schema, sondern der nur in seiner Besonderheit konkrete Mensch. Mit diesem Ansatz aber ist der traditionelle Weg ärztlicher Erkenntnis aufgegeben und, wie sich kaum verkennen lässt, in sein Gegenteil verkehrt. Der Kranke hat aufgehört, in irgendeinem Sinne ein »casus« zu sein.

Freilich wäre es nun ein Missverständnis, in der Konsequenz dieser Konzeption den Verzicht auf jede allgemeine Aussage und jeden systematischen Aspekt zu vermuten[35]. Der Schritt vom Besonderen zum Allgemeinen ergibt sich für die ärztliche Erfahrung durch die Möglichkeit, Typisches in den einzelnen Lebensgeschichten zu erkennen und einander zuzuordnen[36]. Was sich dabei herausschält – mit höchst unscharfen Grenzen und ohne etwa statistisch objektivier-

---

[33] Paul Christian, Das Personverständnis im modernen medizinischen Denken (wie Anm. 2), 133.

[34] Zur Fragwürdigkeit der Systematik vgl. Fritz Hartmann, Der Systemgedanke in der Medizin, in: Deutsche Universitätszeitung 13 (1958), 80–84 und 150–159.

[35] Für Christian scheint sich das in der Tat nahezulegen, wie seine Aufzählung dessen, was »Geschichtlichkeit der Person« *nicht* bedeutet, zeigt (Das Personverständnis im modernen medizinischen Denken [wie Anm. 2], 133).

[36] Der Begriff des Typischen erscheint in »Medizin in Bewegung« (wie Anm. 27) passim.

bar zu sein – ist ein mehr oder weniger deutliches Bild, aber wiederum nicht das einer bestimmten Gruppe von Kranken oder gar Krankheiten, sondern das von einzelnen Biographien, die durch die Art ihres Bezogenseins und ihrer Tendenzen als einander ähnlich auffallen. Das Typische darf hier unter keinen Umständen als ideale Typologie missverstanden werden[37]; es bleibt streng an Empirie und Erfahrung gebunden. Weiterhin unterbleibt die allgemeine Aussage deshalb nicht, weil gerade Siebeck die Bedeutung des naturwissenschaftlichen Einsatzes für das ärztliche Handeln stets besonders betont hat[38]. Für die konkrete therapeutische Aufgabe darf auf das Hilfsmittel der naturwissenschaftlichen Medizin nicht verzichtet werden; aber die Einsicht in den instrumentalen Modus, in dem allein die Anwendung naturwissenschaftlicher Medizin möglich ist, bewahrt davor, sich den Blick für die eigentliche Frage nach dem Wesen der Krankheit verstellen zu lassen[39].

---

[37] Vgl. dazu die Kritik der Typologie bei KARL JASPERS, Allgemeine Psychopathologie, Berlin, Heidelberg [5]1948.

[38] Siebeck hat dieses Problem jüngst unter dem Thema »Die Einheit des Menschen in ihrer Bedeutung für die medizinische Wissenschaft« behandelt, in: KARL BARTH (Hg.), Gottesdienst – Menschendienst. Eduard Thurneysen zum 70. Geburtstag am 10. Juli 1958, Zollikon 1958, 175–189.

[39] ARISTOTELES (Met. A 1): »Das kommt daher, daß die Erfahrung eine Kenntnis von jeweils Einzelnem, die τέχνη dagegen eine Kenntnis von jeweils Umfassendem ist; alles Verrichten und Entstehenlassen jedoch ist im Umkreis des Einzelnen: denn nicht ›den Menschen‹ macht der Arzt gesund – das kommt nur hinzu –, sondern den Kallias, den Sokrates oder einen von den anderen bestimmt nennbaren, der eben nur hinzukommend auch ›Mensch‹ ist. Wenn nun jemand unter Ausschluß der Erfahrung den λόγος hat, und zwar das Umfassende kennt, aber das darin (umfaßte) Einzelne nicht kennt, so wird er häufig in seiner Therapie fehlgreifen. Denn beim Heilen kommt es vornehmlich auf das jeweils Einzelne an«.

## 4.

Die kurze Skizze dürfte gezeigt haben, dass die begründende Frage, die sowohl den Freud'schen Ansatz wie den der klassischen Medizin bestimmte, auch den Horizont Weizsäckers begrenzt hat; erst in der Siebeck'schen Konzeption ist ihre Überwindung begonnen. Und zwar ist der zentrale Begriff, der das alte Schema sprengen musste, der Begriff der Geschichte. Entstanden ist dieser Begriff hier aus der Einsicht in die grundlegende Bedeutung der Besonderheit des Einzelnen für das Verständnis von Krankheit, aus der Erfahrung, dass dem Arzt niemals »die Krankheit«, sondern immer nur »der Kranke« begegnet, dessen Leiden im Letzten nicht von allgemeinen Faktoren, sondern von seiner unverwechselbaren geschichtlichen Individualität bestimmt ist.

Freilich ist hier die Feststellung unausweichlich, dass die Frage, die diese Erfahrung der Individualität des Kranken zugrunde legt, nicht nur den Bereich der klassischen Medizin, sondern den der exakten Wissenschaft überhaupt verlassen hat. Von den dort notwendig geforderten Voraussetzungen – etwa dem objektiven Aufweis oder der Reproduzierbarkeit – ist im Horizont dieser Frage nicht eine gültig. Der Erfahrung der Individualität des Kranken entspricht die der Individualität des Arztes, dessen Erhebungen allein seinen, aber keinen in irgendeinem Sinne allgemein gültigen Charakter mehr tragen. Steht aber dieser Ansatz offenbar außerhalb des tragenden Bereichs einer fest umrissenen positiven Wissenschaftlichkeit, so ist umso dringlicher nach seiner Herkunft zu fragen.

Es kann kein Zweifel sein, dass im Denken von »Medizin in Bewegung« dieser Begriff einer durch ihre Geschichte in radikaler Vereinzelung bestimmten Individualität als theologische Aussage im Zusammenhang des ersten Glaubensartikels zu verstehen ist, dass er also die Geschöpflichkeit des Menschen interpretiert[40]. Bekanntlich hat vor allem Luther auf diesen Inhalt der Schöpfungsaussagen im Bekenntnis besonderes Gewicht gelegt. Durch den Glauben an Gott den Schöpfer ist der Glaubende als er selbst bestimmt, gerade in seiner und nur seiner Welt, insofern alles, was ihn betrifft, was ihn und sein Leben unverwechselbar bezeichnet, im Bekenntnis der Geschöpflichkeit grundsätzlich eingeschlossen ist[41]. Sich als von Gott geschaffen zu verstehen heißt, die radikale Originalität und Individualität des eigenen Daseins zu erkennen.

Dass der Mensch der Vereinzelte und unauflöslich Besondere sei, ist jedoch nicht das einzige Ergebnis einer Begründung der Anthropologie aus dem ersten Glaubensartikel. Ein isoliertes Verständnis der Geschöpflichkeit des Menschen als seiner Individualität, das zudem lediglich die Unendlichkeit menschlichen Daseins konstatieren könnte, würde der Aussage des ersten Artikels nicht entsprechen. Denn zu dieser Aussage gehört wesentlich und untrennbar hinzu, dass das »Geschaffene« zugleich »erhalten« wird, dass also die menschliche Existenz ihren dauernden und beständigen Grund in

---

[40] Vgl. Richard Siebeck, Medizin in Bewegung (wie Anm. 27), 480 ff.

[41] Hier sei nur auf die bekannten Sätze aus dem Großen Katechismus verwiesen (Die Bekenntnisschriften der evangelisch-lutherischen Kirche, hg. vom Deutschen Evangelischen Kirchenausschuß im Gedenkjahr der Augsburgischen Konfession, Göttingen 1930, 648): »Das meine und gläube ich, daß ich Gottes Geschepfe bin, das ist, daß er mir geben hat und ohn Unterlaß erhält Leib, Seele und Leben, Geliedmaße klein und groß, alle Sinne, Vernunft und Verstand und so fortan, Essen und Trinken, Kleider, Nahrung, Weib und Kind, Gesind, Haus und Hof etc., dazu alle Kreatur zu Nutz und Notdurft des Lebens dienen lässet«.

Gott hat[42]. Keine lebensgeschichtliche Situation und keine Konstellation des einzelnen Geschicks ist demnach allein aus etwa dem Menschen innewohnenden, noch bloß aus solchen Faktoren zu erklären, die ihm von seiner Welt her zukommen; sie sind vielmehr in letzter und eigentlicher Instanz immer und ausschließlich als in Gott begründet zu verstehen. So umgreift diese Gründung des Menschen in Gott nicht allein das bloß Faktische seiner Existenz, sondern zugleich seine Geschichte. Sinn und Ziel geschichtlichen Daseins sind nicht aus dem Menschen selbst, sondern aus seiner Geschöpflichkeit und also aus Gott zu begreifen.

Dieser anthropologische Ansatz macht es, wie »Medizin in Bewegung« zeigt, möglich, die Erfahrung menschlicher Besonderheit zu deuten und für die Frage nach dem Wesen von Krankheit und Gesundheit zugrunde zu legen. Die Transzendenz des Grundes der geschichtlichen Existenz des Menschen ist freilich identisch mit seiner Verborgenheit. So wenig der Sinn menschlichen Daseins überhaupt sich auflösen ließe in ein unmittelbar zugängliches, objektiviertes Verstehen, so wenig lassen sich Krankheit und Gesundheit auf allgemein gültige und gegenständliche Begriffe reduzieren. Sie bleiben, als Dimension und Ausdruck menschlicher Existenz untrennbar mit ihr verbunden und sind – als Frage – nur in der absoluten Besonderheit des Menschen von ihm selbst und für ihn selbst zu beantworten.

---

42 Großer Katechismus (ebd.): »Darüber bekennen wir auch, daß Gott der Vater nicht allein solchs alles, was wir haben und fur Augen sehen, uns geben hat, sondern auch täglich fur allem Ubel und Unglück behütet und beschützet, allerlei Fährlichkeit und Unfall abwendet, und solchs alles aus lauter Liebe und Güte«.

# Vom Sinn der Krankheit

Einer der großen, und wohl der wirkungsmächtigste Kranke in der Geschichte des Christentums hat sein Leben und seine Krankheit zusammengefasst und aufgehoben gewusst in dem Satz: »Lass dir an meiner Gnade genügen; denn meine Kraft ist in den Schwachen mächtig.« Es war der Apostel Paulus, der mit diesem Wort aus dem 2. Korintherbrief ausspricht, wie die Christen aller Zeiten den Grund ihres Lebens in gesunden wie in kranken Tagen finden: im Vertrauen auf Gottes Gnade.

Paulus selbst war krank. Er litt, soweit wir sehen, an einer Krankheit, die ihn immer wieder qualvolle und beschämende Anfälle erleben ließ, Zustände tiefen körperlichen und seelischen Leidens. Heute könnten Medizin und ärztliche Kunst diese Krankheit vielleicht nicht heilen, aber sie könnten die Leiden dieses Patienten erheblich lindern. Man würde ihn jetzt vor dem Schlimmsten an Schmerzen und Qualen bewahren können, – aber wäre damit auch die Frage nach dem Sinn der Krankheit leichter oder besser zu beantworten? Ist nicht vielleicht, gerade weil die Medizin soviel mehr zu leisten und zu lindern vermag als einst, die Frage nach dem Sinn eher dunkler und undeutlicher geworden?[1]

---

[1] In der Theologie hat die Frage nach dem Sinn der Krankheit Tradition und zumeist auch Gewicht. Was in der Theologie zu ihrer Beantwortung formuliert worden ist, hat oft genug das sachgemäße Verständnis auch über die Grenzen der Wissenschaft hinaus wesentlich

Viele Krankheiten freilich geben von sich aus eindeutige Auskünfte. Sie machen aus sich keinen Hehl. Sie verweisen auf den Tod und sind selbst schon dessen Anfang. Das trifft für die großen und bekannten Schicksalskrankheiten zu und für die Krankheitskatastrophen unserer Zeit, für die Nachfolger der mittelalterlichen Pest, – aber nicht nur für sie!

Die Depression, die einen jungen Mann überfällt, ist in aller Regel keine Krankheit zum Tode. Aber sie ist auch keine Krankheit zum Leben, sie ist vielmehr – obwohl sie nicht zum Tode führt – in mancher Hinsicht doch tödlich. Sie sperrt den Kranken ein, sie bedrückt sein Leben, sie stört oder zerstört sein Verhältnis zu anderen, sie isoliert und macht einsam. Sie nimmt ihm seine Fähigkeit zu lieben, zu arbeiten und produktiv zu sein, sie verhindert, dass er an seinem eigenen Leben teilnimmt. Die Depression unterdrückt den Kranken und das Leben – lässt sich ein Sinn darin entdecken?

Die Frage nach dem Sinn der Krankheit soll in vier Abschnitten und Perspektiven erörtert werden. Diese Perspektiven sind:

1. Die Frömmigkeit
2. Die Humanität
3. Die Medizin
4. Ein Kranker

---

gefördert. Aus neuerer Zeit gilt das nicht zuletzt für die Beiträge von Martin Doerne und Friedrich Wintzer, die ich hier dankbar aufgenommen habe. Martin Doerne, Pascals Pensées in Alexandre Vinets Deutung, in: Zeitschrift für Theologie und Kirche 62 (1965), 403–429; Friedrich Wintzer, Sinn und Erfahrung. Probleme und Wege der Krankenhausseelsorge, in: Hans-Walter Schütte/Friedrich Wintzer (Hg.), Theologie und Wirklichkeit. Festschrift für Wolfgang Trillhaas zum 70. Geburtstag, Göttingen 1974, 209–225.

## 1. Die Frömmigkeit

In allen Epochen ihrer Geschichte hat die Frömmigkeit nach dem Sinn von Krankheit gefragt. Immer war vor allem die Religion bemüht, Krankheit in ihrem Zusammenhang zu deuten. Und das ist sachgemäß. Denn in der Religion soll ja gerade die Rede sein vom Schicksal des Menschen und vom Sinn seiner Existenz. Deshalb ist nach solchem Sinn besonders nachdrücklich dort gefragt, wo die Krankheit zum Schicksal wird.

Zu den ältesten und dramatischen religiösen Deutungen von Krankheit gehört die »Besessenheit«: Der Kranke ist zur Wohnung des dämonischen Geistes geworden. Der Dämon tritt an die Stelle der Seele, und es ist nicht mehr der Kranke selbst, der sich äußert und sein Verhalten regiert, sondern der böse Geist. Damit freilich kann nicht jede Krankheit auf gleiche Weise gedeutet werden. Aber der Kreis krankhafter Erscheinungen, die als Besessenheit galten, war groß genug. Er umfasst die altnordischen Berserker, deren Wut sprichwörtlich geworden ist ebenso wie das vor allem von Angst und Verzweiflung geschüttelte urschwäbische Mädchen Gottliebin Dittus, die vor gut hundert Jahren vom älteren Blumhardt geheilt wurde. Aber Besessenheit ist mehr als eine naive Form der Diagnostik. Besessenheit gibt einer elementaren Krankheitserfahrung Ausdruck, die keineswegs nur an bestimmte Krankheiten gebunden ist. Es ist die Erfahrung, tatsächlich von einer Macht überwältigt zu sein, die absolut unverständlich und absolut unbeeinflussbar ist. Es ist die Erfahrung, an das schlechthin Rätselhafte ausgeliefert zu werden, das den Menschen aus seinem eigenen Leben entwurzelt und ihn unendlich fremd macht, für sich selbst wie für andere. Dostojewski wie Gottfried Benn sind Zeugen für die unveränderte Aktualität dieser Erfahrung.

Aber in der Vorstellung von der Besessenheit wird nicht nur die Überwältigung durch die fremde Macht zum Bild, sondern auch der Angriff auf den Menschen. Der Besessene leidet, – und er leidet doppelt, unter der eigenen Verunstaltung seiner Humanität nicht weniger als darunter, zum Instrument der Aggression gemacht zu sein. Wo immer die christliche Überlieferung das Bild der Besessenheit aufgenommen hat, hat sie eine Heilung nur durch einen direkten Machterweis Gottes für möglich gehalten. Und eben damit hat sie zum Ausdruck gebracht, dass in dieser Krankheit eine nicht nur menschenfeindliche, sondern darin gottfeindliche Macht am Werk war. Der Angriff auf den Menschen ist ein Widerspruch gegen Gott.

Zum Grundmotiv für eine allgemeine Deutung der Krankheit hat die Frömmigkeit den Gedanken der Strafe gemacht. Dieser Gedanke muss allerdings gleich gegen sein Missverständnis in Schutz genommen werden. Zumal für die christliche Frömmigkeit konnte das Verhältnis nie so aufgefasst werden, dass bei einem bestimmten Menschen die Krankheit als unmittelbare Strafe für eine bestimmte und einzelne Sünde ihr auf dem Fuße folgt. Das würde nicht nur der christlichen Welterfahrung, sondern vor allem ihrem Gottesglauben widersprechen. Krankheit ist vielmehr insofern Strafe, als sie den Kranken teilzuhaben zwingt an den irdischen Folgen der Entfremdung aller Menschen von Gott. Nicht die einzelne Sünde – die Sündhaftigkeit des Menschen überhaupt wird Grund und Ursache der Krankheit. Deshalb ist der Kranke nicht Opfer einer Vergeltung. Er ist vielmehr zum persönlichen Fall des allgemeinen Menschengeschicks geworden. Das aber hat überaus persönliche Folgen.

Es soll ihm Anlass sein, so leitet ihn die Frömmigkeit an, sein eigenes Leben und seinen Glauben zu überdenken. Die Krankheit könnte ihm ein neues Verhältnis zu sich selbst vermitteln. Sie bringt zur Geltung, dass Gesundheit und Leben keineswegs indifferente Selbstverständlichkeiten sind, die nach Belieben zur Verfügung stehen. Sie verweist auf die Bedeutung der Person gegenüber allen Werken, auf das Gewicht dessen, was einer ist, und sie lässt gleichgültiger werden, was einer hat oder besitzt oder vorstellt. Und in diesem neuen Verhältnis zu sich selbst könnte das erneuerte Verhältnis zu Gott eingeschlossen sein. So wird die Krankheit zur Chance des Glaubens. In der Krankheit ist daher zugleich die Entfremdung von Gott und seine Nähe zu erfahren gegeben. Das Deutungsmotiv der Strafe wird ergänzt und erweitert zum paradoxen Miteinander von Gottes Zuwendung und Gottes Ferne. Wer krank ist, rückt in Gottes Nähe. Gerade für die evangelische Frömmigkeit hat die Auslegung dieser Perspektive der Krankheitserfahrung immer wieder besondere Bedeutung gewonnen. Krankheit hilft zur Umkehr des Menschen. Sie lässt Lebensziele in den Vordergrund treten, die im Alltag vergessen werden. Sie schafft die Bedingungen, die das Bewusstsein des Kranken vom Vergänglichen auf das Unvergängliche lenken. Karl Friedrich Harttmann, württembergischer Pfarrer, Lehrer Friedrich Schillers in Stuttgart und später Dekan in Blaubeuren, hat für einen sterbenden Freund diese Frömmigkeit in einem großartigen Vers zusammengefasst:

»Leiden sammelt unsre Sinne,
daß die Seele nicht zerrinne
in den Bildern dieser Welt«.[2]

Die Welt also als flüchtige Erscheinung bloßer Bilder, in die hinein sich verliert, wer sich ihnen überlässt; Krank-

---

[2] Kirchengesangbuch. Ausgabe für die evangelisch-lutherische Kirche in Bayern, München [1958], 374, Lied 305.

heit und Leiden dagegen als Ort der Sammlung, an dem der Mensch zu sich selbst und zu seiner Wahrheit kommt. Das gibt der Krankheit nicht nur einen theoretischen Sinn. Der praktische Sinn dieser Auslegung wird für den Kranken selbst ungleich wichtiger. Er kann seine Krankheit begreifen als die privilegierte Situation dessen, dem Gott eine unvergleichliche Gemeinschaft gewährt. Er findet sich in der Lage, die der Psalm beschreibt: »Der HERR ist nahe denen, die zerbrochenen Herzens sind.«

## 2. Die Humanität

Philosophie und Dichtung, sofern sie sich mit der Ergründung der menschlichen Natur beschäftigen, haben dafür immer wieder der Krankheit eine besondere Bedeutung zugemessen. Ebenso interessant wäre allerdings die andere Frage, aus welchen Gründen wohl große Epochen des Denkens an der Krankheit des Menschen kaum oder gar kein Interesse genommen haben – wie beispielsweise die deutsche Klassik oder die Romantik. Dass »von der Seite der Krankheit der Forschung die tiefsten Vorstöße ins Dunkel der menschlichen Natur« gelungen und weiterhin zu erwarten sind, ist die feste Überzeugung Thomas Manns. Für ihn ist Krankheit ein Erkenntnismittel ersten Ranges. Denn es gibt kein tieferes Wissen vom Menschen ohne die Krankheitserfahrung, und alle höhere Gesundheit muss durch die Krankheit hindurchgegangen sein. Der Mensch ist das »kranke Tier«, zitiert Thomas Mann, und zwar um der belastenden Spannung und auszeichnenden Schwierigkeiten willen, die seine Stellung zwischen Natur und Geist und zwischen Erde und Himmel ihm auferlegen.

Auch aus dieser Anschauung von Krankheit und menschlicher Natur ergibt sich ein doppelter, ein theoretischer und ein praktischer Sinn. Von theoretischer Art ist die Überzeugung, dass am Kranken Einsichten über den Menschen schlechthin und über die menschliche Gesellschaft gewonnen werden können. Thomas Mann ist den Beweis dafür nicht schuldig geblieben. Fast alle seine Figuren empfangen ihre Tiefendimension aus Krankheiten und Gebrechen, die entweder selbst den Tod herbeiführen, oder aber in einem höchst verletzlichen und nur mühsam ausgewogenen Verhältnis zur Gesundheit stehen. Aber nicht nur Charakter, humane Substanz und innerer Reichtum werden hier in Zusammenhang mit der Krankheit gebracht; auch das Beziehungsgeflecht zwischen Menschen wird transparenter und wesentlicher unter Kranken. Dort oben, bei ihnen, den Kranken, sieht man schärfer und weiß man es besser, man lernt, einander auf den Grund zu gehen, und danach gründlicher zu urteilen und sich angemessener zu verhalten.

Der praktische Sinn dieser Anschauung von Krankheit geht dahin, den Kranken selbst mit den Visionen und Abgründen des eigenen Daseins zu konfrontieren. Erst als Kranker weiß ich, wer ich bin. Die Krankheit bringt an den Tag, was ohne sie in mir selbst und für mich verborgen bliebe. Oder: sie ist doch immer schon beteiligt an mir und meinem Leben. Ein sehr eindrückliches Zeugnis dafür findet sich bei Rilke. Er war 51 Jahre alt, als er an Leukämie starb, und in einem seiner letzten Gedichte heißt es:

»Wir sind ja auch in das, was schreckt und stört,
von Anfang an so grenzenlos verpflichtet.
Das Tödliche hat immer mitgedichtet:
Nur darum war der Sang so unerhört.«

Das Tödliche war also nicht nur äußerlich anwesend, die schöpferische Existenz besteht auch und gerade aus dem, was schreckt und stört. Ihm, dem Schrecklichen und Tödlichen ist der Dichter verpflichtet, weil er ohne das sein eigenes Wesen nicht denken kann. Ohne dieses Tödliche kein dichterisches Werk – oder zumindest nicht das, was es ist. Ist das wahre Humanität und die Wahrheit über den Menschen?

Rilke wird in bestimmter Hinsicht von der ärztlichen Erfahrung nachdrücklich bestätigt. Krankheit und Persönlichkeit eines Menschen sind zutiefst miteinander verbunden. Sie bilden eine Einheit, in der Gegenseitigkeit und Wechselbeziehung alle Seiten bestimmen. Der Heidelberger Internist Richard Siebeck, einer der bedeutenden Ärzte der älteren Generation, hat den Zusammenhang zwischen dem Menschen und seiner Krankheit, zwischen Persönlichkeit, persönlichen Umständen und persönlichem Leiden am Beispiel der Herzkrankheiten verdeutlicht:

»Das Herz ist nicht nur ein zentrales Organ unseres Lebens, es ist unser Herz. Wir haben und wir sind zugleich unser Herz, und wir sind es nicht nur in den natürlichen Bindungen in uns und um uns, sondern auch verflochten in ein Netz unsichtbarer Fäden, das uns in vielfältiger Weise in unsere Lebenswelt einbindet. Das Herz erkrankt in und aus der Lebensgeschichte. Was immer wir an bestimmten Ursachen aus der Krankengeschichte herausgreifen, etwa Infekte und Gefäßschäden – die weitere Entwicklung, die verbliebenen und neu sich entfaltenden Möglichkeiten, zu ertragen und zu leisten, Wandel und neuer Aufbau, sind immer an das Leben selbst gebunden, aber nicht nur an das Geschick, sondern zugleich daran, wie wir es aufnehmen und wie wir uns zu ihm stellen. Die Mächte, die am Menschen zerren und ihn zu zerreißen drohen, kommen nicht nur von außen. Es ist nicht nur die Zeit, die immer wieder davonläuft.

Es ist unsere eigene rastlose Jagd nach Erfolg und Selbstverwirklichung, nach sozialer Geltung, nach Bestätigung, nach Macht. Wir selbst sind es, die keine Zeit haben, und die unter solchem Mangel an Zeit das eigene Herz leiden lassen. Ein krankes Herz wohnt zumeist in einem zerrissenen Menschen.«[3]

Weil also Krankheit sich nach der Individualität des Menschen bildet, bildet sich die Individualität des Menschen in seiner Krankheit ab. An der Krankheit zeigen sich die persönlichen Züge des kranken Menschen ebenso wie die besonderen Umstände seiner Lebenslage. Insofern wird die Krankheit zum Symbol für die äußere und die innere Verfassung eines kranken Menschen.

Aber diese Wahrheit ist dennoch nicht die ganze Wahrheit. Wenn denn die Krankheit uns die menschliche Natur wie die eigene Person zu entschlüsseln vermag, so kann doch keinen Augenblick vergessen werden, dass sie darin nicht aufgeht.

Auch wenn sie in vielen Fällen anders auftritt, gehört es doch zum Wesen der Krankheit, dass sie den Menschen hinterrücks und im Augenblick überfällt und überwältigt. Der noch dazu so häufig unverschuldete Unfall auf unseren Straßen ist dafür das schreckliche, aber kaum noch beachtete Beispiel. Von einer Sekunde zur andern wird der Mensch verwandelt, mit Gewalt verändert und auf das furchtbarste entstellt. Kafka scheint solche Erfahrungen vorweg geahnt zu haben. Aber nicht nur der Unfall, der zu Querschnittslähmung oder Amputation führt, ist der Fall solcher Überwältigung. Die Konfrontation mit einer aussichtslosen Diagnose ist es nicht minder. Gewiss suchen hier alle Beteiligten das

---

[3] Richard Siebeck, Hetze contra Herz. Unveröffentlichter Vortrag.

größte Maß an Rücksicht zu üben. Und gewiss ist nicht selten eine Übergangsfrist und eine Zwischenzeit gegeben. Aber an der Tatsache der Konfrontation ändert sich dadurch wenig. Die Krankheit oder auch nur ihre Diagnose treten dem Menschen als Zerstörung gegenüber und als Negation alles dessen, was bisher galt.

Von da an lebt der Kranke im Herrschaftsbereich der Angst. Die Angst folgt aus der Ungewissheit über das, was kommen wird. Krankheitsverlauf, Zumutungen und Erfolg der Behandlung, der Bruch mit dem bisherigen Leben, die Ratlosigkeit über das, was sich durchhalten lassen könnte und was nicht – alle Perspektiven des eigenen Lebens haben ihre Vertrauenswürdigkeit verloren.

Es gibt nichts Verlässliches mehr. Aus einer solchen Lebenskrise heraus kommen die Motive der Selbstzerstörung zur Herrschaft und können die Krise in die Katastrophe verwandeln. Schock, Panik, Resignation – die Psychologie lehrt uns eine Reihe verschiedener Stadien kennen.

Dieser Verlust an Gewissheit ist gleichbedeutend mit dem Verlust von Sinn. Die Krankheit gibt sich in dieser Konfrontation gerade nicht als Sinn zu erfahren, sondern als Sinnlosigkeit und als Zerstörung von Sinn. Sie ist Negation im Blick auf das Leben und nicht darüber hinaus. Es kann deshalb auch nichts daran gelegen sein, solcher Krankheit einen Sinn oder eine erkennbare und ihr zugehörige Bedeutung künstlich zuzulegen. Damit wäre nichts gewonnen. Die Frage ist vielmehr die, ob es gelingen kann, den zerstörten Sinn unter den veränderten Bedingungen des Lebens oder des Sterbens zu erneuern und die Gewissheit neu zu begründen, die der Selbstzerstörung entgegenzutreten vermag. Nicht also der Sinn solcher Krankheit steht zur Diskussion – sondern der Sinn im Leben eines Menschen, der von dieser Krankheit und von Ausweglosigkeit bedroht ist. Und dieser Sinn hat nicht in erster Linie den Charakter eines theoretischen Satzes, den man zur Kenntnis nehmen und sich plausibel machen könnte. Der Lebenssinn fällt hier in eins mit der Lebensgewissheit. Sie freilich so zu begründen, dass sie im grauen Alltag so gewiss bleibt wie *in extremis* – das wird nur dort gelingen, wo wir den Grund nicht selber gelegt haben.

## 3. Die Medizin

Die neuzeitliche Medizin hat auf ganz andere Weise zur Frage nach dem Sinn der Krankheit beigetragen. Sie hat die Krankheit kompromisslos in den Zusammenhang von Naturwissenschaft und Technik gestellt, und sie hat damit die Frage nach dem Sinn der Krankheit erledigt. Das jedenfalls ist die vorherrschende Meinung, und sie schließt ein, dass, wenn die Frage nach dem Sinn der Krankheit gestellt wird, deren Beantwortung nicht in die Zuständigkeit der Medizin fällt. Medizinische Definitionen von Krankheit bleiben allerdings sehr wohl möglich und auch gelegentlich noch erforderlich. Sie lauten dann beispielsweise so: Krank ist der Mensch, der wegen eines Verlustes des abgestimmten Zusammenwirkens der leiblichen, seelischen oder leib-seelischen Funktionsglieder des Organismus subjektiv oder klinisch hilfsbedürftig wird. An dieser Formel wird vor allem deutlich, wie problematisch die naturwissenschaftliche Krankheitsdefinition ist und welche Rücksichten ihr abverlangt werden. Es zeigt sich aber auch, dass dabei sehr wohl mit einem Sinn von Krankheit operiert wird: Die Krankheit ist ein Naturereignis. Wie der lebendige Mensch als »natürlicher« Funktionszusammenhang verstanden wird, so Krankheit als das Ereignis, das diesen Zusammenhang stört und den Menschen hilfsbedürftig macht. Naturereignissen von solchem Rang gegenüber aber gibt es nur zwei angemessene Weisen des Verhaltens. Das ist einmal der Versuch, in sie einzugreifen, sie zu beeinflussen und sie zu beherrschen. Im Blick auf die Krankheit ist dies der Fall einer erfolgreichen Therapie. Ist aber diese Möglichkeit nicht oder noch nicht oder nicht ausreichend gegeben, dann ist das, wie immer bei Naturkatastrophen, der Fall einer Notsituation, die von den Betroffenen nur mit Seelenstärke und Bewährungswillen überstanden oder ausgehalten werden kann. Und das sind dann ja tatsächlich die Tugenden, die von Patienten, aber ebenso von Ärzten und Schwestern im Betrieb der neuzeitlichen Medizin erwartet werden.

Dieselbe neuzeitliche Medizin hat freilich noch einen gänzlich anderen Sinn und eine bemerkenswerte Funktion von Krankheit an den Tag gebracht. Die Bäuerin, die von sich sagt, sie habe sich so sehr über ihren Mann ärgern müssen, dass ihr jetzt die Galle weh tue, wäre vor noch gar nicht langer Zeit nur mitleidig belächelt worden. Heute weiß man, dass sie so unrecht nicht haben wird. Denn ihre Krankheit besteht nicht nur in den Gallensteinen, die man vermuten muss. Ihre Krankheit reicht bis in den Streit hinein, in dem sie lebt. Offenbar war dieser Streit unerträglich geworden. Die Gallenkrankheit setzt sie instand, sich der Zumutung des Unerträglichen zu entziehen. Es ist die Frage, wie sie diese Zumutung bestehen wird, wenn ihre Krankheit durch die fällige Operation geheilt ist.

Ganz anders, aber durchaus vergleichbar steht es mit dem jungen Mädchen, das durch eine Magersucht ernsthaft gefährdet ist, das aber jedem Therapieversuch ausweicht. Wenn es denn nur, solange es krank ist, die Aufmerksamkeit und Zuwendung der Eltern und Geschwister sich in wünschenswertem Maße sichern kann, dann würde es durch eine äußere Heilung sich innerlich ausgesetzt und verlassen finden.

Hier also, wie in vielen anderen Fällen, ist die Krankheit keineswegs allein Krankheit. Bei genauerem Hinsehen zeigt sich, dass diese Krankheiten erst die Möglichkeit bieten, mit den anders nicht zugänglichen Lebensumständen umzugehen. Die Krankheit oder das krankhafte Symptom wird vielmehr zum Instrument des Überlebens. Krankheit ist hier nicht Lebensstörung, sondern Lebensleistung, freilich eine überaus gefährliche Lebensleistung. Denn sie hört ja nicht auf, das Leben zu bedrohen, auch wenn sie den Sinn übernimmt, es in einer bestimmten Situation zu schützen.

Die Folgen der Neuzeit und der neuzeitlichen Medizin zeigen sich freilich nicht nur am individuellen Sinn der Krankheit, sondern auch an ihrem sozialen Sinn. Zu Beginn der Neuzeit war Krankheit noch keineswegs ein bloßer »Defekt der Gesundheit«. Vielmehr war Krankheit eine Lebensgestalt von eigener Würde. Der Kranke war nicht ein behinderter, er war ein besonderer Mensch. Paracelsus beschrieb die Krankheiten als eigentümliche Werke der Schöpfung. Er verglich sie mit bizarren Blumen und exotischem Getier. Die Meisterschaft der Schöpfung zeigt sich ihm nicht nur in Nachtigall und Pfau, sondern ebenso in den dunkleren und fremden Erscheinungen der Natur. Die Heilung von der Krankheit war deshalb keineswegs die Regel, sie war, wo sie zustande kam, ein Wunder. Und der Arzt verstand sich selbst als Instrument eines höheren Willens, nach dem ein solches Wunder geschah oder nicht. In dieser Welt zu leben hatte für den Kranken Sinn, weil er die eigene Lebensform als Ergebnis eines absichtsvollen Handelns begreifen konnte, das ihm seinen Ort nicht nur in der Schöpfung, sondern auch in der Gesellschaft zuwies. Krankheit definierte menschliche Existenz nicht außerhalb, sondern innerhalb der Grenzen gültiger sozialer Normalität. Dem entsprach, dass auch der Kranke einen Sinn und eine Funktion, und zwar eine ihm spezifische Funktion, im gemeinsamen Leben hatte.

Eine Patientin, die an Krebs leidet, hat vor einem Jahrhundert in aller Regel die letzte Epoche ihrer Krankheit zu Hause zugebracht, im Kreis der Familie. Die Tante oder die Mutter war krank, das wusste man. Sie saß, in eine Decke gehüllt, im Sessel, wenn es gut ging und die Schmerzen es erlaubten. Kinder kamen und ließen sich vorlesen, Verwandte und Freunde setzten sich zu einem kurzen Gespräch. Heute haben bereits die Kinder einen Terminkalender, der ihnen kaum Zeit ließe, eine solche Tante nur zu begrüßen. Ganz abgesehen davon, dass, da es das Vorlesen nicht mehr gibt, diese Tante für Kinder funktionslos bliebe. Aber auch die Verwandten und Freunde sind nicht mehr verfügbar. Sie sind fort zur Arbeit. Vor allem aber ist heute die Tante nicht mehr nur krank. Jedermann weiß oder ahnt doch die Diagnose. Sie steht wie ein Todesurteil mit herausgezögerter Vollstreckung über der Patientin angeschrieben. Jeder, der es wissen will, kann sich bis ins Letzte informieren: Über die vermutlichen Symptome, über die Therapie, über die Prognose. Unsere Zeit lässt eine solche Patientin mit sich und ihrer Krankheit allein.

Hier zeigt sich die ganze Ambivalenz des Fortschritts. Die alte Zeit hat sich am kranken Menschen orientiert. Sie hat der Krankheit nichts von ihrer dunklen und undurchdringlichen Rätselhaftigkeit nehmen können oder auch nur zu nehmen versucht. Gleichwohl hat sie im Kranken und in seiner Krankheit Sinn und nicht zuletzt Aufgaben gefunden, in denen alle, ob gesund oder krank, im gemeinsamen Leben verbunden waren. Die moderne Medizin hat von den Krankheiten, die damals das Feld beherrschten, wenig übriggelassen. Die monströsen Entstellungen und die tödlichen Infektionskrankheiten gibt es nicht mehr. Cholera und Schwindsucht sind, zumindest bei uns, verschwunden. Auf einer bäuerlichen Votivtafel aus dem 18. Jahrhundert liest man: »Lieber Gott, acht Kinder sind bei Dir, nun laß' das neunte mir« – diesen Tod der kleinen Kinder und der Neugeborenen müssen wir nicht mehr fürchten. Aber die Neuzeit hat ihre eigenen Krankheiten. Wie im Mythos sind dem Unheil andere und nicht weniger furchtbare Köpfe anstelle der abgeschlagenen gewachsen. Die Wissenschaft spricht von einer Veränderung des Krankheitsprofils: Neue Krankheiten können in den Vordergrund treten, weil die alten Platz gemacht haben.

Aber mit dem Fortschritt der Medizin, der das gesamte Leben verändert hat, ist auch die Einstellung des Menschen verändert worden: Das öffentliche Bewusstsein orientiert sich nicht an der Krankheit, sondern an der Gesundheit. Gesundheit ist zu einem Zentralbegriff für das Selbstverständnis und die Selbstdeutung unserer Zeit geworden, ein Begriff, in dem Wunschvorstellungen und Lebensziele zusammengefasst sind, der also gleichbedeutend geworden ist mit Wohlstand, Glück und Erfolg. Das deutlichste Beispiel dafür liefert die Werbeindustrie, die sich direkt und indirekt überall der Gesundheit annimmt, um für sie und mit ihr Reklame zu machen. Aber das öffentliche Bewusstsein ist bei dieser Orientierung von der Medizin selbst geleitet. Die einschlägige internationale Institution hat sich selbst den Namen »Weltgesundheitsorganisation« gegeben, und sie ist durch ihre Definition bekannt geworden, nach der Gesundheit als Zustand völligen körperlichen, seelischen und sozialen Wohlbefindens bezeichnet wird. Diese Spitzenformel mag ihr Recht haben, um generelle Richtungen und allgemeine Ziele für die Arbeit auf diesem Gebiet zu beschreiben, wo sie aber als Definition individueller Gesundheit verstanden wird, hat das verheerende Folgen. In solcher

Gesundheitsvorstellung läge ein Versprechen, das niemand einlösen kann. Gleichwohl hat sich die Orientierung an diesem illusionären Maß von Gesundheit weithin eingebürgert, und ihre Herstellung wird von den entsprechenden Einrichtungen und von den Ärzten erwartet oder gar gefordert. Denn wo eine derartige strikte Beziehung zwischen Gesundheit und Wohlfahrt oder gar Gesundheit und Glück zu bestehen scheint, da legt sich auch die Umkehrung nahe, und immer dann, wenn Wohlfahrt und Glück ausbleiben, entsteht zumindest die Frage, ob für die Abhilfe hier nicht der Arzt zuständig sein müsste.

So hat der neuzeitliche Orientierungswandel von der Krankheit zur Gesundheit zwar deren Verhältnis sicher weit zugunsten der Gesundheit verändert, er hat indessen den Kranken das Kranksein gewiss nicht leichter gemacht.

## 4. Ein Kranker

Vom Sinn der Krankheit lässt sich offenbar auf sehr verschiedene Weise reden. Krankheit gewinnt in unterschiedlichen Perspektiven eine jeweils andere Funktion und einen veränderten Sinn. Es ist aber die Frage, ob sich über diese allgemeinen Bedeutungen der Krankheit in ihren verschiedenen Zusammenhängen hinaus noch ein besonderer Sinn ausmachen lässt. Dafür müsste man diesen Weg vom Allgemeinen zum Besonderen einschlagen und verfolgen. Am einfachsten geschieht das anhand einer Krankengeschichte. Als »Krankengeschichte« bezeichnet man in der Medizin die Annalen, die über einen Patienten geführt werden. Beginnen wir mit den allgemeinen Feststellungen.

Es handelt sich um den Fall einer Magenblutung bei

einem 35jährigen Patienten[4]. Die Diagnose macht keine Schwierigkeiten. Der Patient hat seit ein paar Jahren Schmerzen und die für ein Magengeschwür typischen Beschwerden gehabt. Alle Untersuchungen bestätigen die Diagnose. Der Patient ist kräftig und in recht guter Verfassung. Es ist keine schwere Erkrankung. Die Behandlung kann beginnen.

Dies ist der einfachste Fall einer Krankheitsgeschichte. Es ist zugleich der häufigste. Die medizinische Wahrnehmung beschränkt sich auf das kranke Organ und auf die mit ihm zusammenhängenden Funktionen. Der Patient selbst kommt nur zu Wort, um seine Beschwerden zu beschreiben. Im Übrigen ist er stumm, Krankheit ist hier das Naturereignis, das man bekämpfen und beseitigen muss. Äußerstenfalls müsste man es mit Würde bestehen. Mehr ist nicht zu sagen.

Dem lässt sich nun – für denselben Patienten – eine Krankengeschichte ganz anderer Art gegenüberstellen. Sie ist sehr viel ausführlicher als die erste und würde viele Seiten füllen. Sie kommt einer Erzählung sehr viel näher. Sie beginnt mit der frühen Kindheit. Der Patient hat einen älteren und einen jüngeren Bruder. Mehr als diese Brüder war er seiner Mutter verbunden, der Vater war streng, autoritativ und stand seinen Söhnen distanziert gegenüber.

Die Familiensituation und das Erziehungsmilieu weisen darauf hin, dass es bei dem Patienten zu einer Störung in der seelischen Entwicklung gekommen ist. Es ist sehr früh an strenge und autoritäre Lebensregeln gebunden worden. Durch seine Erziehung hat er eine kompromisslose Moral verinnerlicht. Dem aber stand ein besonders gespanntes und

---

[4] Vgl. zum Folgenden RICHARD SIEBECK, Medizin in Bewegung. Klinische Erkenntnisse und ärztliche Aufgabe, Stuttgart, New York [3]1983, 17 ff.

intensives Trieberleben gegenüber. So kam es zu einem permanenten Konflikt. Die ständige Auseinandersetzung mit dem eigenen Erleben führte nicht selten zur Störung des Sozialverhaltens. Es kam hinzu, dass der Patient schon von klein auf zu Magenverstimmungen neigte und anfällig war.

So liegt auf der Hand, dass hier ein Zusammenhang zwischen den seelischen und körperlichen Störungen zu vermuten ist. Diese Krankengeschichte lässt erwarten, dass eine Behandlung, die sich allein auf die körperlichen Symptome richtet, keinen gründlichen Erfolg haben wird.

Hier gewinnt die Krankheit einen ganz anderen Sinn: Sie macht das innerliche Erleben des Kranken zum körperlichen Befund. Sie übersetzt das Schweigen der seelischen Spannungen in die harte und sprechende Realität einer nicht ungefährlichen Krankheit. Sie macht von ihren Ursachen reden, und sie verändert auch dadurch die innere Situation des Kranken. Vielleicht trägt sie auf diese Weise zur Lösung oder doch zur Erleichterung der Konflikte bei.

Eine dritte Krankengeschichte schließlich unternimmt es, alle diese Daten und Beobachtungen in einen noch größeren und umfassenderen Zusammenhang zu bringen. Sie ist tatsächlich eine Biographie. Der Patient hat einen sehr verantwortungsvollen Beruf, und es stellt sich heraus, dass die Magenbeschwerden immer dann aufgetreten sind, wenn der Patient einer großen Belastung ausgesetzt war. Er wird als ein lebhafter Geist beschrieben, als sensitiv, als geneigt, sich durch Strebsamkeit und Ehrgeiz bedrängen zu lassen, als ein Mann, der viel leisten will, aber oft unsicher ist, ob seine Pläne seine Fähigkeiten nicht weit übersteigen. In dieser Krankengeschichte ist es die Spannung zwischen Persönlichkeit und Situation, die die Krankheit hervortreten oder wieder zurücksinken lässt. Die Krankengeschichte ist nichts anderes als die Lebensgeschichte. Der Kranke »hat«

nicht nur seine Krankheit, – er selbst und sein Geschick »machen« sie.

Die Krankheit gewinnt hier einen ganz und gar persönlichen Sinn. Sie wird zum wesentlichen Datum der Lebensgeschichte und damit der Individualität des Patienten. Man kann diesen persönlichen Sinn auch von außen beschreiben: Die Krankheit wird hier zur Grenze für den inneren Expansionswillen, sie schützt den Kranken vor seinen Aufbrüchen und dem immer neuen sich-selbst-Verlassen. Sie hält ihn bei sich selbst zurück und zwingt ihn geradezu, eigene und innere Dimensionen des Lebens wahrzunehmen. Die Krankheit bildet und formt die Persönlichkeit dieses Kranken, wenn sie seinem sthenischen Leistungswillen und seinem Drängen nach außen seine eigene Grenze setzt.

Dieser Sinn freilich bleibt leer und funktionslos, wenn der Patient selbst ihn nicht ergreift, um ihn sich zu eigen zu machen und ihn zu realisieren. Als Deutung eines anderen Lebens und einer fremden Biographie bleibt dieser Sinn abstrakt. Allenfalls könnte auf solche Weise der Patient zu Selbständigkeit und zu eigener Auseinandersetzung angeregt werden.

Es gibt für diese innere Arbeit, die dem Kranken im Blick auf den Sinn seiner Krankheit abverlangt ist, ein Dokument, das über Jahrhunderte nichts von seiner Größe und von seiner Aktualität verloren hat. Am Ende der »Pensées« findet sich bei Pascal ein längerer Text mit der Überschrift: »Gebet, um von Gott den richtigen Gebrauch der Krankheit zu erbitten«.[5]

Darin heißt es: »Bewirke o Gott, daß ich die Fügungen deiner anbetungswürdigen Vorsehung in bezug auf meinen

---

[5] Vgl. dazu Friedrich Wintzer, Sinn und Erfahrung (wie Anm. 1), 224 f.

Lebenslauf verehre [...]. Wende dann, o Herr, die Traurigkeit von mir ab, die mir meine Eigenliebe über mein Leiden und über das Mißlingen weltlicher Dinge einflößen könnte, die nicht deine Ehre betreffen [...]. Ich verlange mir weder Gesundheit noch Krankheit, weder Leben noch Tod; verfüge aber du über meine Gesundheit und über mein Siechtum, über mein Leben und über meinen Tod, zu deiner Ehre und zu meinem Heile«.

Diese etwas zufällig herausgegriffenen Sätze sind die Dokumentation einer vorbehaltlosen Zuwendung zur eigenen Wirklichkeit. Sie sind das Zeugnis einer Selbstannahme, die möglich wird, weil diese Wirklichkeit nicht als die bloße Verwirklichung von eigenen Absichten und Zielen begriffen ist. Dieses Gebet nimmt alle Wirklichkeit des eigenen Lebens aus Gottes Hand. Deshalb wird dieses Leben durch die Erfahrung nicht bedroht und nicht gefährdet, auch nicht durch die Krankheitserfahrung, durch das Unvorhersehbare, durch das, was schreckt und stört. Hier ist der Glaube zum Horizont des Lebens geworden, und er liegt jeder Erfahrung voraus. In diesem Horizont vermittelt der Glaube jedem Widerfahrnis seinen Sinn – auch dem Siechtum und dem Gebrechen.

Pascal ist zur Imitation wohl nur schwer geeignet. Wer hier unterwegs ist, muss seinen eigenen Weg finden. Wohin dieser Weg führen soll, – das freilich ist bei Pascal unüberboten zu lernen. Denn dieser Text ist ein gültiges Beispiel dafür, wie der christliche Glaube die Krankheit in seinen Sinn aufzunehmen und ihre Erfahrung in seine Gewissheit zu überführen vermag.

# Krankheit als Krise der Lebensgeschichte. Symbol und Wirklichkeit in der psychosomatischen Medizin

Die Worte, mit denen wir uns verständigen, gelten nicht für sich selbst: Sie stehen für etwas anderes. Wer das Wort »Haus« oder »Tisch« hört, dem stellt sich das damit gemeinte Gebäude oder das entsprechende Möbelstück vor Augen. Wortsymbole also verweisen auf eine andere Wirklichkeit, auf eine Wirklichkeit, die von ihnen selbst verschieden ist. Nur für sich genommen wären Worte abstrakt und leer, erst ihre symbolische Funktion macht sie zu Trägern und zu Instrumenten der Verständigung. Aber die Wirklichkeit, auf die die Symbole verweisen, ist vor allem die Wirklichkeit dessen, der sie vernimmt. Erst im Prozess der Kommunikation treten Symbol und Wirklichkeit in Beziehung.

Derjenige, der ein Wort als Symbol hört, trägt entscheidend zur Konstituierung der Wirklichkeit bei, auf die verwiesen wird. Deshalb ist diese »Wirklichkeit« nicht zeitlos oder geschichtslos immer mit sich selbst identisch, sie ist vielmehr abhängig von dem, dem die Verständigung gilt. George Herbert Mead hat das Wort »Bär« benutzt, um zu zeigen, dass dieses Symbol eine jeweils verschiedene Wirklichkeit darstellt für einen Jäger und für einen Spaziergänger. Sehr viel komplexer, aber vielleicht auch deutlicher zeigt sich derselbe Sachverhalt am Wort »Mutter«. Mit diesem

Symbol wird nicht nur auf verschiedene, sondern auf höchst individuelle Gestalten der Wirklichkeit verwiesen: Hier spielen nicht nur die tatsächlichen Unterschiede zwischen einzelnen Personen eine Rolle, sondern vor allem das Bild, das von ihnen entsteht und im Seelenleben wirksam wird.

Man kann deshalb von Realisierungsprozessen sprechen, die durch Symbole in Gang gesetzt werden. Solche Prozesse betreffen keineswegs allein das Verstehen oder die Affektivität, in sie ist ebenso die Vorstellungswelt einbezogen, die Erfahrungen, die Erinnerungen, die Bilder: also das gesamte Ensemble individueller Wirklichkeit. Deshalb ist das Erlernen von Sprache eine ebenso wichtige wie verletzliche Entwicklung, und Störungen erweisen sich als außerordentlich folgenreich. An der Fähigkeit zu sprachlich-symbolischer Interaktion, an der Fähigkeit also, sich selbst mit Worten verständlich zu machen und die Wirklichkeit anderer Menschen mit Hilfe des gesprochenen Wortes zu verstehen, hängt weithin die Gemeinschaftsfähigkeit des Menschen.

Wissenschaftssprachen entstehen demgegenüber als Abgrenzung oder Ausgrenzung bestimmter Symbole und deren Festlegung und Präzisierung. Sie reduzieren also die Komplexität der Sprache, sie vereinfachen das Ensemble der Phänomene, die menschliche Wirklichkeit im Alltag ausmachen. Je konsequenter diese Reduktion durchgeführt wird, desto eindeutiger werden die Symbole. In gleicher Weise wird auch die Wirklichkeit eindeutig auf diese Symbole verwiesen. Man kann auch sagen: Diese Wirklichkeit wird objektiver. Sie hat dann für alle am wissenschaftlichen Kommunikationsprozess Beteiligten denselben Sinn. Es gibt keine Auslegungsprobleme und keine verschiedenen Vorstellungen, wie das beim alltäglichen Wort »Mutter« der Fall war. Freilich ist das zugleich ein Hinweis darauf, dass hier eben nicht die ganze Wirklichkeit, sondern nur ein sehr bescheidener Ausschnitt aus ihr zum Gegenstand der Wissenschaft gemacht wird.

Dieser Reduktionsprozess gelingt in den verschiedenen Wissenschaften in verschiedenem Grade. Am ausgeprägtesten ist das bekanntlich in der Mathematik der Fall. Sie ist die »exakte Wissenschaft« schlechthin. In anderen Wissenschaften lässt sich keineswegs ein ähnliches Maß an Eindeutigkeit erreichen. Der Prozess der Abstraktion und der Reduktion gelingt hier sehr viel weniger, die Themen und Gegenstände und die Symbole der Verständigung bleiben komplexer und vieldeutiger. Das gilt vor allem für die Medizin. Krankheitsbilder sind nur selten ganz eindeutig, Diagnosen, Krankheitsverläufe und Krankengeschichten bleiben mehrdeutig und vielschichtig. Sie machen Auslegungen notwendig, und oft genug teilt sich dieser Mangel an Eindeutigkeit auch den therapeutischen Entscheidungen mit.

## Die ganze menschliche Wirklichkeit einbeziehen

Der Ursprung der psychosomatischen Medizin liegt im Bedürfnis, die Totalität derjenigen Wirklichkeit wahrzunehmen, die von den Einzelwissenschaften methodisch zerlegt wurde. Richard Siebeck hat darauf hingewiesen, dass bei der Beurteilung von Kranken die ganze menschliche Wirklichkeit einbezogen werden müsse, weil die Krankengeschichte eines Patienten in Wahrheit seine Lebensgeschichte sei. Diese Ursprungstendenz der psychosomatischen Medizin ist als ein permanentes Bedürfnis auch dort noch sichtbar, wo diese Einsichten als ein eigenes Gebiet innerhalb der Gesamtmedizin zur Geltung gebracht werden sollen.

Schon der Begriff des »Psychosomatischen« ist ein Symbol für die Wirklichkeit, die hier gemeint ist. Sie entsteht nicht aus der Addition der beiden Gebiete, die der Begriff zusammenfasst. Die Grundbegriffe der psychosomatischen Medizin, wie etwa »Biographie« oder »Lebensgeschichte« oder »Situation«, verweisen darauf, dass hier in der Tat die Totalität der Wirklichkeit zurückgewonnen werden soll. Deshalb ist der Bereich der psychosomatischen Medizin nicht von der Eindeutigkeit bestimmt, die sich an der exakten Wissenschaft orientiert, sondern von der Mehrdeutigkeit, die für die menschliche Realität charakteristisch ist. Der psychosomatische Ansatz reproduziert in seinen Symbolen die Wirklichkeit, um die es ihm geht.

Symbolische Funktionen spielen hier nicht nur in der sprachlichen Beziehung eine Rolle und nicht nur dort, wo es um die Relation zwischen Menschen geht. Man kann vielmehr das Verhältnis zwischen einer Erkrankung und der biographischen Situation, in der sie entsteht, selbst als »symbolisch« bezeichnen. Im krankhaften Symptom wird die Lebensgeschichte als Krankengeschichte repräsentiert und anschaulich gemacht. Das ist der Sinn der Formel von der »Körpersprache«, die seit jeher in diesem Zusammenhang gebraucht wird. Gerade aber daran wird deutlich, dass das Symbol nicht die Manifestation eindeutiger Beziehungen darstellt. Oft genug steht die ärztliche Interpretation in der Gefahr, die »Körpersprache« zu einfach und zu eindeutig verstehen zu wollen.

Die symbolische Manifestation ist immer mehrdeutig und außerordentlich komplex. Man kann die Funktion des Symbols geradezu in der Verschlüsselung dieses Ausdrucks sehen. Denn dieses Symbol, das in der Krankheit vorliegt, steht für eine Wirklichkeit, die sich eben nicht in einer objektiven Formel definieren lässt. Man kann diese Wirklichkeit als Anamnese oder als therapeutisches Gespräch aufhellen: Aber sie lässt sich nicht in einen Gegenstand verwandeln und damit abschließend und endgültig begreifen. Die Vielschichtigkeit und die Unüberschaubarkeit der menschlichen Realität bleiben gerade im ärztlichen Gespräch erhalten.

Das krankhafte Symptom hat darüber hinaus eine symbolische Funktion für den Patienten selbst: Es macht ihm seine eigene lebensgeschichtliche Situation ausdrücklich. Die Krankheit wird für den Patienten zum eigenen Symbol. Sie stellt ihm vor Augen, was er als das Wesentliche seiner eigenen Lebenslage zu begreifen und zu akzeptieren hat. Denn die Krankheit ist vor allem Symbol der Grenze, die dem Kranken gezogen wird. Die Biographie ist in ein Stadium eingetreten, in dem Korrekturen nötig werden, – das ist der Sinn des Satzes: Die Krankheit ist eine Krise der Biographie. In seiner Struktur ist dieses Verhältnis bei Herzkrankheiten besonders deutlich, wenngleich natürlich über die Art der Krise und über den Grund der Grenzen in keiner Weise ein allgemeines Urteil möglich ist.

Die Situation des Patienten aber ist nun in einer Hinsicht bedeutungsvoll ausgezeichnet und von anderen unterschieden: Die Krankheit gehört als eigene Realität doch der Wirklichkeit an, deren Ausdruck sie ist. Für den Patienten haben Leben und Krankheit durchaus einen gemeinsamen Horizont. Erst eine technisch-instrumentelle Perspektive der Medizin sucht die Trennung zu etablieren und die Krankheit für sich zu nehmen. Damit wird dann auch für den Patienten die Distanzierung von der Krankheit und deren Versachlichung möglich.

Aus diesem Zusammenhang ergeben sich nun entscheidende Folgen für die Therapie. Denn im Blick auf die Einheit und auf die Zusammengehörigkeit von Krankheit und Lebenswirklichkeit ergibt sich, dass die Veränderung des Symptoms zugleich eine Veränderung der Wirklichkeit des Menschen ist. Therapie hat es nicht nur mit isolierbaren Organen oder Funktionen zu tun, sondern mit dem gesamten *Ensemble*, das die Lebenswirklichkeit des Patienten ausmacht. Heilung ist derjenige Prozess, innerhalb dessen sich diese Lebenswirklichkeit neu konstituiert, und zwar mit Rücksicht auf die neuen Grenzen. Therapie ist die Herstellung von Bedingungen, die der symbolischen Manifestation ihren Grund entziehen: Ein geheilter Mensch ist ein anderer Mensch.

Wenn die psychosomatische Medizin der Logik ihres Ursprungs folgt, dann ist nicht nur die Wirklichkeit, sondern auch die Wahrheit des Menschseins ihr Thema. Wie die Frage nach der Wirklichkeit, so steht auch die Frage nach der Wahrheit des Menschen hier nicht in einem theoretischen Zusammenhang. Es ist vielmehr die Frage nach dem, was als Wahrheit in einer bestimmten Situation für einen bestimmten Menschen gelten soll.

## Auferlegte Beschränkungen akzeptieren

Dass der Patient im Prozess der Heilung »ein anderer Mensch« wird, heißt, dass für ihn eine qualitativ neue Lebenssituation im Durchgang durch die Erkrankung entsteht. Man hat hier deshalb die Phänomene der Krise, des Überganges, der Passage und der Schwelle konstatiert. Diese Phänomene bündeln sich entscheidend in der Frage: Was soll gelten? Welchen Sinn hat diese neue Situation?

Besonders eindrücklich ist hier wiederum das Beispiel der Herzkranken. Für sie kommt viel darauf an, dass sie die Heilung, die ihnen Beschränkungen auferlegt, akzeptieren. Sie müssen die Anlage ihres Lebens verändern, die Aktivität auf die neuen Grenzen reduzieren. Anders, aber durchaus vergleichbar, steht es mit neurotischen Erkrankungen. Die Trennungsangst enthält in sich nicht nur die Angst vor dem Verlust eines anderen Menschen, vor dem Verlust von Geborgenheit oder vor dem Verlust von Besitz.

Ein solcher Patient ist in aller Regel ganz auf den anderen Menschen fixiert, von dem er sich nicht trennen kann, ohne in Angstzustände zu geraten. Wenn dann eine Heilung soweit zustande kommt, dass der Patient die Angst aufzugeben in der Lage ist und eine Trennung ohne Schwierigkeiten übersteht, dann findet er sich in aller Regel vor der Aufgabe, seinem ganzen Leben eine neue Orientierung zu geben. Welchen Zielen soll er sich jetzt zuwenden? Bisher war dies in keiner Hinsicht ein Problem, die Unsicherheit entsteht vielmehr in dem Maße, in dem die Heilung gelingt. Wenn es richtig ist, dass in vielen Fällen die Angst eines Menschen, allein zu sein und menschliche Bindungen entbehren zu müssen, der Grund ist für sein soziales Engagement, dann entsteht durch die Heilung eine ähnliche Situation. Was soll gelten, wenn ein solcher Patient von seiner Isolierungsangst befreit wird? Entfallen damit auch alle Gründe für sein soziales Engagement?

Probleme und Fragen dieser Art werden im Übergang zur neuen Lebenssituation vom Patienten auch im ärztlichen Gespräch zur Geltung gebracht. Tatsächlich werden sie auch behandelt, zumeist in verschlüsselter Form, und auch dann, wenn der Arzt es nicht wahrhaben möchte und sich lieber zurückhielte. Dabei wird es der Arzt nicht verhindern können, dass er seine eigenen Auffassungen anbietet, wenn auch in noch so verschlüsselter Gestalt. Was aber ist seine Auffassung? Woran orientiert der Arzt die Frage nach dem Sinn?

In den meisten Fällen ist Heilung ein Wahrnehmen der Beschränkungen, eine Annahme der neuen Grenzen und damit die Fähigkeit, mit Störungen zu leben. Die Frage aber ist, wie der Patient eigentlich zu dieser Leistung befähigt werden soll. Ein eindrückliches Beispiel für diese Konstellation bieten die Patienten mit einem Magengeschwür. Es ist neuerdings wahrscheinlich gemacht, dass es Gefühle der Unterlegenheit und vor allem des Neides sind, die zu einer Magenverkrampfung führen und damit zur Entstehung des Magengeschwürs. Nun lässt sich durch eine entsprechende und sachgemäße Therapie in vielen Fällen dieser Zusammenhang aufdecken und damit die körperliche Störung eindämmen oder gar aufheben. Aber die auslösenden Gefühle der Unterlegenheit und des Neides werden dadurch nicht ohne weiteres schon berührt.

Neid ist ein Umgang mit Versagungen, und zwar ein falscher Umgang, weil er krank macht. Wie aber geht man richtig um mit Versagungen, mit den Verweigerungen, die das Leben auferlegt? Die Antwort darauf kann schwerlich lauten: durch eine analytische Psychotherapie, denn der Augenschein vermag überall davon zu überzeugen, dass durch eine Analyse derartige Gefühle vielleicht kontrollierbar werden, dass sie aber keineswegs vollständig dagegen immunisiert. Es ist deshalb nur konsequent zu fragen, wie denn eigentlich der Arzt mit den Enttäuschungen, den Niederlagen zu Rande kommt, die ihm zugemutet werden? Manche Formen des Umgangs mit solchen Niederlagen erwecken eher den Eindruck, eine Umverteilung von Schuld zu beabsichtigen. Sie dienen mehr der Rechtfertigung des Besiegten.

Der Arzt erlebt am Patienten eben das, was der Patient an sich selbst erlebt: die Unfähigkeit, sich zu verwandeln, die Unangreifbarkeit der Krankheit. In solcher Situation finden sich beide im gleichen Boot und stehen vor derselben Frage. Was heißt für sie: die Versagung annehmen? Wer deutet in einer solchen Therapie- und Gesprächssituation die Frage: Warum? Und warum gerade hier?

Es gibt demgegenüber eine Erfahrung, die im Zusammenhang großer anthropologischer Theorien als die Erfahrung von Vertrauen oder von Urvertrauen bezeichnet wird. Das ist nicht nur die Auslegung einer allgemeinen Erfahrung vom Gelingen sozialer Beziehungen oder einzelner Lebensleistungen. Zugrunde liegt hier auch die Erfahrung gelungener Heilung, und auch diese Erfahrung teilen sich Arzt und Patient. Zu den Erfahrungen, die Vertrauen aufkommen lassen und begründen, gehört die, dass eine menschliche Situation nicht in dem aufgeht, was sie zu sein scheint, dass der Mensch mehr ist, als er von sich weiß, und dass ihm Möglichkeiten zufallen, die er sich nicht selbst verdankt.

Vertrauen rechnet mit dem, was über eine Situation der Beschränkung hinausführt und was innerhalb von vor Augen liegenden Grenzen gerade noch nicht zur Verfügung steht. Deshalb wird Vertrauen durch die Erfahrung begründet, dass ein solches Überschreiten von Grenzen tatsächlich gelingt. Ein derartiges Vertrauen kann dann aufgeboten werden gegen die Zumutungen der Versagung und der Verweigerung. Die Restitution des Urvertrauens ist offenbar geeignet, die Lebensfähigkeit auch unter begrenzten und beschränkten Bedingungen zu erhalten, Patienten aber sind zumeist deshalb Patienten, weil es gerade in dieser Hinsicht an Eindeutigkeit fehlt. Wenn aber Erkrankungen auf irgendeine Weise mit dem Verlust des Vertrauens zusammenhängen, – wie könnte ein solches Vertrauen vermittelt oder hergestellt werden? Könnte ein Arzt das im Widerspruch zu seiner eigenen lebensgeschichtlichen Konstellation leisten?

Sinn, Gesinnung, Gewissheit, Vertrauen: Das sind Sprachsymbole aus der religiösen Tradition. Sie gehen nicht in den Bedeutungen auf, die eine wissenschaftliche Interpretation ihnen beilegen könnte. Sie enthalten nicht die Antworten, aber sie sind das Medium, in dem die Wahrheitsfrage diskutiert wird. In ihnen ist die Überzeugung aufbewahrt, dass zur Wahrheit des Menschen tatsächlich das Vertrauen in den Grund seiner Existenz gehört. Für die religiöse Überlieferung ist der kranke Mensch der exemplarische Mensch und das Symbol der Menschlichkeit: Weil an ihm deutlich wird, dass er angewiesen ist auf andere Menschen, auf Zuwendung und Zustimmung, auf mehr, als er sich selbst zu geben vermag. Eine psychosomatische Medizin, die konsequent an ihren Grundsätzen festhält, wird in der Therapie auf die Wahrnehmung dieser Dimension der Menschlichkeit nicht verzichten können.

# Gottes Schöpfung und unsere Krankheit

Experimente mit einem künstlichen Herzen sind heute bereits weit gediehen. Sie werden an Tieren unternommen. In einem großen Institut wird Besuchern ein Kalb vorgeführt, das bereits seit Monaten mit einem künstlichen Herzen lebt. Dieses Gerät ist in den Körper des Tieres eingepflanzt, und nur ein dünner Schlauch ist herausgeführt und verschwindet irgendwo im Hintergrund. In diesem Hintergrund aber befindet sich ein ganzer Raum, bis an die Decke angefüllt mit elektronischen Apparaten. Das ist die Technik, die nötig ist, um das Herz, ungefähr dem Leben entsprechend, in Bewegung zu erhalten. Das Tier kann nicht frei umherlaufen. Es ist angewiesen auf die großartige und ausgedehnte Technik im Hintergrund.

In diesen Versuchsanordnungen spiegeln sich die Grundverhältnisse der Medizin überhaupt. Überall ist die Technik zum tragenden Fundament geworden. Maschinen und Apparaturen geben den Ton an und beherrschen die Szene, auch wenn man sie nicht sieht und wenn sie im Hintergrund und im Verborgenen bleiben. Es ist verständlich, dass diese Apparate ihre größte Ausdehnung und Bedeutung in den Krankenhäusern haben. Man findet sie aber bereits in jeder ärztlichen Praxis, und auch hier können sie gewaltige Dimensionen erreichen.

Das ist ein sehr äußerliches Bild der gegenwärtigen Medizin. Gleichwohl aber ist es charakteristisch. Denn es verdeutlicht über diese äußerlichen Verhältnisse hinaus das Verständnis, das diese Medizin von sich selbst hat und das in der Öffentlichkeit vorherrscht. Krankheit ist nach allgemeingeltender Auffassung nichts anderes als eine Art technischer Störung. Sie muss mit wissenschaftlichen Mitteln analysiert werden. Nun hat freilich ein kranker Mensch zunächst Beschwerden: Er leidet unter Schmerzen oder an Schlaflosigkeit oder an anderen Einschränkungen seiner Lebensäußerung. Für die technische Auffassung aber besagen diese subjektiven Beschwerden nicht viel, denn nicht sie sind die Krankheit, sie sind nur Symptome. Die Krankheit liegt vielmehr, verborgen und im Hintergrund, dem allem zugrunde.

Technische Störungen können in der Regel behoben werden; das ist Therapie. Heilung ist Wiederherstellung. Was aber wird wiederhergestellt? Für die öffentliche Meinung läuft die Krankheitsfrage ganz zentral auf eine zusammenfassende Fähigkeit zu: auf die Arbeitsfähigkeit. Krankheit ist ein Mangel oder gar ein Verlust in dieser Fähigkeit, zu arbeiten. Die entscheidende Folge der Krankheit für den Kranken ist deshalb, dass er krankgeschrieben und darin seine Arbeitsunfähigkeit dokumentiert wird. Krankheit als zeitweiliger Mangel, als vorübergehender Defekt: Das definiert die ärztliche Tätigkeit als den Prozess einer Reparatur, die nicht allein von technischen Voraussetzungen ausgeht, sondern sich auch auf den technischen Horizont beschränkt. Besonders instruktiv wird dieses Grundmuster durch die Rentenversicherung veranschaulicht: Störungen, die nicht behoben werden können, werden in Prozenten der Arbeitsfähigkeit gemessen und finanziell ausgeglichen. An Tabellen lässt sich ablesen, was Gliedmaßen oder innere Organe für die Arbeitsfähigkeit wert sind.

Dieses öffentliche Krankheitsverständnis ist allerdings

nicht das einzige und nicht das allein gültige. Für den privaten Gebrauch hat Krankheit eine ganz andere Dimension. Krankheit kann, je nach persönlichen Umständen, als eine Katastrophe hereinbrechen und nicht allein einen Kranken, sondern dessen ganze Familie verstören. Die großen Erfolge der naturwissenschaftlichen Medizin haben nicht verhindert, dass man der eigenen Krankheit mit Angst entgegensieht. Mehr noch: Die Publizität der noch unangreifbaren großen tödlichen Krankheiten der Gegenwart hat die Sorgen vermehrt und die Ängste verstärkt. Bei aller sozialen Absicherung ist eine ernste und langwierige Krankheit eine Gefährdung für die Stellung in der Welt, für das Fortkommen, für Lebensziele und Selbstverwirklichung. Für den Kranken selbst wird seine Krankheit zum Schicksal. Was sich nach außen hin wie ein technischer Defekt ansehen lässt, das ist nach innen die Bedrohung eines ganzen Menschen und eine existentielle Grenzerfahrung. Und hier lässt sich, was Krankheit ist, nur verstehen im Zusammenhang einer ganzen Biographie.

Krankheit und Gesundheit sind immer wesentliche Begriffe für die Selbstauslegung einer Kultur gewesen. Am Krankheitsverständnis zeigt sich die Auffassung vom Menschen, die in der Öffentlichkeit gilt. Der Wert, den die Gesellschaft einem Menschen zumisst, wird zum Maßstab dafür, wie diese Gesellschaft mit ihren Kranken umgeht. Aber dieser Sachverhalt muss noch präziser formuliert werden: Nicht nur Wert und Bedeutung des Menschen in einem allgemeinen Sinne treten dabei hervor, es zeigt sich vielmehr mit wachsender Deutlichkeit, worin genauer und im Einzelnen die Gesellschaft den Wert eines Menschen sieht. Im Blick auf unser Gesundheitssystem scheint die Frage unausweichlich: Ist der Mensch, allen gegenteiligen Versicherungen zum Trotz, nicht auf seine Arbeitsfähigkeit reduziert? Lässt dieser Zusammenhang noch andere Definitionen und Dimensionen des Menschen zu als seine Leistungsfähigkeit?

Zu Beginn der Neuzeit waren die Begriffe »Krankheit« und »Gesundheit« mit einem fest umschriebenen Sinn erfüllt, und ihr Ort in der Deutung von Welt und Leben war unbestritten und allgemein akzeptiert. Krankheit war weit davon entfernt, ein bloßer Defekt der Gesundheit zu sein. Krankheit war vielmehr eine Lebensgestalt von eigener Bedeutung und eigener Würde. Der Kranke war in erster Linie durchaus nicht ein Behinderter, er war vielmehr ein besonderer Mensch. Für Theophrastus von Hohenheim, unter dem Namen Paracelsus der bedeutendste Arzt des 16. Jahrhunderts, waren Krankheiten eigentümliche Werke der Schöpfung. Er verglich sie mit bizarren Blumen und exotischem Getier: Wie gesunde Menschen und wie Nachtigall und Pfau die Meisterschaft des Schöpfers widerspiegeln, so auch und nicht weniger eindrücklich die kranken Menschen und die dunkleren Erscheinungen der Natur. Die Heilung von Krankheit wurde deshalb keineswegs als die Regel angesehen oder wie selbstverständlich erwartet: Heilung, wo sie zustande kam, war ein Wunder. Der Arzt verstand sich selbst als Instrument eines höheren Willens, nach dem ein solches Wunder geschah oder nicht. Befreiung von Krankheit war für die religiöse Überzeugung, wie die Erlösung von allen Übeln, eine eschatologische Hoffnung. In dieser Welt zu leben hatte für den kranken Menschen Sinn, weil er die eigene Lebensform als Ergebnis eines absichtsvollen Handelns begreifen konnte, das ihm seinen Ort nicht nur in der Schöpfung, sondern auch in der Gesellschaft zuwies. Durch seine Krankheit war ein Mensch nicht an den Rand der Gesellschaft gedrängt, er fand sich vielmehr in einem hervorgehobenen und mit Aufmerksamkeit beachteten Ort in der Mitte der anderen Menschen.

Die Neuzeit hat diese Welt entzaubert. Rationalität und zweckgebundenes Handeln sind an die Stelle demütiger Einordnung in den vorgegebenen Kosmos getreten. Die naturwissenschaftliche Revolution hat die Medizin verwandelt. Dort vollbringt die Technik jetzt im Dienst der Humanität ihre inzwischen so selbstverständlich gewordenen Wunder, von denen alle profitieren, die das Gesundheitswesen in Anspruch zu nehmen haben: sei es wegen einer dramatischen Operation oder wegen einer vorsorglichen Röntgenuntersuchung oder auch, um sich einen Zahn ersetzen zu lassen. Was einst unter Krankheit verstanden wurde, hat den Prozess der Aufklärung und der Technifizierung nicht überlebt. Was heute als Krankheit gilt, scheint nur durch den gemeinsamen Namen verbunden. Hat der Fortschritt der naturwissenschaftlichen Medizin zu einer Reduktion der Humanität und zur Sinnentleerung des menschlichen Daseins geführt?

Mit dem Wort »Schöpfung« ist eine Sinndimension verbunden gewesen, die weit über den üblichen Gebrauch des Begriffs hinausreicht. Schöpfung ist keineswegs allein eine theologische Formulierung der Kosmologie oder Kosmogonie, die seit Jahrhunderten in Zweifel gezogen wird und im Widerspruch steht zu den Theorien der Wissenschaft. Der Schöpfungsgedanke dient in seinem weitesten Sinn zur Auslegung des Sachverhaltes, dass die Welt, in der wir leben, weitere Möglichkeiten und größere Erfahrungsbereiche enthält, als die eigene Anstrengung und Leistung hervorgebracht hat. Der Verweis auf den Schöpfungscharakter hebt die Offenheit, die Unabgeschlossenheit und die Unbegrenztheit der Welt und des Welterlebens hervor. Es war deshalb konsequent, unter vortechnischen Bedingungen im kranken Menschen ein besonderes Kapitel dieser Schöpfung zu sehen. Der Sache nach wird damit zum Ausdruck gebracht, dass der kranke Mensch nicht schon durch seine Krankheit seinen Ort innerhalb der Gesellschaft verliert oder in seiner Zugehörigkeit zur Gemeinschaft verunsichert wird. Gerade an dieser Stelle aber wird die Problematisierung greifbar, die die Entwicklung der naturwissenschaftlich-technischen Medizin mit sich gebracht hat. Krankheit, die als Störung oder Verminderung der Leistungsfähigkeit angesehen wird, wird zur Krise der Humanität. Der kranke Mensch ist in der Gefahr, nicht mehr als ein vollständiger Mensch angesehen zu werden, als ein Mensch im vollen Sinne dieses Wortes. Die Krise der Humanität, die sich darin anzeigt, weitet sich deshalb sofort aus auf solche Mitglieder der Gesellschaft, die ihrerseits nicht den radikalen Anforderungen der Leistungsfähigkeit zu genügen imstande sind: Alte Menschen werden wie Kranke behandelt und Kinder wie Rekonvaleszenten.

Erst seit wenig mehr als anderthalb Jahrhunderten wird die Medizin allein aus der Naturwissenschaft begründet. Dadurch ist ihr immenser Fortschritt möglich geworden. Es war ein Fortschritt vor allem bei der Bekämpfung der Infektionskrankheiten und auf dem Gebiet der Chirurgie. Dieser Fortschritt hat dazu beigetragen, das Gesicht der Welt zu verändern. Die Begründung der Medizin als Naturwissenschaft hat zur Folge, dass der allgemeine Grundsatz naturwissenschaftlich-technischer Praxis nun auch für das ärztliche Handeln übernommen wurde: die Annahme, dass es keine prinzipiellen Grenzen für die Erforschung natürlicher Vorgänge und für deren technische Beeinflussung gibt. Besonders greifbar und besonders augenscheinlich wird dieser Grundsatz dann, wenn wieder einmal Neuland betreten wird. So erregen die großen und noch seltenen operativen Transplantationen Aufsehen, oder aber solche Experimente, die unter dem Namen »Retortenbaby« Schlagzeilen machen. Sie alle sind zur öffentlichen Demonstration gewordene Beispiele dafür, dass die Grenze der Machbarkeit einmal mehr erweitert und hinausgeschoben worden ist.

Mit ständigen Erweiterungen des Wissens und der technischen Praxis zu rechnen, gehört zu den Grundeinstellungen des zeitgenössischen Bewusstseins. Seit aber diese Einstellung auf die Medizin übertragen worden ist, entstehen hier Konflikte und Probleme, die nicht nur beiläufig und äußerlich sind, sondern den kranken Menschen und das ärztliche Handeln von Grund auf berühren oder gar in Frage stellen. Einer der folgenreichsten Konflikte entsteht daraus, dass die Erwartungen an die Gesundheit heute ebenfalls von der Überzeugung getragen werden, dass alles machbar sei. So ist Gesundheit zu einem Begriff geworden, an dem die Gesellschaft ihre Wunschvorstellungen und ihre Lebensziele definiert. Ein gesunder Mensch gilt als jugendlich und kräftig. Wer glücklich ist, ist auch gesund, ist voller Lebensfreude und Leistungsfähigkeit. Sozialer Aufstieg und Lebenserfolg sind für ihn selbstverständlich. Gesundheit gehört zu den Stichworten, an denen die herrschende Vorstellung von Lebensqualität sich auslegt. Dieses Bild von Gesundheit wird ebenso von den Werbungen der pharmazeutischen Industrie verbreitet wie von den Definitionen der großen Ärzteorganisationen, die Gesundheit als einen Zustand völligen Wohlbefindens verstehen lassen. Derartig überhöhte und weitreichende Auffassungen können als Leit- und Zielbegriffe eines allgemeinen gesundheitspolitischen Wollens durchaus berechtigt sein. Sie können aber, für den Einzelfall reklamiert, bedrohliche Folgen haben.

Der kranke Mensch, der sich von einem solchen Gesundheitsbild leiten lässt, könnte geradezu zur Realitätsflucht getrieben werden. Ein solches Bild fördert die irrationale Tendenz, eine Wunschwelt aufzubauen und unterstützt damit diejenigen neurotischen Störungen, die doch gerade durch das öffentliche Gesundheitsverständnis verhindert werden sollten. Der einzelne Mensch, der derartige universale Gesundheitsvorstellungen für sich selbst in Anspruch nehmen will, gerät in Zwiespalt mit den elementaren Tatsachen seiner eigenen Existenz. Er ist nicht so gesund, wie er es nach dem öffentlichen und allgemeinen Gesundheitsbild sein sollte und sein könnte. Er wird damit zu einem Fehlverhalten programmiert, das seine Identitätsfindung erschwert und zur Ursache tiefgreifender krankhafter Störungen werden kann: Er wird daran gehindert, sich zu akzeptieren wie er ist.

Vor allem aber gerät ein solcher Patient in einen tiefen Konflikt mit seinem Arzt. Er wird nämlich, ob er will oder nicht, immer von der Absicht geleitet sein, die Gesundheit von seinem Arzt einzuklagen. Er wird die Differenz zwischen dem, was das öffentliche Gesundheitsbild ihm vor Augen führt und dem, was seine eigene Individualität ihm zu erfahren gibt, aufheben wollen und er wird diesen Ausgleich von der Medizin und vom ärztlichen Handeln erwarten. Und jeder konkrete Fall, in dem er mit der Unmöglichkeit konfrontiert wird, das idealisierte Gesundheitsbild für sich selbst in Anspruch zu nehmen, wird für den Patienten zum Fall der Kritik an der Medizin und der getäuschten Hoffnung und des gestörten Vertrauens im Verhältnis zu seinem Arzt. Bereits an diesem Beispiel zeigt sich, dass die Medizin mit dem Grundsatz totaler und absoluter Machbarkeit nicht zu existieren vermag. Im Blick auf das ärztliche Handeln sind derartige Erwartungen inhuman und erweisen sich als menschenfeindlich, und zwar nicht deshalb, weil der Stand medizinischer Technik und Forschung noch unzureichend wäre, sondern weil es die für jeden Menschen gleiche Machbarkeit auf den Gebieten von Krankheit und Gesundheit prinzipiell nicht gibt. Das ist unter anderem der Sinn der Rede von der Geschöpflichkeit des Menschen.

Mag also die Medizin an vielen Stellen die Grenzen des Möglichen immer weiter hinausschieben können, so stößt sie doch mindestens ebenso oft an Grenzen, die schlechterdings nicht manipulierbar sind. Diejenige Grenze, an die die Medizin immer wieder und überall stößt, ist der Tod. Eine Medizin, die vom Grundsatz absoluter Machbarkeit inspiriert ist, wird deshalb an dieser Grenze am deutlichsten und nachdrücklichsten mit sich selbst konfrontiert. Sie steht hier an der Schwelle zu derjenigen Unmenschlichkeit, gegen die sie selbst einst angetreten war. Denn nichts ist unmenschlicher als das eindimensionale Sterben eines Menschen unter den radikal reduzierten Bedingungen ausgefeilter Krankenhaustechnik. Für diese Medizin ist das Sterben eines Patienten keine Aufgabe, sondern eine Niederlage. Deshalb wird dieses Sterben aus den Zentren der ärztlichen Aufmerksamkeit und der medizinischen Aktivitäten verdrängt. Jede Injektion, jede Verabreichung von Medikamenten, jede Form von technischer Untersuchung gilt als ärztliche Leistung: Der Umgang mit Sterbenden ist eine solche ärztliche Leistung nicht. Ein Gespräch, das der Arzt mit einem sterbenden Patienten führt, es mag noch so wichtig und noch so ausführlich sein, kommt in den Leistungen der Versicherung nicht vor. Das Gesundheitssystem, dem wir unsere Kranken überlassen, hält die Begleitung eines Sterbenden, den Austausch und die Kommunikation mit ihm für überflüssig. Dabei ist längst erwiesen, dass der sterbende Patient die letzte Phase seiner Lebensgeschichte mit ungeheurer Intensität erlebt. Dafür braucht er menschliche Gemeinschaft und Partnerschaft. Ein solcher Kranker ist darauf angewiesen, das eigene Erleben mitteilen und im Mitteilen verarbeiten und entwickeln zu können. Er braucht dafür die Kompetenz und die Gesprächspartnerschaft des Arztes. Überlässt man ihn sich selbst, so steigert man die Verzweiflung und die

Unerträglichkeit der Situation in unverantwortlicher und unmenschlicher Weise. Im wirklichen und konkreten Einzelfall wird der Arzt sich dieser Aufgabe nicht versagen. Was er aber leistet, das tut er gleichsam gegen den Geist der Medizin, die ihn ausgebildet hat. Diese Leistung kommt im Katalog der Machbarkeit nicht vor. Er leistet, was er hier einbringt, nicht als Arzt, nicht als Repräsentant der Institution, sondern als Mensch, als Mitmensch.

Die Medizin ist also in der Gefahr, ihre eigenste Aufgabe zu verfehlen, wenn sie sich am Leitbegriff der Machbarkeit orientiert und in der technischen Reparatur ihre Hauptaufgabe sieht. Was Gesundheit im Unterschied zu Krankheit sein soll, braucht deshalb einen anderen Horizont der Interpretation, einen Horizont, in dem die Menschlichkeit des Menschen und also seine Geschöpflichkeit zur Geltung gebracht werden können. Für ein solches Verständnis ist Gesundheit nicht die Abwesenheit von Störungen, Gesundheit ist vielmehr die Kraft, mit ihnen zu leben. Erst ein solches Verständnis von Gesundheit legitimiert auch diejenigen Menschen als vollgültige Mitglieder der Gesellschaft, die mit einem Leiden auskommen müssen, weil es keine absolute Hilfe für sie gibt. Wo Gesundheit als Utopie vorgestellt wird, da schafft sie ein öffentliches Krankenbewusstsein. Damit würde jede therapeutische Maßnahme denunziert, die hinter solchen Zielvorstellungen zurückbleibt. Im realistischen Fall dagegen wird auch die Therapie zu einem sinnvollen Prozess: Ihr Ziel wäre nicht ein makelloser Zustand, sondern eine Fähigkeit, die ganz an der Individualität des einzelnen Menschen orientiert ist. Gesunde Menschen sind gerade nicht diejenigen, die einander in jeder Beziehung aufs Haar gleichen. Krankheit und Gesundheit sind individuelle Begriffe.

Die Gesundheit des Menschen ist nicht sein Heil. Gerade die medizinischen Institutionen müssen jede Äußerung vermeiden, die den Anschein erwecken könnte, Gesundheit sei eine Art säkularisierter Seligkeit. Denn sie sind am wenigsten in der Lage, einen solchen Anspruch zu erfüllen. Je realistischer der Gesundheitsbegriff ist, der in der Medizin gilt, desto menschlicher ist er. Das schließt die Rücksicht auf die Komplexität menschlicher Verhältnisse ein. Die medizinischen Institutionen sind nicht die einzige Instanz, deren Thema die Gesundheit ist. Nicht zuletzt ist Gesundheit eine politische, eine soziale und eine religiöse Aufgabe. Der Mangel an Kooperation zwischen denen, die doch nur gemeinsam imstande wären, Gesundheit möglich zu machen und zu fördern, wirkt sich als Krankheit der Gesellschaft aus. Was im individuellen Fall gilt, kann im Allgemeinen nicht verwunderlich sein: Der Defekt der Maßstäbe, die in einer Gesellschaft gelten, bringt sich mit den Symptomen einer öffentlichen Erkrankung zum Ausdruck. Wer die Gesundheit unterschätzt, ist gefährdet, ebenso aber der, der zu viel von ihr erwartet. Gesundheit ist ein Aspekt der Schöpfung, sie gehört zur Ausstattung des Lebens, aber sie ist nicht dessen Ziel. Der Mensch ist mehr als er von sich weiß, – er ist auch mehr als seine Gesundheit.

# Über die Anthropologie des Schmerzes. Aus Sicht der protestantischen Theologie

Der Protestantismus hat den Schmerz von je her als originären Gegenstand seiner Anthropologie verstanden: Ohne den Schmerz wäre die Beschreibung der protestantischen Sicht des Menschen bruchstückhaft und in letzter Konsequenz verfehlt. Die folgenden Aspekte sind in diesem Kontext von besonderer Wichtigkeit.

Das Wort *Schmerz* wurde durch Luthers Bibelübersetzung *als Grundlage für das Verständnis der menschlichen Existenz* in die Umgangssprache und die Sprache der Frömmigkeit eingeführt. In der deutschen Übersetzung des Buches Hiob ist der Schmerz in beispielhafter Art und Weise verwendet: Als Schmerz bezeichnet wird sowohl das Leiden im Zusammenhang mit dem Verlust der bürgerlichen Existenz als auch die Qual körperlichen Leidens und die seelische Not der Einsamkeit. Wesentlich für dieses Verständnis ist, dass die eigentliche Bedeutung keineswegs allein von physischem Leiden bestimmt ist, sondern dass Schmerz im Gegenteil und vor allem durch das Bewusstsein der eigenen Sterblichkeit und durch die Beschwerlichkeit und Schuldhaftigkeit des Daseins überhaupt gekennzeichnet ist, worauf der Schmerz zurückgeführt wird. Auch der physische Schmerz bedeutet Leiden am menschlichen Dasein mit seinem Stigma des Verlorenseins. So ist das Wort Schmerz in der Lage, die Vorstellung des leidenden Gottessohns zusammenzufassen: »Fürwahr, er trug unsre Krankheit und lud auf sich unsre Schmerzen« (Jes 53, 4). Der Diener des Herrn, der als Mensch auf der Welt lebte, teilte den Schmerz im Schicksal des Verlorenseins und steht auf einzigartige Weise für das Leiden: Er ist der »Schmerzensmann«. Das Grundverständnis der reformierten Theologie hat die Frömmigkeit der folgenden Jahrhunderte stark beeinflusst.

Seither ist die *»Verinnerlichung« des Schmerzes* zu einem Leitmotiv protestantischer Frömmigkeit geworden: Der Schmerz wird zum Grund, über die eigene Lebensführung nachzudenken und sich auf das Wesentliche zu konzentrieren. *Er wird nicht als Strafe verstanden:* Der Protestantismus versteht die auferlegte Erfahrung des Schmerzes nicht als Buße, sondern als Konsequenz daraus, dass sich die Menschheit von der Grundlage ihrer Existenz entfremdet hat. Wer Schmerzen hat, ist nicht Opfer einer Vergeltung. Er ist vielmehr ein Exempel für das Schicksal der ganzen Menschheit. Aus diesem Grund kann und sollte die Erfahrung des Schmerzes die Gedanken auf das eigene Selbst lenken: Sie kann und soll eine neue Beziehung zwischen der Person und ihrer Identität begründen. Diese Erfahrung macht deutlich, dass Gesundheit, Leistungsfähigkeit und Lebensfreude keineswegs gleichgültige Dinge sind, die selbstverständlich und nach Belieben zur Verfügung stehen. Die Erfahrung des Schmerzes verweist vielmehr auf die Wichtigkeit der Person statt auf besondere Fähigkeiten, sie macht auf ihr wirkliches Sein aufmerksam und macht sie unabhängig von allem, was sie besitzt oder repräsentiert.

Daher wird der Schmerz als diejenige Erfahrung verstanden, welche in besonderer Weise in der Lage ist, die Anteilnahme und Liebe Gottes auszudrücken. Denn diese Erfahrung lässt jene Lebensziele deutlich hervortreten, die im Alltag leicht in Vergessenheit geraten. Sie ist daher auch

Anlass dafür, unser Bewusstsein von der Endlichkeit auf die Unendlichkeit zu lenken. Die Frömmigkeit macht dies im Verständnis der Offenbarung thematisch. Dort wird der Unterschied zwischen der gegenwärtigen und der zukünftigen Welt als Ausdruck dieser Erfahrung beschrieben:

»Und der Tod wird nicht mehr sein, noch Leid noch Geschrei noch Schmerz wird mehr sein« (Offb 21, 4). In einem häufig gesungenen Kirchenlied aus dem 18. Jahrhundert wird dem Schmerz für die »Innerlichkeit« des Menschen und seine religiöse Orientierung auf das Wesentliche eine Schlüsselrolle zugeschrieben. »Den tiefsten Schmerz spürend«, verdichtet sich das Empfinden immer mehr und wird über das bloße irdische Dasein hinaus gehoben.

»Leiden sammelt unsre Sinne,
daß die Seele nicht zerrinne
in den Bildern dieser Welt.«

Die Welt wird zu einer flüchtigen Erscheinung, in der jeder verloren ist, der sich ihr ergibt. Auf der anderen Seite werden Schmerz und Leid als Orte der Konzentration verstanden, an denen die Menschen zur Vernunft kommen und die Wahrheit finden. So hat der Schmerz eine umfassende und essentielle Bedeutung für die leidende Person: Diese Erfahrung trennt sie von der gleichförmigen Masse und kann ihr das Gefühl geben, in ihrer Einzigartigkeit wahrgenommen zu werden und der Wahrheit nahe zu sein.

Die Grundzüge dieses Verständnisses sind auch im modernen Protestantismus und seiner Auffassung vom Menschen noch gültig. Die Anthropologie versteht den *Schmerz als Ausdruck für die Begrenztheit der menschlichen Existenz*. Der Schmerz schützt davor, Grenzen zu überschreiten, indem er selbst als Grenze wahrgenommen wird. Er wird dadurch zu einer Grenze, dass er den Handlungsrahmen einengt und das

Leben auf diese Weise verändert; das heißt, dass nicht nur das Fortbestehen des Lebens durch ihn bedroht ist, sondern auch seine Entfaltungsmöglichkeiten erschwert und eingeschränkt werden. Der Mensch wird sich gerade am Rande der Existenz seiner selbst bewusst – oder ist zumindest in der Lage, es zu werden. So erhalten die Begrenzungen, die mit dem Schmerz einhergehen, eine anthropologische Bedeutung.

Richard Siebeck hat die Funktionen und die Bedeutung des Schmerzes mit Blick auf die Anthropologie und die Pflicht des Arztes am Beispiel von Herzkrankheiten dargelegt. Die Schmerzen, die bei einem Herzanfall auftreten, haben auch den Sinn, dem Leben sein Maß zu geben. Wo immer diese Schmerzen fehlen (oder beseitigt würden), da wäre auch das bestehende Leben in Gefahr.

»*Leben ohne Schmerz droht zu einem Leben ohne Maß zu werden.* Bricht nicht hier das *Problem von Schmerzverständnis und Schmerzbekämpfung* in aller Schärfe auf? Die Frage, ob wir Schmerzen bekämpfen sollen oder nicht, ist viel zu kurz gestellt. So einfach ist das Leben, so einfach der Auftrag des Arztes nicht. Vielmehr sind wir *in jeder konkreten Lage vor die Entscheidung* gestellt, was hier und wie es geschehen soll. Sollen die Schmerzen unterdrückt werden, und wie kann es so geschehen, daß es wirklich von Nutzen ist? Oder sollen wir den Kranken anhalten, auf seine Schmerzen zu achten, sie zu tragen und in sein Leben einzuordnen? Sollte es denn der letzte Sinn unseres Lebens sein, daß es so weit wie immer möglich ohne Schmerzen sei? Könnte es damit nicht nur das rechte Maß verlieren, sondern auch schrecklich entleert werden, so daß wir erst recht in Angst und Sorge eingeengt, uns sinnlos verzehrten?«[1]

---

[1] Richard Siebeck, Über den Schmerz. Der Auftrag des Arztes

Demnach muss der Schmerz im Kontext jeder einzelnen biographischen Situation begriffen werden, in der er auftritt. Was den leidenden Menschen betrifft, so wird der Schmerz zu einem Teil seiner eigenen Lebensgeschichte, oft so sehr, dass ein neuer Lebensabschnitt durch ihn gekennzeichnet ist. Der Schmerz kann zu einem wesentlichen Maß der Biographie und der eigenen Person werden: Als Grenze für den inneren Drang, sich weiter zu entwickeln, wirft der Schmerz die leidende Person auf sich selbst zurück und zeigt die persönlichen und inneren Dimensionen des Lebens auf. Der Schmerz bildet und formt die Persönlichkeit.

Dieses Verständnis der biographischen Funktion des Schmerzes bleibt gültig, ob sich der Kranke ihrer bewusst ist und ihr zustimmt oder nicht. Siebeck liegt richtig, wenn er darauf hinweist, dass jeder konkrete Fall von Schmerzlinderung im Zusammenhang mit der Frage nach dem Verständnis vom Schmerz entschieden wird: Jede Veränderung und jede Behandlung des Schmerzes ist ein Eingriff in die Biographie des Patienten und in die Beschaffenheit seiner Persönlichkeit. Dies bedeutet selbstverständlich keineswegs, dass Schmerzen immer richtig wären und ihre Linderung falsch. Aber es bedeutet, dass die Abschwächung von Schmerzen nur in verantwortungsvoller Weise stattfinden kann, indem man sich ihrer Bedeutung bewusst bleibt. Ohne Zweifel muss der Patient, so weit wie möglich, zu seiner eigenen Entscheidung in Bezug auf diese Frage kommen. Aber wenn seine Entscheidung eine verantwortungsvolle sein soll, dann sollte er sich nicht von der Illusion leiten lassen, die aus dem technischen Missverständnis des

---

vor Wissenschaft und Gebot, in: Ernst Wolf/Charlotte von Kirschbaum/Rudolf Frey, Antwort. Karl Barth zum siebzigsten Geburtstag am 10. Mai 1956, Zollikon-Zürich 1956, 700–711; 706 f.

Schmerzes resultiert. *Schmerzen, welche die Persönlichkeit des Patienten nicht berühren, bleiben unverstanden.*

Jenseits dieser Überlegungen lenkt die theologische Anthropologie unsere Aufmerksamkeit auf die Tatsache, dass das Verständnis und die Wahrnehmung der Erfahrung von Schmerz zu jener Seite des Lebens gehören, deren Erfolg vom Grad der Übereinstimmung und der Harmonie zwischen einer Person und ihrem Selbst abhängt: Ein Mensch, der bereit ist, sich selbst bedingungslos zu akzeptieren, wird auch die Erfahrung von Schmerz als eine Art Selbsterfahrung akzeptieren. Eine solche Identität zwischen einem Menschen und seinem Selbst ist auf die Religion gegründet. So wird deutlich, dass der Bezugsrahmen, in dem die Erfahrung von Schmerz im Leben des Patienten verstanden und akzeptiert werden kann, letzten Endes ein religiöser bleibt.

# Das Herz als Symbol

Das Herz ist der Inbegriff unseres Lebens. Der Schlag des Herzens symbolisiert den menschlichen Weg durch seine Zeit und durch seine Geschichte. In allen Kulturen ist dieses Bild zu allen Zeiten und an allen Orten in gleicher Weise verständlich gewesen. Solange sein Herz schlägt, ist ein Mensch am Leben und sei es nur in jenem engsten und äußersten Sinn, in dem das noch schlagende Herz die Hoffnung symbolisiert, dass das Leben sich wiederherstellen und vervollständigen werde. Erst wenn das Herz aufhört zu schlagen, hört auch diese Hoffnung auf. Wo das Herz stockt, da ist einer in Gefahr auf Leben und Tod.

In solchen Bildern spricht sich die Erfahrung aus, dass der Mensch ein Zentrum hat. Das ist natürlich keine wissenschaftliche Feststellung. Die neuzeitliche Anatomie oder Physiologie wird kaum von einem solchen Zentrum sprechen können. Aber es ist offenbar eine unausweichliche Lebenserfahrung, dass der Mensch gerade als ein überaus komplexes und vielgliedriges Wesen dennoch in einer Mitte zusammengefasst scheint. Und diese Mitte ist verletzlich. Jedermann weiß, heute vermutlich besser als je zuvor, dass es für die Mitte des eigenen Lebens keine Garantien gibt. Es gibt sie ebenso wenig für die Funktion und die Leistungsfähigkeit des Herzens.

Diese hintergründigen Beziehungen und vielschichtigen Verbindungen muss man vor Augen haben, wenn von Herzkrankheiten gesprochen wird. Nach wie vor und mehr denn je sind dies die Krankheiten unserer Zeit. Das vermehrt ihre Besonderheiten und Eigentümlichkeiten und es hebt sie noch einmal mehr aus der Reihe anderer Krankheiten heraus. Wer herzkrank ist, ist auf eine besondere Weise krank. Wie keine andere macht die Herzkrankheit sichtbar und ausdrücklich, dass sie das wichtigste Organ des Lebens befallen hat. Auch andere Krankheiten greifen nach dem Leben und tragen den Tod in sich. Aber bei kaum einer anderen kommt der Kranke selbst in die Situation, diesen Griff nach dem Leben selbst so unmittelbar und direkt zu spüren. Viele Herzkrankheiten lassen den Patienten immer wieder und mit äußerster Härte erleben, was es heißt, Todesangst zu haben. Nicht die Schmerzen, so schwer und so beklemmend sie sind, stehen dabei im Vordergrund, sondern die nackte Angst.

Tatsächlich sind die Herzkrankheiten in ganz besonderer Weise Krankheiten unserer Zeit. Sie sind es nicht nur statistisch. Sie sind es auch in einem inhaltlichen und weiteren Sinn. Unsere Kultur ist dem Herzen nicht freundlich. Die Ziele, die in unserer Gesellschaft gültig sind, und die Lebensformen, die von daher organisiert und etabliert sind, wirken bedrohlich und zumindest rücksichtslos. Der Orientierungsbegriff unserer Zeit ist die Leistung. Der einzelne Mensch ist bei uns in seiner sozialen Stellung und in seiner Teilnahmemöglichkeit an den verschiedenen Lebensbereichen definiert durch das, was er leistet. Selbstverständlich muss man das für den Alltag und für den Einzelfall sogleich wieder einschränken: Es gibt Vorgaben und Ausgangsbedingungen, die dem einen die Leistung erleichtern und dem andern erschweren. Aber die Idee, nach der sich alles richtet und nach der alles ausgerichtet wird, bleibt die Leistung des einzelnen Menschen. Das freilich ist keineswegs so neu, wie es vielfach ausgegeben wird. Warum aber sollten wir nachdrücklicher und eindeutiger unter den bedrohlichen Folgen leiden als andere Zeiten und Epochen?

Unsere Zeit ist nicht nur durch das Leistungsprinzip gekennzeichnet. Charakteristisch wird diese Formel erst dann, wenn man hinzufügt: allein durch die Leistung. Das unterscheidet sie von früheren Zeiten, dass nichts anderes mehr gelten soll als das, was geleistet wird. Leistungen aber werden hervorgebracht durch Hände und Köpfe. Das Herz spielt für sie keine Rolle und umgekehrt: Die Leistung ist am Herzen nicht interessiert. Leistungsanforderungen kennen da keine Rücksicht. Sie setzen die Tätigkeit des Herzens und sein einwandfreies Funktionieren voraus. Sonst aber messen sie ihm keinerlei Bedeutung zu.

An diesen offensichtlichen Verhältnissen in unserer Kultur zeigt sich eine Verengung oder eine Verdrängung an, der sich der Einzelne nur schwer zu entziehen vermag. Diejenigen Angelegenheiten, die wir als »Herzenssachen« bezeichnen, spielen in der Öffentlichkeit und für die allgemeinen Regeln des Lebens keine Rolle. Sie sind Privatsachen geworden. Sie haben keinen Anspruch darauf, bei den öffentlichen Belangen mitgezählt zu werden oder Einfluss zu nehmen. Wer von solchen Dingen spricht, der bringt sich vielmehr in den Verdacht, sentimental zu sein. Und wer sich diesem Vorwurf aussetzen muss, gilt damit schon als disqualifiziert. Für die Suche nach lyrischer Gewissheit ist heute kaum noch Raum. An dieser Stelle stehen vielmehr Verfremdung und Provokation. Es ist eine ganze Dimension des Lebens, die in den letzten Jahrzehnten immer mehr und immer intensiver verkürzt und verengt worden ist: die Innerlichkeit, das Gemüt, eben das Herz.

Selbstverständlich hatte diese Entwicklung ihre guten Gründe. Diejenige Dimension des Lebens, die einst gemeint war, ist dadurch nicht gerettet worden. Unter den etablierten Lebenszielen spielen »innere Werte« keine große Rolle. Das Leistungsprinzip ist ja für sich genommen nichts anderes als ein Instrument, mit dem die Gesellschaft im Ganzen sich entwickelt, durch das aber auch der Einzelne innerhalb der Gesellschaft seinen eigenen Ort gewinnt. Deshalb ist die Leistung zugleich das Instrument, durch das Lebensziele ermöglicht und erreicht werden. Konsum und Mobilität sind die beiden Zielregionen, die mit ganz großem Abstand das Feld beherrschen. Sie sind jeweils in sich vielfältig gegliedert. Im Einzelnen gibt es auf beiden Gebieten sicher viele Möglichkeiten und große Unterschiede. Aber der Struktur und dem Charakter nach ähnelt sich am Ende doch wieder alles recht genau. Die Lebensgestalt aber, die von diesen Zielen geleitet ist, zeigt einmal mehr eine lebensbedrohliche und gefährliche Seite. Zuviel ist möglich geworden, und keiner kann alles verwirklichen. Wer aber sein persönliches Lebensziel darin sieht, das Maximum seiner Möglichkeiten zu realisieren, vieles, mehr und immer mehr aus den beiden großen Zielgebieten von Konsum und Mobilität für sich in Anspruch zu nehmen und zu ergreifen, der wird alsbald die Grenzen seiner eigenen Kapazität übersteigen und sich selbst zur Gefahr werden.

Demgegenüber ist das Herz ein Bild für das Maß im Leben. Und es ist nicht einmal nur ein Bild: Die Funktionen des Herzens können ein bestimmtes Maß nicht übersteigen. Sie haben ihre Grenze. Damit aber ist das Herz selbst ein Maß für die eigene Lebenskapazität. Besonders eindrücklich und greifbar ist diese Erfahrung für einen Kranken selbst. In vielen Fällen kann man sagen, dass sein Herz deshalb krank sei, weil er die Grenzen seines Lebens über das Maß hinaus erweitert hat, das ihm von der Leistungsfähigkeit seines Herzens her vorgegeben war. Deshalb ist Heilung in solchen

Fällen so etwas wie eine Grenzberichtigung. Alles kommt darauf an, die neuen Grenzen zu finden, innerhalb derer das Herz wieder gesund sein kann. Diese Grenzen sind enger als die, die man bisher immer weiter hinausgeschoben hat. Herzkranke müssen sich Beschränkungen auferlegen, sie müssen die Anlage ihres Lebens verändern, die Aktivität reduzieren. Aber das ist nur die äußerliche oder quantitative Seite der Aufgabe. Die neuen Grenzen müssen auch auf eine neue Weise ausgefüllt werden. Der Lebensrhythmus und das Maß an Lebensintensität, das den Grenzen des Herzens entspricht, muss auch mit neuen Qualitäten angefüllt werden. Es ist eigentlich nicht genug, wenn man die alte Lebensweise nur ein wenig reduziert, wenn man ein wenig kürzer tritt, aber auf denselben Wegen bleibt. Viel kommt darauf an, dass es gelingt, Lebensinhalte, Lebensziele, Lebensqualitäten zu suchen und zu finden, die die neuen Grenzen auch mit neuem Inhalt ausfüllen. Ein lapidares Beispiel dafür bietet immer wieder die Ferien-Mobilität. Die Großreise an die Wallfahrtsorte des Massenurlaubs lässt sich kaum verkürzen oder in ihrem hektischen Charakter nach dem persönlichen Bedürfnis verändern. An ihre Stelle muss etwas anderes treten: beispielsweise das Wandern in der heimatlichen Gegend, Anreise mit der Straßenbahn oder mit dem Personenzug. Darin aber wird deutlich, dass es nicht genügt, diese Grenzen nur in einem vordergründigen Sinne zu finden und abzustecken. Vor allem muss man sie akzeptieren.

So gehören das Herz und das eigene Leben auf eine sehr handgreifliche Weise zusammen. Dieses spannungsvolle und komplexe Beziehungsfeld, das zwischen dem Menschen und seinen Herzfunktionen besteht, zwischen Persönlichkeit, persönlichen Umständen und persönlichem Leiden hat der Heidelberger Internist Richard Siebeck unüberboten beschrieben:

»Das Herz ist nicht nur ein zentrales Organ unseres Lebens, es ist unser Herz. Wir haben und wir sind zugleich unser Herz, und wir sind es nicht nur in den natürlichen Bindungen in uns und um uns, sondern auch verflochten in ein Netz unsichtbarer Fäden, das uns in vielfältigster Weise in unsere Lebenswelt einbindet. Das Herz erkrankt in und aus der Lebensgeschichte. Was immer wir an bestimmten Ursachen aus der Krankengeschichte herausgreifen, etwa Infekte und Gefäßschäden – die weitere Entwicklung, die verbliebenen und neu sich entfaltenden Möglichkeiten, zu ertragen und zu leisten, Wandel und neuer Aufbau sind immer an das Leben selbst gebunden, aber nicht nur an das Geschick, sondern zugleich daran, wie wir es aufnehmen und wie wir uns zu ihm stellen. Die Mächte, die am Menschen zerren und ihn zu zerreißen drohen, kommen nicht nur von außen. Es ist nicht nur das bedrängende Maß der Verpflichtungen, es ist nicht nur die Zeit, die immer wieder davonläuft. Es ist unsere eigene rastlose Jagd nach Erfolg und Selbstverwirklichung, nach sozialer Geltung, nach Bestätigung, nach Macht. Wir selbst sind es, die keine Zeit haben und die unter solchem Mangel an Zeit das eigene Herz leiden lassen. Ein krankes Herz wohnt zumeist in einem zerrissenen Menschen.«

Auch das kranke Herz ist ein Symbol. Es stellt uns nicht allein vor Augen, dass ein Mensch krank ist, sondern gibt uns weit darüber hinaus ein Bild dieses Leidens selbst: Der Mangel an Maß und an Zeit, Zerrissenheit und Zerfahrenheit eines Lebens werden durch die Krankheit ausdrücklich gemacht. In seiner Krankheit begegnet der Mensch sich selbst. Die Veränderungen und die Unterstreichungen, die die Herzkrankheit am Bild und an der Persönlichkeit eines Patienten vornimmt, bringen die eigenen Züge dieses Menschen ebenso wie die besonderen Umstände seiner Lebenslage und die Konstellation seiner Biographie nachhaltig zum Ausdruck. Das Herz ist auch in seiner Krankheit noch ein Symbol für die äußere und für die innere Verfassung eines kranken Menschen.

Nicht zuletzt ist das Herz Bild für die Mitte unseres Menschseins und unseres Lebens. Wer in diesem Sinne vom Herzen spricht, der will etwas Wesentliches vom Menschen sagen. Das Herz des Menschen ist böse von Jugend auf, heißt es bereits im Alten Testament, und damit ist der Mensch in seinem eigentlichen Wesen gemeint. Seine Bosheit gilt hier nicht als etwas Zufälliges oder Beiläufiges oder Oberflächliches, das sich ändern könnte nach Belieben, und von dem in anderem Zusammenhang vielleicht gar nicht gesprochen werden müsste. Dass das Herz böse sei, will zum Ausdruck bringen, dass hier von Grund auf und in jeder Beziehung von der Bosheit gesprochen werden muss. Unverändert und bis zur Gegenwart ist das Herz Symbol für das, was ein Mensch seinem Wesen nach ist.

Es gehört in diesen Zusammenhang, dass wir alle wesentlichen Erfahrungen unseres Lebens am eigenen Herzen empfinden und beschreiben. Die elementaren und ursprünglichen Gefühle, die alles begleiten, was unser Leben bereichert oder bedroht, haben einen gemeinsamen Ort, an dem sie unmittelbar erlebt werden. Das Herz klopft vor Aufregung. Es stockt in der Angst, es jagt vor Freude, es zittert, es dehnt sich, es wird eng. Was das Innere eines Menschen bewegt, bleibt eben nicht auf seine Seele oder auf sein Gemüt begrenzt. Es bringt sich vital zur Erscheinung und spielt sich höchst realistisch am Herzen selbst ab. Nicht zufällig gibt es deshalb greifbare Linien und Verbindungen zwischen dem, was die Gefühle und Affektstürme am Herzen auslösen und den Krankheiten des Herzens. Denn alle Bilder, die wir benutzen, um unsere Erfahrungen als Erlebnisse des

Herzens zu beschreiben, gibt es auch als dessen krankhafte Symptome. Auch hier müssen wir offenbar mit einer Grenze rechnen. Innerhalb dieses Rahmens machen solche Erfahrungen die Substanz und den Reichtum unseres Lebens aus. Aus der Dialektik von Freude und Angst gewinnt das menschliche Leben seine Tiefendimension. Jenseits der Grenze aber verwandeln sich die elementaren Erfahrungen des Lebens in Symptome eines leidenden oder erkrankenden Herzens.

»Woran du dein Herz hängst, das ist dein Gott« – Luther hat mit diesem Satz darauf hingewiesen, wie leicht der Mensch zum Götzendiener wird. Die Frage, welchen Gott ein Mensch anbetet, entscheidet sich nicht in den Kirchen und in den Tempeln und auf den öffentlichen Plätzen. Sie wird vielmehr dadurch entschieden, dass einer im eigenen Herzen entweder Raum lässt für Gott oder aber es ausfüllt mit den selbstgemachten Lebenszielen oder den verheißungsvollen Inhalten, die der einschlägige Markt anbietet. Luthers Formulierung hat ihre Gültigkeit und ihre Aussagekraft behalten.

Das Herz symbolisiert auch in dem Sinne die Mitte des Menschen, dass in solchen Zusammenhängen sichtbar und ausdrücklich gemacht wird, was dieser Mensch für wesentlich hält. Was ist wesentlich im Leben? Woran hängt das Herz? Welche Prioritäten sollen gelten? Im Blick auf solche Fragen ist vor allem die Einsicht von Bedeutung, dass überhaupt so gefragt wird. Es gibt für das menschliche Leben so etwas wie eine organisierende Mitte, einen Schwerpunkt oder ein Zentrum, aber eine solche Lebensanlage versteht sich nicht von selbst. Man muss sie suchen. Sie ist auch, offensichtlich, nicht für alle Menschen gleich. Hier gibt es verschiedene Auffassungen und Möglichkeiten. Wo aber eine solche Mitte gebildet ist, da entstehen Unterscheidungen.

Die Fülle der Erscheinungen teilt sich dann in Wesentliches und weniger Wesentliches. An einigem, vielleicht nur an einem, hängt das Herz, an anderem eben nicht.

Hier ist die symbolische Rede vom Herzen Ausdruck der Erfahrung, dass es menschlicher ist und dem Menschen und seinem Herzen angemessen, wenn er sein Leben aus einer wesentlichen Mitte heraus gestaltet. Richard Siebeck hat in diesem Zusammenhang von der »Ordnung« gesprochen, die den Grundcharakter allen Lebens ausmacht. Diese Ordnung, die in allem Wechsel und in allen Veränderungen ein eigentümlich sich immer wieder verwandelndes und dennoch bewahrendes Fundament erkennen lässt, charakterisiert das natürliche Leben überhaupt und im Ganzen. Sie charakterisiert aber vor allem das Leben eines jeden einzelnen Menschen. Diese Ordnung ist in ihm angelegt und sie entfaltet und gestaltet sich in der ununterbrochenen Kette der Erlebnisse von einem unergründlichen Anfang aus bis zu einem verborgenen Ausgang hin. An diese Ordnung ist der Einsatz und der Vollzug aller Funktionen gebunden, in ihr ist alles Einzelne zusammengefügt und sinnvoll ausgerichtet. Sie ist nicht das Ergebnis unserer Leistung. Sie entsteht nicht nach dem Willen eines einzelnen Menschen. Sie ist ihm vielmehr vorausgegeben, und er findet sich in dieser Ordnung vor. Es ist derselbe Sachverhalt, der von der zeitgenössischen Psychologie durch den Begriff der Identität ausgedrückt wird. Jeder Mensch steht vor der Aufgabe, sich selbst, das Grundmuster seines Lebens, seine Möglichkeiten und seine Grenzen, seine Identität zu finden und zu bewahren.

In dieser Aufgabe sind alle Dimensionen des menschlichen Lebens verbunden. Hier lässt sich nicht mehr zureichend unterscheiden zwischen einer rein biologischen Dimension des Lebens und der geistig-seelischen Dimension, in der ein Mensch als er selbst lebt. Die individuelle Ordnung, von der die Rede war, fasst alle diese Aspekte zusammen. Der Weg zu eigener Identität beginnt damit, dass man sich selbst akzeptiert. Sich selbst; das sind eben nicht nur geistige Veranlagungen und seelisches Vermögen, es ist auch und vor allem die Individualität des eigenen Körpers. Es ist deshalb nicht zufällig, dass das Herz mitbetroffen ist, wenn ein Mensch leidet. Es ist auch dann mitbetroffen, wenn das Leiden ein ganz und gar seelisches Leiden zu sein scheint. Was uns leiden lässt, macht auch unser Herz krank. Und wie wir selbst, so ist auch unser Herz durchaus nicht unbeschränkt leidensfähig. Oft dauert es nicht lange, bis eine solche Krankheit manifest wird. Wie wir uns zu unserer individuellen Ordnung verhalten und wie wir unser Leben gestalten, welche Zumutungen und Erfahrungen auf uns wirken, dies alles teilt sich unmittelbar dem zentralen Organ unseres Körpers, dem Herzen, mit.

Alle diese Fragen nach den Möglichkeiten und Grenzen der Lebensgestaltung, nach dem Wesentlichen und nach der Lebensmitte, nach der Identität und der persönlichen Ordnung fallen zusammen in der einen Frage nach dem Lebenssinn. Aus vielen Krankengeschichten geht hervor, dass die Erfahrung der Sinnlosigkeit vor allem dem Herzen schadet. Seine Belastbarkeit wird durch eine solche seelische Verzweiflung offenbar übermäßig strapaziert. Ebenso deutlich zeigt sich auf der anderen Seite, dass eine sinnvoll geordnete und akzeptierte Lebensform den unverzichtbaren Rahmen dafür bildet, dass ein gefährdetes Herz dennoch in seiner Leistungsfähigkeit erhalten bleibt. Es bezeugt sich deshalb ihr nüchterner Wirklichkeitssinn, wenn die sprachliche Überlieferung die Erfahrung von Sinnlosigkeit und Verzweiflung im Bild vom gebrochenen Herzen ausdrückt.

Schon einmal ist das Herz zum Symbol und zum Losungswort einer ganzen Epoche geworden. Das Herz ist die Parole gewesen, mit der zum Kampf und zum Streit gegen die Aufklärung des 18. Jahrhunderts aufgerufen worden ist. Man kann sogleich hinzufügen: Es wurde ein vollständiger Sieg errungen. Die geistesgeschichtliche Konstellation, die hier gemeint ist, trägt den Namen »Sturm und Drang«. Es war eine Bewegung von kaum zu überschätzender Vehemenz, die angetreten war, neue Ufer für das menschliche Leben zu erobern. Neue Ufer nicht etwa allein auf dem Gebiet der Dichtung, sondern für das menschliche Leben schlechthin. Der erklärte Gegner, die Front, die es um jeden Preis zu überwinden galt, war die Aufklärung mit ihrer Verstandesanbetung und ihrem Vernunftkult. Der eigentliche Vorwurf, der ihr gemacht wird und der die Aufklärung und damit den Geist der vergangenen Epoche an der Wurzel trifft, ist der: Sie hat das menschliche Leben trocken und einseitig gemacht, den Menschen zum bloßen Vernünftler degradiert und alle wirklichen Lebensäußerungen unterdrückt und abgetötet. Noch der späte Goethe hat überaus abgeklärt die Aufklärung deshalb in Grund und Boden verurteilt: »Verstand und Vernunft sind ein formelles Vermögen, das Herz liefert den Gehalt, den Stoff«. Abstrakt also ist die Epoche für ihre Kritiker gewesen, leblos und leer. Für die Suche nach dem wahren Leben und für alle, die es verkündigen, ist das Herz zum Symbol geworden. In unendlicher Variation sprechen Dichter und Denker der Epoche vom Herzen. Alle Hoffnungen und alle Erwartungen, die sich auf die Erneuerung des Lebens richten, kulminieren in diesem Begriff. Eine der überschwenglichsten Hymnen auf das Herz ist ein Gedicht von Johann Caspar Lavater:

»Wunder
der Schöpfung! Kern der Menschenbrust!
Du Eins
voll Unausdenkbarkeit! Des Lebens Quelle!
Du, des Bewußtseins Sitz, Du liebend Leben!
Du Welt der Welten! Herz!
Du Inbegriff der Wirklichkeiten all! ...
Die Tief und Höhe
vereinigt sich in Dir! ...
Es findet jeder
erhabene Himmelsfürst in dir sich selbst!
Es findet sich die Gottheit selbst in dir!
O Menschenherz! Geheimnis! Offenbarung!«

Überströmend und überwältigend muss dieser Hymnus auf das Herz genannt werden. Es sind nicht bestimmte und einzelne Erwartungen, die hier an ein Leben unter dem Prinzip des Herzens gerichtet werden, etwa mehr Gefühl oder mehr Wärme oder mehr Innerlichkeit. Es ist die Hoffnung schlechthin, der Wunsch nach einem Leben, das in jeder Beziehung gültig und vollkommen und unendlich ist. Im menschlichen Herzen ist alles, was das Universum des Lebens ausmachen könnte, versammelt. Es kommt offenbar darauf an, diese Fülle, die dort wie in einem tiefen Brunnen verborgen ist, an den Tag zu fördern.

Die Herrschaft des Herzens also sollte die Herrschaft des bloßen Verstandes ersetzen und ablösen. Die trockenen Grundsätze einer Ethik, die zwar jedermann einleuchtet, die aber alles verbietet, was in ihrem Sinne unvernünftig ist, sollen in den Hintergrund gerückt werden, zugunsten einer Lebensgestaltung, die vor allem dem irrationalen Gefühl und der persönlichen Spontaneität Raum lässt. Kein Wunder, dass die Liebe hier und in allem, was die Dichter und Schriftsteller der Epoche über das Herz zu sagen haben, ganz vornean steht. Nach diesen Prinzipien sollte sich das gemeinsame Leben gestalten dürfen. So hat beispielsweise Schlegel den Vorschlag gemacht, und der Theologe Schleiermacher hat sich ihm angeschlossen, dass man zwischen Liebe und Ehe grundsätzlich unterscheiden müsse. Für die Liebe müsse jeder Raum frei bleiben, von einer Ehe sollte erst dann gesprochen werden und sie sollte erst dann eingegangen werden, wenn ein Kind geboren wird. Allem voran aber wird das Herz zum Symbol für die persönliche und individuelle Lebensgestaltung. Alles, was der Mensch braucht, um in Wahrheit Mensch zu sein, findet er in sich selbst. Er muss nur auf die Entdeckungsreise ins eigene Herz gehen, um dort die unendliche Fülle des Lebens zu finden, die die äußere Erfahrung ihm andeutet. »Nicht in Rom, in Magna Graecia, Dir im Herzen ist die Wonne da« – so reimte Goethe mit 24 Jahren.

Der Aufbruch, der das Herz zu seiner Losung gemacht hat, hat nicht allein die Welt der Dichter und Denker und nicht nur das Geistesleben in besonderen kulturellen Provinzen bereichert. Von ihm sind Impulse in alle Lebensbereiche ausgegangen und das gesamte Leben der Menschen ist durch sie verändert und vertieft und bereichert worden, wenngleich wohl auch komplexer und konfliktträchtiger und verletzlicher. Ohne sie lässt sich unsere Welt kaum noch denken.

Freilich ist es nun gerade die Gegenwart, die sehr viel weniger als andere Epochen Folgen und Wirkungen jenes Aufbruchs noch erkennen lässt. Das Symbol unserer Tage ist keineswegs das Herz, es ist allenfalls der Computer. Es ist Anlass, die Frage zu stellen, ob unser Leben nicht zu einseitig geworden ist, ob ihm nicht wesentliche Dimensionen fehlen, die zur Menschlichkeit des Lebens unabdingbar hinzugehörten. Man muss fragen, ob nicht im Gewande der technischen Rationalität wieder jene Vernünftelei zur Herrschaft gekommen ist, die mit enger und unerbittlicher Konsequenz alle Lebensfragen auf das reduziert, was ihrem Verstande entspricht. Müssen nicht alle Probleme heute technisch verstanden werden? Ist nicht alles berechenbar geworden? Kann man nicht alles wissenschaftlich manipulieren? Technokratie ist nicht nur ein ideologisches Schimpfwort. Sie ist dann eine Gefahr für das Leben, wenn sie zum einzigen und beherrschenden Prinzip geworden ist.

Das Herz ist das Symbol eines ganzen und vollständigen, eines wesentlichen und unversehrten Lebens. Als Symbol verweist es damit auf eine Wirklichkeit, die von ihm selbst unterschieden ist. Es macht aber die Besonderheit des Herzens aus, dass es als das zentrale Organ des Menschen zu dieser Wirklichkeit selbst mit hinzugehört. Wie das Leben gelebt und gestaltet wird, das wirkt auf das Herz selbst unmittelbar zurück. Hier besteht eine vielleicht untergründige, aber sehr reale Beziehung zwischen diesem Symbol und dem von ihm bezeichneten Leben. Wenn die Herzkrankheiten zur Signatur einer Epoche geworden sind, dann muss diese Epoche sich fragen, ob sie nicht selbst an Lebensfähigkeit eingebüßt hat. Vielleicht ist auch und gerade das kranke Herz Symbol einer kranken Epoche. Es ist an der Zeit, sich auf ein Leben zu besinnen, in dem das Herz ohne Alpdruck, Angst und Unrast zu schlagen vermag, nicht als der Sklave des Menschen, sondern als Symbol seiner Mitte.

# Arzt und Seelsorger. Wie können sie zusammenarbeiten?

Ein Patient, der mit einem gebrochenen Bein im Streckverband in der Klinik liegt, wird zumeist schwerlich eine Zusammenarbeit zwischen Arzt und Seelsorger oder auch nur eine sachliche Beziehung zwischen beiden erwarten. Seine Vorstellung von der ärztlichen Aufgabe entspricht ganz und gar dem, was der Arzt wirklich tut: Er hat das gebrochene Bein behandelt und verbunden, und er kommt jetzt zur täglichen Visite, um sich vom Heilungsverlauf zu überzeugen. Und auch der Arzt würde es kaum verstehen, wenn anderes von ihm gefordert würde als die Sorge für den möglichst normalen Heilungsverlauf bei diesem gebrochenen Bein. Andererseits erlebt der Patient während seines Krankenhausaufenthaltes, dass ab und an der Pfarrer kommt, um eine Andacht zu halten, ein Gebet zu sprechen, einen Bibelabschnitt zu verlesen und mit dem einen oder anderen der Patienten ein persönliches Gespräch zu führen, soweit das in einem großen Krankensaal möglich ist. Für einige der Patienten mag der Besuch des Pfarrers eine gewohnte und selbstverständliche Sache sein, andere werden ihn mit Überraschung konstatieren. Aber wohl keiner von ihnen würde in der Tätigkeit des Pfarrers und der des Arztes Gemeinsames und Zusammengehöriges finden können.

Eine Arbeitsgemeinschaft zwischen Arzt und Seelsorger ist also weder für Ärzte noch für Pfarrer und schon gar nicht für die große Zahl der Patienten eine selbstverständliche und alltägliche Sache. Nur selten gibt es kleinere oder größere Gruppen von Pfarrern und Ärzten, die eine Zusammenarbeit versuchen. Aber auch bei ihnen bleibt diese Zusammenarbeit mehr das Thema von Besprechungen und Diskussionen; in der alltäglichen Praxis lässt sich nur wenig davon verwirklichen. Und ähnlich ist es bei Tagungen und in Büchern, die sich mit dieser Frage befassen: Es handelt sich eher um ein Programm als um überall selbstverständlich akzeptierte und etwa schon zur Gewohnheit gewordene Verhältnisse. Die Arbeitsgemeinschaft zwischen Arzt und Seelsorger ist gegenwärtig nicht mehr als ein Versuch, ein Anfang, der hier und da gemacht wird, der aber ohne Einfluss ist auf den gewöhnlichen und normalen Tageslauf von Pfarrer, Arzt und Patient.

Doch ebenso wenig ist das Thema nun auch nur eine abstrakte Losung, die aus einer wirklichkeitsfernen Vorstellung oder aus einer blassen Idee abgeleitet wäre. Im Gegenteil: Das Bedürfnis nach einer Zusammenarbeit wird von beiden Seiten ebenso häufig wie dringlich ausgesprochen. Auf Seiten der Pfarrerschaft herrscht weithin die Auffassung, dass Funktionen und Aufgaben, die früher dem Pfarrer zukamen, heute vom Arzt erfüllt werden. Diese Auffassung gründet sich zumeist auf den Sachverhalt, dass in der Psychotherapie sehr oft religiöse Fragen und Glaubensprobleme eine erhebliche Rolle spielen. Gleichviel ob nun manche Pfarrer daraus die Konsequenz ziehen, dass die Behandlung solcher Fragen für die Seelsorge zurückgewonnen werden müsste, oder ob andere hier eine gemeinschaftliche Arbeit für nötig halten, das Bedürfnis zur Zusammenarbeit ist daraus unmittelbar gegeben. Auf der anderen Seite sind es nicht nur manche Psychotherapeuten, die sich sowohl für grundsätzliche Themen ihrer Wissenschaft wie für zahlreiche konkrete

Einzelfragen eine Arbeitsgemeinschaft mit Seelsorgern wünschen. Es sind auch praktische Ärzte und vor allem wohl Internisten und Psychiater. Für sie ergeben sich bei der Behandlung ihrer Patienten offenbar in zunehmendem Maße Fragen ethischer und sozialer Art, für deren Entscheidung die rein ärztliche Instanz kaum noch ganz kompetent sein kann. Auch hier ist also sowohl in grundsätzlicher Hinsicht wie in Bezug auf konkrete Probleme die Zusammenarbeit mit der Theologie und der Seelsorge dringlich erwünscht.

## Ein Vorbild der klassischen Antike?

Das eigentümlich Komplexe und Problematische der gegenwärtigen Situation besteht also darin, dass einerseits die Zusammenarbeit zwischen Arzt und Seelsorger von beiden Seiten her mit mancherlei Gründen gefordert wird, dass aber andererseits nur sehr wenig davon in die Praxis und die alltägliche Arbeit umgesetzt zu werden vermag. Man hat nun für diesen Sachverhalt die geschichtliche Entwicklung verantwortlich gemacht, und zwar in dem Sinne, dass die verschiedenen Berufe von Arzt und Seelsorger als das Auseinanderbrechen einer früheren und ursprünglichen Einheit angesehen werden. Man beruft sich dabei vor allem auf die Gestalt des »Priester-Arztes« in der Antike, in der man diese Einheit verkörpert sieht, und nach dieser Anschauung waren es der Fortschritt und die Autonomie der Naturwissenschaft, durch die jene Einheit zerbrochen ist. Damit bekommt die geschichtliche Entwicklung einen ausgesprochen negativen Akzent. Der Preis für die Erfolge ärztlich-naturwissenschaftlicher Arbeit in der Neuzeit ist der Verlust ihrer ursprünglichen Zusammengehörigkeit mit den Aufgaben und den Leistungen des Seelsorgers. Aber an dieser Beurteilung ist nicht nur der geschichtspessimistische Grundzug wichtig. Bedeutungsvoller noch ist das Programm, das sich aus diesem Urteil für unser Thema notwendig ergibt. Es kann sich unter dieser Voraussetzung bei der Arbeitsgemeinschaft zwischen Arzt und Seelsorger nur um die Wiedergewinnung einer Sache handeln, die durch die Ungunst der Verhältnisse verlorenging. Neu wäre also dabei nicht die Sache selbst, sondern nur die Form, in der sie heute wieder eingerichtet werden könnte. Aber damit wird es nicht nur schwer, den Gewinn zu verdeutlichen, den nun gerade heute eine solche Arbeitsgemeinschaft haben sollte, es wird vielmehr auch von vornherein ein Ziel angegeben, das keineswegs allein aus den Bedürfnissen der Gegenwart stammt.

Deshalb sollte es sich lohnen, der historischen Frage einen Schritt weit nachzugehen. In der Tat hat wohl in keiner Kultur der ärztliche Stand ein so hohes Ansehen gehabt wie in der klassischen griechischen Antike. Die großen medizinischen Schulen haben einen reichen Schatz an ärztlicher Erfahrung, bewundernswerte biologische Systeme und nicht zuletzt ein hohes und bis heute unvergängliches ärztliches Ethos hervorgebracht. Kein Zweifel, dass diese Ärzte auch erfolgreich waren. Aber für den Kranken gab es neben diesen Berufsärzten noch eine weitere Instanz, an die sie sich wenden konnten. Das waren die Götter selbst und unter ihnen an erster Stelle Asklepios. Man trat an sie durch die Vermittlung der Priester heran, die an dem Heiligtum tätig waren. Die Aufgabe dieser Priester beschränkte sich darauf, den Kranken für den Empfang der therapeutischen Anweisungen vorzubereiten. In der Regel erhielt man diese Anweisungen als Orakel im Traum. Dabei also hatte der Priester keineswegs ärztliche Funktionen, mag er auch neben seiner priesterlichen Tätigkeit über ärztliches Wissen verfügt haben. Er hatte den Kranken durch Waschungen und kultische Handlungen vorzubereiten auf den Schlaf und den Orakelempfang. Möglicherweise wurde er später dann noch zur Deutung der Anweisungen herangezogen. Aber gerade die Einheit von priesterlichem und ärztlichem Handeln, die man heute gern sucht, spielt hier keine Rolle.

Es kommt hinzu, dass die menschliche Seele in der ganzen antiken Heilkunde ohne jede Bedeutung war. Nicht die Ärzte haben sich mit dem Begriff der »psyche« befasst, sondern die Philosophen und die Pädagogen. Die »Seele« wird spätestens seit Aristoteles zu einem Grundbegriff der Philosophie überhaupt, und daneben tritt eine ungemein praktische Bedeutung, die dem Begriff innerhalb der allgemeinen und für die Epoche so zentralen Bildungsvorstellung zukommt. Die »Seele« soll geübt und vollkommener werden, ihre Tugenden sind auszubilden und sowohl die Gymnastik wie die Musik und die Kunst sind auf dieses Ziel ausgerichtet. In diesem Zusammenhang tritt auch zum ersten Mal der Begriff der *Psychagogie*, der »Seelenführung« auf. Aber dies ist die Theorie und die Praxis der Gesunden, und gerade für die Heilkunde spielen die Seele, ihr Wesen und ihre Bildung keine Rolle.

Man wird sich also für die Zusammenarbeit zwischen Arzt und Seelsorger gerade nicht auf das Vor- und Urbild der klassischen Antike berufen dürfen. Aber soviel ist doch richtig, dass diese klassische Antike nun das Arzttum des Abendlandes bis zum Beginn der Neuzeit bestimmt und geprägt hat. Es war vor allem der spätgriechische Arzt Galen, der im Rom des zweiten Jahrhunderts noch einmal die gesamte ärztliche Überlieferung zusammenfasste und der mit diesem Werk fast anderthalb Jahrtausenden der abendländischen Heilkunde Inhalt und Grenzen gegeben hat. Sein Kompendium der ärztlichen Kunst wurde zum klassischen

Lehrbuch der Medizin und genoss geradezu kanonisches Ansehen bis in das 17. Jahrhundert hinein. Die christliche Kirche und die Theologie haben auf diese Verhältnisse keinen Einfluss genommen. In älterer Zeit hatte man Galen geradezu offiziell akzeptiert wegen seiner philosophischen Schriften, die sich mit dem Christentum vereinbaren ließen, aber der Gehalt und die Art seiner medizinischen Wissenschaft blieben außerhalb des kirchlichen Interesses. Überhaupt hatte der ärztliche Stand sein hohes Ansehen längst verloren. Und in der abendländischen Christenheit etablierten sich ganz unabhängig vom Rang der ärztlichen Kunst abergläubische und heidnische Züge, die bei der Geistlichkeit zu einer regen Betätigung beim Austreiben von Teufeln und Bannen von Besessenen führten. So war natürlich kein Gedanke an eine Zusammenarbeit von Seelsorger und Arzt möglich, obwohl die neuzeitliche Naturwissenschaft noch in weiter Ferne lag.

## Zweiteilung des Menschen

Freilich brachte nun der Beginn der Neuzeit keine Änderung dieser Situation, sondern eine klarere Abgrenzung und eine deutlichere Unterscheidung. Als die Vorherrschaft des Galen durch das Werk der drei großen Ärzte des 16. Jahrhunderts, Paracelsus, Vesal und Harvey, gebrochen war, da entwickelte sich die Medizin zunächst zaghaft, dann aber immer konsequenter und vollständig im 19. Jahrhundert zur Naturwissenschaft. Und das bedeutete, dass die Medizin von jetzt an prinzipiell darauf verzichtete, irgendetwas mit der menschlichen Seele zu tun zu haben. Man teilte den Menschen bewusst und mit Vorbedacht auf: Für den Körper ist der Arzt zuständig und für die Seele der Pfarrer. Das eine gehört zur Welt der Natur und der Biologie, das andere zur Welt der Religion, die außerhalb jeder exakten Wissenschaft steht. Und im Grunde waren sich Theologie und Medizin in dieser Auffassung der Dinge durchaus einig. So wenig die Ärzte mit der Seele zu tun haben wollten, so wenig wollten es die Pfarrer mit dem Körper. Die Theologen waren allein an der geisthaft gedachten, unsterblichen Seele als dem wesenhaften Kern des Menschseins interessiert, und alles Leibhafte kam nur unter der Frage in Betracht, wie denn die Seele etwa auferlegtes körperliches Leiden zu erdulden imstande war. Dieser Missachtung des organisch-körperlichen Lebens auf der einen Seite entsprach in zunehmendem Maße die medizinische Skepsis hinsichtlich der Seele. Rudolf Virchow, der Begründer der modernen Anatomie und Pathologie, schrieb 1862: »Es ist ganz gleichgültig, ob man das organische oder das unorganische Schaffen betrachtet. Es ist kein *spiritus rector*, kein Lebens-, Wasser- oder Feuergeist darin zu erkennen. Überall nur mechanisches Geschehen in unterbrochener Notwendigkeit der Verursachung und der Bewirkung. Der Plan ist in den Körpern, das Ideale im Realen, die Kraft im Stoff.« Für die klassische naturwissenschaftliche Medizin war die Seele nicht nur kein Gegenstand ihrer Arbeit, sie hatte ganz aufgehört zu existieren.

Dieses Stadium der Entwicklung innerhalb der Medizin hatte nun allerdings sehr ernste Folgen: Die nämlich, dass ihr bestimmte Krankheiten gleichsam aus dem Blickfeld gerieten. Das waren nicht in erster Linie die Geisteskrankheiten, für die man immer stärker auf die Aufklärung ihrer organischen Ursachen hoffte. Denn dies ist ja die unverbrüchliche Regel der naturwissenschaftlichen Medizin, dass jeder wirklichen Krankheit ein »Befund« zugrunde liegen müsse, also eine nachweisbare Veränderung der Organe oder ihrer

Funktionen. Es gab aber eine Reihe von Krankheiten oder Krankheitserscheinungen, für die sich ein solcher Befund beim besten Willen nicht erheben ließ. Diese Krankheiten liefen um die Mitte des vorigen Jahrhunderts unter verschiedenen Namen um, als Hysterie, Hypochondrie oder Neurasthenie. Sie standen in dem Ruf, mehr Charakterschwächen zu sein als wirkliche Krankheiten, nur wenige Ärzte befassten sich mit ihnen, und wer daran litt, galt eigentlich von vornherein als denunziert. Es ist also nicht verwunderlich, dass viele dieser Patienten, da ihnen die Sprechzimmer der Ärzte verschlossen schienen, den Pfarrer aufsuchten. Deshalb findet man bei vielen und gerade bei den bedeutenden Seelsorgern dieser Epoche reiche und klare Einsichten in die Krankheiten, die wir heute als »Neurosen« bezeichnen. Darüber hinaus aber hatte die intensivere Begegnung mit körperlich und seelisch Kranken für die Seelsorge die Konsequenz, dass sie nun nicht mehr isoliert und ausschließlich an der Jenseitsbeziehung der unsterblichen Seele interessiert sein konnte. Vielmehr drängte sich jetzt immer stärker jene Frage in den Vordergrund, die bereits im Pietismus und in der Aufklärung gestellt war, die Frage nach der seelsorgerlichen Verantwortung für das Leben in allen seinen Umständen, in Gesundheit und Krankheit. Freilich war auch in dieser Situation an eine Zusammenarbeit von Arzt und Seelsorger noch nicht zu denken. Innerhalb der rein naturwissenschaftlich ausgerichteten Medizin kann es dazu keinen Anlass geben.

Den entscheidenden Einschnitt dafür brachten Sigmund Freud und die Psychoanalyse. Freud hatte sich ja gerade der Erklärung und Behandlung jener Krankheiten zugewandt, die außerhalb des Blickfeldes der Schulmedizin lagen, also den »nicht organisch« und »nur seelisch« bedingten Krankheiten. Und schon die ersten Ansätze seiner allgemeinen

Deutungen des Seelenlebens fanden ein lebhaftes Echo bei den Seelsorgern. Man meinte, hier ein Instrument gefunden zu haben, mit dem man seelische Hindernisse, die dem christlichen Glauben entgegenstehen, beseitigen konnte. Die Psychoanalyse sollte ein allgemeines Hilfsmittel für jeden Pfarrer werden in der Meinung, dass seelische Gesundheit die wesentliche Voraussetzung für den Glauben sei. Aber dieses Anfangsstadium wurde auf beiden Seiten, sowohl von der Psychoanalyse wie von der Seelsorge, bald überwunden. Die weitere Entwicklung, die Freud selbst der Psychoanalyse gab, und die Entstehung anderer tiefenpsychologischer Schulen stellen für die Theologie und die Seelsorge ein sehr differenziertes Gegenüber dar. Hier hat sich denn auch schon seit mehreren Jahrzehnten ein Dialog ergeben, der aus kritischer Distanz oder aus dem Interesse an gemeinsamen Fragen entsteht, und aus dem sich eine unmittelbare praktische Zusammenarbeit etwa in den Ehe- und Erziehungsberatungen entwickelt hat. Aber die Zusammenarbeit der Seelsorger mit den Psychotherapeuten ist noch nicht die mit dem Arzt.

## Die Krankengeschichte ist zugleich Lebensgeschichte

Innerhalb der allgemeinen Medizin hat sich indessen eine Wandlung angebahnt, die dazu führen muss, den bloß naturwissenschaftlichen Standpunkt als einseitig und unzureichend zu relativieren. Und zwar handelt es sich hierbei nicht etwa um Korrekturen, die von außen, etwa von einer theologischen oder philosophischen Anthropologie an die Medizin herangetragen worden wären. Die Wandlung entstammt vielmehr der Medizin selbst, nämlich der ärztlichen

Erfahrung am Krankenbett. Richard Siebeck, einer der bedeutendsten Internisten der letzten Jahrzehnte, hat die aus dieser Erfahrung stammende Einsicht so zusammengefasst: »Wie die Krankheit verläuft und was sie für das Schicksal des Kranken bedeutet, hängt nicht nur von ›der Krankheit‹, sondern wesentlich auch von dem Kranken, von seiner Haltung und seiner Situation im Leben ab. Jeder Kranke ›hat‹ nicht nur ›seine Krankheit‹ – er selbst und sein Geschick ›machen‹ sie. Die Krankengeschichte ist immer zugleich eine Lebensgeschichte.« Der kranke Mensch also geht nicht in dem auf, was die naturwissenschaftliche Medizin an ihm zu erkennen vermag. Es zeigt sich, dass bei der Entstehung und im Verlauf einer Krankheit und vor allem bei ihrer Heilung mehr im Spiele ist als ein bloß »mechanisches Geschehen«, mehr als ein isolierbarer Schaden an einem Organ und mehr als dessen isolierte Reparatur. Man kann sich das leicht an einem Beispiel verdeutlichen.

Eine junge Frau, die Mutter mehrerer Kinder, vielbeschäftigte Hausfrau und Ehefrau eines vielbeschäftigten Mannes, ist plötzlich erkrankt. Sie ist bisher immer, auch die fast zehn Jahre ihrer Ehe ganz gesund gewesen und hat nun, wie aus heiterem Himmel, über Schmerzen in der Herzgegend, Kurzatmigkeit, Schwächezustände und Schlaflosigkeit zu klagen. Der Arzt, den sie alsbald aufsucht, stellt leichte, aber keineswegs leichtzunehmende Veränderungen an der Herztätigkeit fest. Die Diagnose also ist klar. Aber es bleibt die Frage nach den Ursachen dieser Krankheit: Warum ist sie bei der doch sonst immer ganz gesunden Frau so plötzlich entstanden? Und von der Antwort auf diese Frage wird die Behandlung abhängig sein, die man hier anwenden muss.

Man kann sich hier natürlich mit der im Grunde nichtssagenden Antwort begnügen, es sei eine »anlagebedingte« Krankheit, die jetzt zum Ausbruch gekommen sei. Aber der

Arzt wird in kurzer Zeit die Erfahrung machen, dass dieser Patientin mit Medikamenten allein nicht geholfen ist. Wenn der Arzt die Zeit zu einem ausführlichen Gespräch mit der Patientin findet, dann wird sie ihm berichten, dass sie keineswegs in erster Linie an den Herzbeschwerden leide. Ihr eigentliches Leiden sei vielmehr, dass sie ihr Leben durch das Übermaß an Aufgaben so völlig abgeschlossen führen muss. Sie kommt kaum unter Menschen, sie kann nicht ins Theater oder auch nur ins Kino gehen, ja, sie hat nicht einmal mehr Zeit und Kraft, ein Buch zu lesen. Es ist ein geradezu klösterliches Leben, das sie führen muss, und dieser Verzicht auf jede innerliche Anregung und auf alle geistige Nahrung macht sie unglücklich und deprimiert. Die Herzkrankheit also, die in dieser Situation auftritt, ist keineswegs ein isolierbarer Schaden, der unverständlicherweise einen sonst ganz gesunden und normalen Lebenslauf stört. Sie ist vielmehr ein Zeichen dafür, dass hier die Lage eines Menschen im Ganzen unerträglich geworden ist. Die Krankheit ist Ausdruck der Lebenssituation des Patienten.

Diese kurze Krankengeschichte gibt ein deutliches Beispiel dafür, wie die wirkliche Krankheit den einseitig-naturwissenschaftlichen Aspekt weit übersteigt. Der einfache Satz, dass es keine Krankheiten, sondern nur kranke Menschen gebe, erweist sich als höchst inhaltsschwer und folgenreich. Aber diese Krankengeschichte zeigt darüber hinaus den konkreten Ansatzpunkt für eine Zusammenarbeit zwischen Arzt und Seelsorger, ja, sie zeigt, wie diese Zusammenarbeit gerade durch den Patienten erzwungen wird. Kein Zweifel, dieser kranken Frau soll geholfen werden, vielleicht auch durch Medikamente, vor allem aber dadurch, dass ihre Situation im Ganzen verändert werden muss. Und es ist diese Stelle, an der die Zuständigkeit des Arztes aufhört und die des Seelsorgers beginnt. Denn bei der Hilfe, die über die

Medikamente und einen guten Rat hinaus bei dieser Frau nötig ist, handelt es sich ja keineswegs um bloße organisatorische Fragen. Wenn ihr wirklich geholfen werden soll, dann wird vor allem vieles zu besprechen sein. Warum eigentlich empfindet sie ihre Lage so unerträglich? Viele Frauen leben unter den gleichen Bedingungen. Ist das ihr abverlangte Opfer zu groß? Mit welchen Illusionen hat sie sich eingerichtet? Wie sind die Gewichte verteilt in ihrem Leben? Was ist die Mitte, und was sollte es sein? Ein Gespräch über Fragen dieser Art dürfte gewiss zu den zentralen Aufgaben des Seelsorgers gehören.

Man sieht also, dass bei der Zusammenarbeit von Arzt und Seelsorger völlig neue Wege zu beschreiten sind. Es geht nicht um die Wiederherstellung eines ursprünglichen Verhältnisses, sondern um den Versuch, Neuland zu betreten. Und weiterhin ist deutlich, dass sich diese Arbeitsgemeinschaft nicht in erster Linie durch die Erörterung von Grundsatzfragen zu bilden vermag. Es spielt keine entscheidende Rolle, was von der einen oder der anderen Seite unter »Seele« verstanden wird. Die überlieferte Begrifflichkeit und zumal die Unterscheidung von Leib und Seele taugt wenig, um die Erfahrungen und die Aufgaben zu deuten und zu erklären. Man mag sich einstweilen mit der Feststellung begnügen, dass es um den »ganzen Menschen« geht, ein Wort, das zwar auch nichts erklärt, aber den Sachverhalt jedenfalls benennt. Und schließlich ist zu bedenken, dass die Zusammenarbeit von Arzt und Seelsorger an Bedingungen auf beiden Seiten geknüpft ist, Bedingungen, die zugleich und weithin Hindernisse sind. Dazu gehören die Schwierigkeiten, die neuen Aufgaben immer entgegenstehen, und zumal solchen, die die traditionellen Grenzen des jeweils eigenen Sach- und Tätigkeitsbereiches sprengen. Und dazu gehört der Zwang der Institutionen auf beiden Seiten, der weder dem Seelsorger noch dem Arzt das notwendige Maß an Kraft und Zeit übrig lässt. Für das ärztliche Wirken besteht heute die Gefahr, dass mehr Menschen an kleinen und längst bekannten Krankheiten zugrunde gehen, als andere durch den großartigen technischen Aufwand vor noch weniger geklärten gerettet werden. Die Verantwortung der Seelsorge könnte so weit gehen, dass sie dieses ärztliche Wirken mit einschließt und vielleicht an ihm ihre erste Aufgabe findet.

# Nachweise

Der ethische Kompromiß, in: HANS WALTER SCHÜTTE/FRIEDRICH WINTZER (Hg.), Theologie und Wirklichkeit. Festschrift für Wolfgang Trillhaas zum 70. Geburtstag, Göttingen 1974, 145–154.

Abschied von der Tugend? Erwägungen zur Krise der Moral, in: JAN M. BROEKMAN/GUNTER HOFER (Hg.), Die Wirklichkeit des Unverständlichen. Professor Dr. med. Hemmo Müller-Suur zum 60. Geburtstag gewidmet, Den Haag 1974, 156–168.

Theologie des gesellschaftlichen Desinteresses, in: WILHELM SCHMIDT (Hg.), Gesellschaftliche Herausforderung des Christentums. Vom Kulturprotestantismus zur Theologie der Revolution. Eine Sendereihe des Deutschlandfunks, München 1970, 39–47.

The Allocation of Medical Services: The Problem from a Protestant Perspective, in: HUGO TRISTRAM ENGELHARDT/MARK J. CHERRY (Hg.), Allocating Scarce Medical Resources. Roman Catholic Perspectives, Washington, D. C. 2002, 263–272 (Übersetzung Hannelore Loidl und Friedemann Voigt).

Festvortrag »Wissenschaft und Verantwortung«, in: H. E. Bock. Festschrift zum 80. Geburtstag, hg. von Freunden, Schülern und Weggenossen. Mit Beiträgen von ARNDT ADORF u. a., Stuttgart, New York 1985, 71–79.

Die Moral des Pluralismus. Anmerkungen zur evangelischen Ethik im Kontext der neuzeitlichen Gesellschaft, in: REINER ANSELM/ULRICH H. J. KÖRTNER (Hg.), Streitfall Biomedizin. Urteilsfindung in christlicher Verantwortung, mit einer Einführung von TRUTZ RENDTORFF, Göttingen 2003, 179–193.

Ärztliche Ethik in anthropologischer Sicht, in: RUDOLF GROSS u. a. (Hg.), Ärztliche Ethik. Symposium, Köln, 1.10.1977, Stuttgart, New York 1978, 17–24.

Zwischen Krankheit und Gesundheit. Über die Beziehungen zwischen Arzt und Patient, in: JÜRGEN R. BIERICH (Hg.), Arzt und Kranker. Ethische und humanitäre Fragen in der Medizin, Tübingen 1992, 11–22.

Abschied vom hippokratischen Eid?, in: Zeitschrift für Theologie und Kirche 82 (1985), 251–260.

Psychiatrie und Menschenwürde. Anmerkungen zur Funktion ärztlicher Ethik, in: HANFRIED HELMCHEN/BRUNO MÜLLER-OERLINGHAUSEN (Hg.), Psychiatrische Therapie-Forschung. Ethische und juristische Probleme. Mit Beiträgen von ERWIN DEUTSCH u. a., Berlin, Heidelberg, New York 1978, 121–125.

Chirurgie im Spannungsfeld technischer Perfektion und Humanität, in: Langenbecks Archiv für Chirurgie 358 (1982), 47–52.

Spannungen zwischen individuellem Heilauftrag und allgemeinem Erkenntnisstreben. Aus theologischer Sicht, in: GÜNTER A. NEUHAUS (Hg.), Pluralität in der Medizin, der geistige und methodische Hintergrund. Bericht über ein Symposium der Medizinisch Pharmazeutischen Studiengesellschaft e. V. vom 24.–26. Mai 1979 in Titisee/Schwarzwald. Mit Beiträgen von EDUARD SEIDLER u. a., Frankfurt a. M. 1980, 119–124.

Krankheit und Geschichte in der anthropologischen Medizin (Richard Siebeck und Viktor von Weizsäcker), in: PAUL CHRISTIAN/DIETRICH RÖSSLER (Hg.), Medicus Viator. Fragen und Gedanken am Wege Richard Siebecks. Eine Festgabe seiner Freunde und Schüler zum 75. Geburtstag, Tübingen, Stuttgart 1959, 165–179.

Vom Sinn der Krankheit, in: JAN ROHLS/GUNTHER WENZ (Hg.), Vernunft des Glaubens. Wissenschaftliche Theologie und kirchliche Lehre. Festschrift zum 60. Geburtstag von Wolfhart Pannenberg. Mit einem bibliographischen Anhang, Göttingen 1988, 196–209.

Krankheit als Krise der Lebensgeschichte. Symbol und Wirklichkeit in der psychosomatischen Medizin, in: Evangelische Kommentare 10 (1977), 212–214.

Gottes Schöpfung und unsere Krankheit, in: GÜNTER STRUCK (Hg.), ... deshalb für den Menschen. Festschrift für Stanis-Edmund Szydzik, Regensburg 1980, 14–20.

About Anthropology of Pain: View of Protestant Theology, in: JEAN BRIHAYE/FRITZ LOEW/HANS WERNER PIA (Hg.), Pain. A Medical and Anthropological Challenge. Proceedings of the First Convention of the Academia Eurasiana Neurochirurgica Bonn, September 25–28, 1985, Wien, New York 1987, 127 f. (Übersetzung Hannelore Loidl und Friedemann Voigt).

Das Herz als Symbol, in: JOHANNES SCHLEMMER (Hg.), Die Herz- und Kreislaufkrankheiten. Mit Beiträgen von DIETRICH RÖSSLER u. a., Heidelberg 1980, 9–19.

Arzt und Seelsorger. Wie können sie zusammenarbeiten?, in: Zeitwende. Die neue Furche 38 (1967), 448–455.

# Nachwort des Herausgebers

»Vertrauen ist akzeptierte Abhängigkeit«[1], auf diese Formel hat Dietrich Rössler die menschliche Grunderfahrung gebracht, aus deren Auslegung er seine Überlegungen zur Ethik entfaltet. Als akzeptierte Abhängigkeit begriffen, wird deutlich, dass im Vertrauen immer ein reflexives Moment eingelagert ist, welches die Selbstbestimmung des Subjekts auch als Selbstbegrenzung erkennt und anerkennt. Die schlechthinnige Abhängigkeit der Subjektivität findet im Vertrauen ihre Annahme und praktische Aufgabe. Denn auch das gelebte Leben findet weder voraussetzungslos noch alleine statt. Vertrauen als akzeptierte Abhängigkeit wird so zur Maxime der Lebensführung: »Vertrauen ist die Bereitschaft, Verantwortung für das eigene Leben in andere Hände zu legen – *und zwar so viel wie nötig*, und zugleich sich dieser Verantwortung für sich selbst bewusst zu bleiben und sie selbst zu tragen – *und zwar so viel wie möglich.*«[2] Zugleich trägt diese Maxime die Forderung in sich, die Vertrauenswürdigkeit und Vertrauensfähigkeit der Umwelt zu fördern, in der sich dieses Handeln des Subjekts vollzieht. In dieser subjektive und objektive Kultur umfassenden Perspektive ist die Formel vom Vertrauen als akzeptierter Abhängigkeit deshalb auch Leitsatz der Ethik.

---

[1] Oben, 116 u. ö.

[2] Oben, 135.

## Zur Signatur der Ethik Dietrich Rösslers

Rössler entwickelt den Gedanken der akzeptierten Abhängigkeit in seinen Überlegungen zum ärztlichen Handeln. Ausgangspunkt hierfür ist die Einsicht, dass dieses ärztliche Handeln immer unter der Bedingung eines Vertrauensverhältnisses steht. Ohne das Vertrauen des Patienten ist der Arzt prinzipiell nicht dem Ethos seines Berufes entsprechend handlungsfähig. Damit steht aber die Ausübung der ärztlichen Tätigkeit unter dem Vorbehalt, dieses Vertrauen verantwortungsvoll aufzunehmen. Rössler setzt damit einen gezielten Kontrapunkt gegenüber der durch vielfältige Prozesse der Rationalisierung und Technisierung des Gesundheitswesens und der medizinischen Anwendungen bedingten Komplexität des ärztlichen Handelns.[3] Dabei geht es ihm nicht um eine Verwerfung dieser Prozesse, sondern darum, die in ihnen zugleich aufgehobene Leistungsfähigkeit der modernen Medizin entsprechend des Sinnes ärztlichen Handelns zu nutzen. »Immer soll der Arzt so handeln, dass die Vertrauenswürdigkeit dieses Handelns gewahrt und nicht beschädigt wird.«[4] Das Ethos ärztlichen Handelns besteht in dieser normativen Selbstverpflichtung. Diese ist nicht delegierbar, weder an die medizinische Forschung und Technik, noch an Politik und Gesundheitswesen, denn die entscheidende Konkretion erfährt dieses Ethos im Umgang mit dem einzelnen Patienten.

Indem Rössler die komplexe und voraussetzungsvolle Arzt-Patienten-Beziehung als Vertrauensbeziehung charakterisiert, wendet er sich gegen eine reduktionistische Wahr-

---

[3] Dieser Themenstellung ist das Buch gewidmet: DIETRICH RÖSSLER, Der Arzt zwischen Technik und Humanität. Religiöse und ethische Aspekte der Krise im Gesundheitswesen, München 1977.

[4] Oben, 91.

nehmung naturwissenschaftlicher oder soziologischer Art. Die Wahrnehmung des Patienten darf diesen weder auf seine gesellschaftlichen Rollen begrenzen noch darf sie allein in der naturwissenschaftlich-medizinischen Expertise aufgehen. Die Wahrnehmung muss das individuelle Erleben des konkreten Patienten und seine einzigartige Lebensgeschichte einbeziehen. Es ist die Tradition der anthropologischen Medizin Richard Siebecks und Viktor von Weizsäckers[5] sowie der Psychoanalyse im Gefolge Sigmund Freuds, deren Erbe Rössler hier zur Geltung bringt, und die in der Rede vom »ganzen Menschen« ihren Ausdruck gefunden hat, »ein Wort, das zwar auch nichts erklärt, aber den Sachverhalt jedenfalls benennt.«[6] Stärke und Problematik dieses Amalgams aus Subjektorientierung und Psychosomatik ist, den Kranken als Subjekt seiner Krankheit und seiner Therapie zu verstehen. Das ist eine ethische Stärkung der Patientenperspektive, die sich anderen Überlegungen verdankt als die Rede vom *informed consent*, die auf der angloamerikanischen Vertragsethik beruht.[7] Diese wegweisende Betonung der Patientenautonomie findet aber in beiden Theorieansätzen ihre Aporie dort, wo der Patient die ihm zugeschriebenen Entscheidungen nicht mehr wahrnehmen kann. Gegen ein solch überzogenes und problematisches Verständnis von Autonomie setzt Rössler ein anthropologisches Grundverständnis, das die Abhängigkeitsstruktur des Subjekts bedenkt. Sie konkretisiert sich in einer solchen Situation durch die »unaufhebbare Abhängigkeit des Kranken vom Arzt, des Hilfsbedürftigen vom Helfer.«[8] Die Verantwortung für die Wahrnehmung dieser Abhängigkeit als Vertrauen geht dann

---

[5] Vgl. oben, 189–210.

[6] Oben, 283.

[7] Oben, 129, 159 u. ö.

[8] Oben, 149.

auf den Arzt über. Als ein Beziehungsgeschehen bleibt sie dabei immer bezogen auf das Gegenüber des Patienten.

Diese Haltung Rösslers verdankt sich zwei wesentlichen Einflüssen. Indem er in der Tradition von anthropologischer Medizin und Psychoanalyse die individuelle Lebensgeschichte in den Vordergrund rückt, setzt er sich zum einen von einem Verständnis von Selbstbestimmung ab, welches die Beziehung zwischen Personen nur als formales Geschehen begreifen lässt. Damit setzt er gegenüber dem auf dem Kontraktmodell beruhenden Verständnis des *informed consent* einen eigenen Akzent. Der gleichwohl auch in der anthropologischen Medizin und Psychoanalyse wirksamen Tendenz, den Patienten als Subjekt nicht nur zu stärken, sondern tendenziell auch zu überfordern, begegnet Rössler mit dem Gedanken der grundsätzlichen Unvollkommenheit des Menschen. So macht er sich zum zweiten die in der christlichen Anthropologie verankerte Vorstellung der »Sündhaftigkeit« des Menschen in einer spezifischen Weise zu eigen. Denn die Einsicht in die prinzipielle Unvollkommenheit des Menschen wird zugleich als Grund der Anerkennung von Individualität erkannt. Es ist nämlich die prinzipielle Unvollkommenheit des Menschen, die der Grund seiner personalen Individualität ist – und nicht umgekehrt. Zugleich ist es eben diese individuelle Gestalt des Menschen, um derentwillen er von Gott angenommen (theologisch gesprochen: gerechtfertigt) wird. Die Rechtfertigung gilt ja nicht der Sünde schlechthin, sondern dem Sünder. Insofern zielt dieses religiöse Verständnis des Menschen und seiner Individualität nicht auf die Abschaffung von Ungleichheit, sondern auf ihre Anerkennung und verantwortliche Gestaltung unter Bedingungen der Unvollkommenheit.

In dieser Weise vermitteln sich die Gedanken christlicher und moderner Anthropologie im Verständnis von Individualität, wie es für die liberale Tradition des modernen Protestantismus charakteristisch ist. Nicht zufällig ist die anthropologische Medizin auch historisch tief verwoben mit dem Protestantismus und protestantischer Theologie.

Das gilt für Rössler selbst in besonderer Weise.[9] Mit seinem ethischen Konzept zählt er zu den Vertretern einer freien theologischen Denkart, die auf die Zusammenbestehbarkeit von religiösem Glauben und modernem Denken abzielen.[10] Vertrauen ist auch und gerade theologisch der Grund der Freiheit. Diese Freiheit realisiert sich im Handeln des Subjekts und in seiner verantwortlichen und vertrauensermöglichenden Weltgestaltung. Die im Gottesvertrauen des Menschen begründete Freiheit transzendiert dabei das Vorhandene. Für die Wirklichkeit insgesamt und für den Menschen gilt daher, dass sie nicht im Vorhandenen aufgehen. Das gilt auch für alle Theorien vom menschlichen Wesen, seien sie naturwissenschaftlicher, sozialwissenschaftlicher oder ideologischer Art. Die Rede vom »ganzen Menschen« ist insofern eine Aufgabenbestimmung für eine anthropologische Orientierung, welche endgültigen Festlegungen widersteht. Dieses letztlich kontrafaktische Festhalten an der individuellen Freiheit ist als akzeptierte Abhängigkeit das gleichermaßen religiöse wie moderne Zentrum, von dem

---

[9] Vgl. schon die theologische Habilitationsschrift: DIETRICH RÖSSLER, Der »ganze« Mensch. Das Menschenbild der neueren Seelsorgelehre und des modernen medizinischen Denkens im Zusammenhang der allgemeinen Anthropologie, Göttingen 1962. Für die Ausgestaltung dieses Ansatzes in der Seelsorgelehre und der praktischen Theologie überhaupt vgl. DIETRICH RÖSSLER, Grundriß der Praktischen Theologie, Berlin, New York 1986 und DERS., Überlieferung und Erfahrung. Gesammelte Aufsätze zur Praktischen Theologie, hg. von CHRISTIAN ALBRECHT/MARTIN WEEBER, Tübingen 2006.

[10] Vgl. auch DIETRICH RÖSSLER, Die Vernunft der Religion, München 1976.

aus die Forderungen des Tages betrachtet und als Aufgabe angenommen werden. Die konsequente Orientierung an der Lebensführung als verantwortlicher Realisierung akzeptierter Abhängigkeit ist einer der großen Entwürfe protestantischer Theologie des 20. Jahrhunderts.

Auf dieser Folie wird Rösslers Interesse am ärztlichen Handeln über den Bereich der Medizin hinaus in seiner exemplarischen Bedeutung erkennbar. Im ärztlichen Handeln ist die Grundsituation menschlichen Handelns unter modernen Bedingungen in verdichteter (und zuweilen auch zugespitzter) Art und Weise dargestellt. Dies gibt Rösslers Betrachtungen nicht nur der ärztlichen Ethik und der Rede vom Menschen, sondern auch seinen Beiträgen zur Ethik im Pluralismus ihren eigenen Ton und ihre spezifische Klärungskraft.

Die Voraussetzung einer prinzipiellen und akzeptierten Abhängigkeit, die allem menschlichen Handeln eignet, schließt im Falle ethischer Konflikte auch den Verzicht auf die unbedingte und rücksichtslose Durchsetzung eigener Interessen ein. Denn sie rechnet gleichermaßen mit der Bedingtheit aller Positionen, also auch der eigenen, wie der grundsätzlichen Berechtigung und ethischen Dignität von unterschiedlichen Positionen. Ein weiterer Grund liegt darin, dass eine Ethik, die ihren Ausgang von der Situation der individuellen Lebensführung nimmt, weniger Interesse an prinzipiellen, gleichsam gesamtgesellschaftlichen Lösungen von Problemen hat, sondern mehr an der Lebensdienlichkeit und der Suche nach einem dieser Lebensdienlichkeit förderlichen Konsens. Daher sind Rösslers Beiträge zu den Fragen der Ethik um den Begriff des »Kompromisses« zentriert. Der Kompromiss zielt darauf, die unterschiedlichen Positionen an der Gestaltung des Zusammenlebens zu beteiligen und insofern auch in die Verantwortung zu nehmen. Die Ethik des Kompromisses ist so eine Ethik, die den Pluralismus gestaltet, nicht ihn abschaffen will. Sie macht den Pluralismus zum ethischen Pluralismus, »einen Pluralismus also, der durchaus nicht mit Willkür oder Beliebigkeit gleichgesetzt werden kann, und der deshalb zur blanken sittlichen Anarchie führte, vielmehr für einen Pluralismus, der durch sein Adjektiv eben als ›ethischer‹ definiert ist. Bei den Spielräumen, die im Zusammenhang des ethischen Pluralismus auftreten, geht es gerade darum, dass jeder der daran Beteiligten das sittlich Beste und das ethisch Richtige und Wünschenswerte vertritt, es freilich auf seine besondere und ihm eigentümliche Weise zu vertreten sucht.«[11]

## Zur Aktualität der Ethik Dietrich Rösslers

Gerade angesichts der Herausforderungen der modernen Lebenswissenschaften und der Biomedizin steht die Ethik heute häufig unter der problematischen Erwartung, es sei ihre Aufgabe, Stoppschilder und Wegweiser aufzustellen, die Grenze zwischen Erlaubtem und Verbotenem zu markieren. Sie soll nach einer solchen Auffassung durch die Unterscheidung von erlaubt/verboten in die Unübersichtlichkeit der modernen Welt und ihrer durch die Wissenschaften und die Technik ermöglichten Handlungsoptionen wieder Klarheit und Eindeutigkeit bringen, Unsicherheit und Relativismus beseitigen. Eine solche Position und Auffassung der Ethik findet zuweilen auch in der theologischen Ethik Anhänger, weil sie einem bestimmten Bild, Selbstbild einer von höherer Warte beauftragten, sozusagen prophetischen Autorität kirchlicher und theologischer Stellungnahmen entspricht.

[11] Oben, 10.

Die Ethik wird derart als Medium gesamtgesellschaftlich verbindlicher kirchlich-theologischer Autorität unter Bedingungen ihres faktischen Bedeutungsverlustes begriffen.

Rösslers Beiträge zur Ethik sind Beispiele dafür, dass gerade der Verzicht auf ein solch autoritäres Verständnis der Ethik als einer Verbotswissenschaft recht eigentlich die Bedingung dafür ist, die ethischen Konflikte klar wahrzunehmen und dadurch den Kompromiss zu ermöglichen. Der entscheidende Hebel ist dabei, die unterschiedlichen Positionen in ethischen Konflikten *als* Positionen durchsichtig zu machen. Diese kritische Haltung ist nicht ein Mangel an Entschiedenheit, sondern ein Mehr an Reflexivität, indem sich die Positionen als bedingt erkennen lassen. Rösslers eigene Position und dadurch bedingte Perspektive auf die ethischen Themen ist durch das Festhalten am Leitbild verantwortungsvollen subjektiven Handelns bezeichnet. Dadurch aber wird seine Theorie recht eigentlich insgesamt zur Ethik, weil sie eben bei diesem Ausgangspunkt aller ethischen Fragen ansetzt. Ohne eine solche Perspektive verantwortlichen subjektiven Handelns gibt es die Aufgabe der Ethik nicht. Indem Rössler diese Perspektive am ärztlichen Handeln verdichtet, ihm im ärztlichen Handeln sein Exempel und gleichsam sein Symbol gibt, wie darin religiöse Überzeugung, theologische, medizinische und anthropologische Überlegungen zusammentreffen, gibt er diesem klassischen ethischen Verständnis ein eigenes Gepräge. Die gegenwärtigen Debatten zur Ethik, Bioethik und medizinischen Ethik können davon auch in ihren Konkretionen in erheblichem Maße profitieren.

Der Vorzug dieses Zugangs liegt zunächst darin, durch den klaren Ausgangspunkt beim handelnden Subjekt den ethischen Problemkreis begrenzt zu halten. Es ist nicht die abstrakte Erörterung eines Begriffs von Gerechtigkeit oder

Freiheit oder anderer, denen gegenüber die Wirklichkeit defizitär bleibt und insofern insgesamt zur Aufgabe moralischer Appelle wird. Rösslers Analysen zur Gerechtigkeitsthematik entwickeln sich zum Beispiel aus dem Thema der Verteilung medizinischer Leistungen.[12] An diesem Problem sind am Ende der behandelnde Arzt und natürlich der betroffene Patient beteiligt. Im Zentrum ihrer Überlegungen wird stets die Frage nach der Verbesserung der individuellen Lebensqualität des Patienten liegen, die aber eben unter konkreten Bedingungen steht, welche auch die Knappheit bestimmter medizinischer Leistungen einschließt. An dieser Stelle ist ein ethisch verantwortungsbewusster Umgang mit der individuellen Person und ihrer Krankheit gefordert, nicht die egalitäre Messlatte eines abstrakten Begriffs von Gesundheit oder Gerechtigkeit. An solche Positionen ist die Frage zu stellen, ob sie sich nicht weniger einem Verständnis, ja sogar Interesse an der Gesundheit der Person als vielmehr einem egalitaristischen Gerechtigkeitsbegriff verdanken. Zugespitzt lässt sich sagen, sind Theorien dieser Art überhaupt nicht an der Verbesserung der individuellen Lebensqualität, sondern an der Durchsetzung von bestimmten politischen Gleichheitsidealen interessiert.

Einem solchen soziologischen Reduktionismus korrespondiert in den Debatten besonders der medizinischen Ethik häufig auch die Gefahr eines naturwissenschaftlichen Reduktionismus. Beide arbeiten in gewisser Weise einander zu, indem sie die Unverrechenbarkeit von Individualität auf prinzipiell kalkulierbare Gesetzmäßigkeiten herabsetzen. Die Perspektive verantwortlicher Subjektivität, der Ausgangs- und Zielpunkt aller Ethik, geht ihnen dabei verloren. Diese Positionen haben ihre Herkunft und Berechtigung in dem

---

[12] Vgl. oben, 46–67.

Gedanken einer prinzipiellen Gleichheit des Menschen. Jedoch besteht diese Gleichheit eben nicht faktisch, sondern ist die regulative Idee, unter deren Zielbestimmung sich die Freiheit personaler Individualität allererst entfalten kann. Unter diesen Bedingungen hat Rössler vor allem das Verständnis von Krankheit und Gesundheit einer Reflexion unterzogen, die heute aktueller denn je erscheint. »Gesundheit ist nicht die Abwesenheit von Störungen, sondern die Kraft, mit ihnen zu leben«, lautet seine Definition.[13] Damit wird gleichermaßen die Aufgabe des Arztes auf das Machbare begrenzt und auf die individuelle Person des Patienten verpflichtet, wie der Patient an die Wahrung von Selbstverantwortung und Selbstbegrenzung seiner Erwartungen erinnert. Die Aufgabe der Ethik besteht in diesen schwierigen und sensiblen Fragen nicht in der Erzeugung irrealer Hoffnungen und Zukunftsvisionen, sondern in der Reflexion realer Handlungschancen und dem durch diesen Realitätssinn ermöglichten Vertrauen.

»Akzeptierte Abhängigkeit« – unter diesem Titel sind hier Beiträge Dietrich Rösslers zu ethischen Gegenwartsthemen verhandelt, in denen immer zugleich der Theologe und Mediziner, der Seelsorger und Arzt spricht. Sie vereinen das humanistische Ideal des ärztlichen Ethos und die menschenfreundliche Religion protestantischer Frömmigkeit in einer hoch individuellen und persönlichen Weise von allgemeiner Bedeutung.

---

[13] Vgl. oben, 118 u. ö.

# Personenregister